赵瞳 著

北宋农田与相关问题研究

本书为『中原英才计划（育才系列）』（ZYYCYU202012134）项目成果

WUHAN UNIVERSITY PRESS
武汉大学出版社

图书在版编目(CIP)数据

北宋农田与相关问题研究/赵瞳著. —武汉:武汉大学出版社,2022.11
ISBN 978-7-307-23189-4

Ⅰ.北… Ⅱ.赵… Ⅲ.农业经济史—研究—中国—北宋
Ⅳ.F329.044.1

中国版本图书馆 CIP 数据核字(2022)第 133087 号

责任编辑:蒋培卓   责任校对:李孟潇   版式设计:韩闻锦

出版发行:**武汉大学出版社** (430072 武昌 珞珈山)
　　　　(电子邮箱:cbs22@ whu.edu.cn 网址:www.wdp.com.cn)
印刷:武汉邮科印务有限公司
开本:787×1092　1/16　印张:11.5　字数:263 千字　　插页:1
版次:2022 年 11 月第 1 版　　2022 年 11 月第 1 次印刷
ISBN 978-7-307-23189-4　　定价:49.00 元

前　言

北宋是中国古代最重要的历史时期之一，自宋太祖赵匡胤发动陈桥兵变，于建隆元年(960年)建立政权，① 至宋钦宗赵桓靖康二年(1127年)灭亡为止，共计享国大约167年。这时期中国封建社会获得了快速发展，文化、教育、经济、手工业和科学技术等方面皆取得了举世瞩目的成就，② 庶民们的生活水平得到很大程度的提高，国家财政收入居于世界领先地位，甚至北宋时期的理学、禅宗及心学等，对东亚诸国都产生过重要影响。③

农业是中国古代社会的立国之本，也是国家主要的经济来源，北宋政权能够在诸多领域取得快速发展，与这一时期的农业生产状况密切相关。经历了五代十国的割据战乱以后，人们渴望国家早日和平，由此北宋初年安定的和平环境为社会发展提供了前提条件。统治者对于农业采取及时调整的应对措施，如大面积开垦荒田，积极推广农作物种类，发展农耕生产技术和研制生产工具，等等，给北宋农业经济发展和社会繁荣创造了有利条件。根据漆侠先生的研究成果，由于北宋农业生产力的大幅度提高，给这时期的手工业、商业和城市经济多元化发展等带来了前所未有的巨大变化。④ 因此研究北宋时期的农业经济特点，有助于为我国农业现代化发展提供历史经验，也有助于为解决长久以来存在的"三农"问题提供科学借鉴。那么北宋农业究竟拥有怎样的时代特征呢？本书结合传世文献、考古发掘报告和最新学术研究成果，从农业经济发展史角度，重点考察这一时期的农业问题，从而为当代农业发展研究提供历史素材和科学依据。

在生产力和生产关系方面，北宋时期达到了我国封建社会的一个历史新阶段。那么这一时期拥有怎样的时代特点，对农业生产带来怎样的积极影响？李唐王朝的均田制遭到破坏以后，开始实行两税法弥补财政不足，其后土地兼并却日趋严重。宋代统治者为了得到大地主阶层的广泛支持，抑制土地兼并的政策较为宽松。宋代王明清《挥麈录·祖宗兵制名枢廷备检》记载："富室连我阡陌，为国守财尔。"⑤ 由于出台了这些农业政策，导致大地主蚕食鲸吞大量土地，很多农民丧失土地或者沦为佃农。所以这一时期封建租佃制成为主要的农业生产关系。随着租佃制的发展，还出现了定额地租制，特别是

---

① 参照赵瞳：《谶纬与陈桥兵变》，载《中州学刊》2017年第2期，第111~115页。
② 吕变庭：《北宋科技思想研究纲要》，中国社会科学出版社2007年版，第303~314页。
③ [日]土屋太祐：《北宋禅宗思想及其渊源》，巴蜀书社2008年版，第1页。
④ 漆侠：《中国经济通史》(宋代经济卷)，上海人民出版社1987年版，第2页。
⑤ (宋)王明清：《挥麈录·祖宗兵制名枢廷备检》，中华书局1964年版，第283页。

1

在太湖流域、江浙一带，定租制更为普遍。宋代苏洵《嘉祐集·田制》记载："田非耕者之所有，而有田者不耕也。"①这种土地与农民问题，给封建生产关系带来了很大的负面影响，但是对北宋农业却产生一些潜移默化的影响。漆侠先生认为："两宋期间，封建租佃制基本上适应了社会生产力发展的性质。"②另外，北宋时期农业赋税和徭役政策皆有新变化，这些问题都需要我们深度思考。

由于北宋封建经济的发展呈现出不均衡性，各种矛盾问题逐渐显露出来。面对国内日益严重的社会危机，北方辽国和西北方的西夏时常骚扰边境，北宋统治者已经意识到，发展农业是解决这些问题的关键之一。那么北宋政府在土地开发利用方面，采取了哪些政策与措施呢？农业是维持封建王朝的政治根本，也决定着庶民们的基本生活，那么民间对于土地拥有怎样的措施呢？又有哪些方法与政府政策不谋而合呢？北宋政权建立以后，结束了五代以来的战乱局面，国家由长期割据走向和平统一，那么土地的垦复与利用情况发生了怎样的时代变化呢？北宋时期的北方和西北方用兵频繁，不仅军队需要大量给养，还要征调大量军队驻守边境，那么军事屯田又有怎样的整治措施呢？在北宋农业快速发展的情况下，原始刀耕火种的畬田形式，已经不适宜于农业生产需求，那么取而代之的梯田生产方式，又有怎样的发展特点呢？在低地的滨水地区，又有哪些土地利用方法呢？另外，在农田水利建设方面，北方与南方的实际情况有何不同，北宋政府又有怎样的政治举措？著名的"熙丰变法"对于农田水利改革，对农业政策存在怎样的直接影响？位于福建莆田的木兰陂，是北宋时期修建的大型农田水利工程，至今仍然发挥着重要作用，那么这个工程的建造对于其他地区农田水利建设有何借鉴意义？在这些客观实践过程中，北宋劳动人民又掌握了哪些水文知识呢？

北宋的科学技术在我国封建社会具有重要地位，在农业发展方面也发挥积极作用。那么这时期农业技术的进步体现在哪些方面？又有哪些技术提升值得我们关注呢？在汉唐至北宋的历史发展进程中，农作物种植结构发生了很大变化，水稻在主要农作物的种植中，地位逐渐获得提升。宋代高斯得《耻唐存稿·宁国府劝农文》记载："苏湖熟，天下足。"③太湖流域的水稻种植甚至可以供应全国的粮食需求。那么稻类作物在当时的种植情况具有怎样的时代特点，又有哪些品种得到了推广与普及呢？随着水稻成为全国主要粮食作物，小麦的种植情况又有怎样的变化呢？农业技术的发展离不开农具改革，北宋时期在农具创制、改进和普及方面又有什么样的发展呢？秧马是北宋时期发明的新农具，苏轼描述："日行千畦，较之伛偻而作者，劳佚相绝矣。"④可见它的出现极大提升了稻作种植效率。北宋时期类似的新农具还有哪些？它们的推广与普及对于促进农业发

---

① （宋）苏洵撰，曾枣庄笺注：《嘉祐集笺注·田制》，上海古籍出版社1993年版，第135页。

② 漆侠：《中国经济通史》（宋代经济卷），上海人民出版社1987年版，第25页。

③ （宋）高斯得：《耻唐存稿·宁国府劝农文》，《四库全书》，上海古籍出版社1991年版，第88页。

④ （宋）苏轼著，（清）王文诰辑注，孔凡礼点校：《苏轼诗集·秧马歌》，中华书局1982年版，第2051页。

展又起到了怎样的积极作用呢？

北宋农业在发展的过程中，究竟受到哪些因素的影响呢？这些因素又具有怎样的历史特点呢？首先，由于古代农业依然"靠天吃饭"，自然环境对农业发展的影响巨大。北宋气候变化有一个前期和中期温暖，末期转冷的演变趋势，① 那么北宋长期的温暖环境，对于农业发展又具有怎样的重要意义呢？北宋末期的气候变化，对农业发展又有怎样的负面影响呢？五代以降耕地需求量不断增长，降至北宋初年，大量植被遭到破坏，② 这对北宋农业又有什么样的负面影响呢？北宋的政治中心主要在黄河流域，那么黄河流域与华北平原的水系变化以后，对于北宋农业发展产生怎样的负面影响呢？其次，北宋时期大规模边境战争频繁发生，其中主要有宋辽战争和宋夏战争，这必然影响到当地的农业生产。尽管宋真宗即位以后，对于游牧民族的滋扰采取消极避让对策，但每年大量的岁币和供养部队的军费开支，依然加重了农民的负担。特别是战争发生以后当地农民背井离乡，对于农业生产带来很大的消极影响。那么战争对于北宋农业又将产生怎样的负面影响呢？最后，北宋统治者及时调整农业政策，对于农业发展又将产生怎样的直接影响呢？

历代农业发展都注重防治自然灾害，并寻找各种相应对策。唐代著名的"唐太宗吞蝗"的方法虽无科学依据，但"所冀移灾朕躬，何疾之避？"③却让李世民赢得了千古贤君的美好名声。北宋时期我国自然灾害频发，水灾、旱灾和蝗灾是影响北宋农业生产的三大自然灾害，统治者更加注重防治灾害并寻找客观经验。那么历史上对于这些灾害有怎样的记载？引发这些灾害的原因是什么？这些灾害对于农业生产又有怎样的直接影响？为了防治各种自然灾害，北宋从中央到地方的各级行政机构紧密结合，形成了一套完整的管理体系，那么其中有哪些具体的防治措施呢？北宋"以工代赈"的方法，不仅能快速解决灾民的生活问题，而且能起到稳定社会秩序作用，这一方法放在今天仍然具有现实意义。那么这种方法在北宋时期，有没有形成一套完备的管理体系，类似的其他救灾方法又有什么特点，还有哪些不足之处呢？在北宋农业发展的整体层面上，这些防灾救灾的措施又有怎样的现实意义呢？

研究这些问题，对于揭示北宋农业特点具有重要的意义。本书结合传世文献和前辈学者的研究成果，期待从客观科学角度揭示北宋农业发展特点，并期待为现代中国农业发展寻找历史经验。中国的重农思想自先秦时期已经产生，并影响了封建社会两千多年的历史价值观念。在商鞅、荀子和韩非等先哲先贤的思想中，或多或少都存在以农业为本的思想成分。降至两汉时期，这种客观思想已经得到了社会各阶层的普遍认同。东汉著名思想家王符在《潜夫论·务本》中认为："夫富民者，以农桑为本。"④这种关于农业

---

① 满志敏：《中国历史时期气候变化研究》，山东教育出版社 2009 年版，第 231 页；葛全胜：《中国历朝气候变化》，科学出版社 2011 年版，第 386~395 页。

② 熊燕军：《试论北宋林木破坏的历史转折》，载《农业考古》2003 年第 1 期，第 167~170 页。

③ （唐）吴兢：《贞观政要·务农》，中华书局 2009 年版，第 206 页。

④ （汉）王符著，（清）汪继培笺：《潜夫论笺校正·务本第二》，中华书局 1985 年版，第 15 页。

社会的本末论，成为后世封建经济发展中的主流思想。千百年来历朝历代的统治者都把农业发展看作立国根本，农业生产成为中国古代社会经济发展的重要基石。

　　北宋是我国古代十分重要的历史阶段，它上承汉唐之强盛，下启明清之繁荣，在政治、经济和文化等方面，都是中国古代社会的鼎盛之期。农业作为封建经济的基础产业同样值得研究。隋唐时期全国经济重心已经逐渐南移，南方农业发展取得了很大进步。特别是安史之乱以后，北方农业生产遭到极大破坏，往往以南方生产的粮食补充北方，出现了"南粮北运"的局面，① 这为后世南方长江流域经济地位超过黄河流域奠定了基础。宋代以降，农业生产快速发展，各类种植技术成熟与新式农具应用给农业发展带来很大裨益。特别是建炎南渡以后，全国的经济重心完全转移到了南方。明代以来虽然建都北京，但南方的经济地位已经完全超过了北方，农业生产规模更是如此。在整个中国古代农业发展历史上，宋代发挥的作用至关重要，而北宋的农业发展更值得研究。无论是农业种植技术的成熟经验，还是新式农具的推广与普及，甚至是政府出台的农业发展的政策等，都较之前代取得重大进步，并且对于后世元、明、清的农业生产都产生了深远影响。

---

　　① （宋）欧阳修、宋祁等：《新唐书·食货志三》，中华书局1975年版，第1366~1367页。

目　　录

第一章　北宋农业发展模式

在中国古代农业经济发展史中，北宋农业是重要的组成部分。这一时期的农作物种植结构已经发生转变，耕作技术获得了很大进步，特别是在土地的利用率、经营模式和管理方法，以及土地占有类型和契约租佃制，乃至定租制和赋税制度等的细节问题上，都体现出北宋独具特色的农业发展模式。

中华民族自古以来就以农耕为主，土地、农民和粮食这三者之间的相互影响、相互作用，使得历朝历代的统治阶级都高度重视农业的发展。北宋时期在土地种类上，主要划分为官田和民田。① 随着时代发展，还出现了很多不同用途的农田。《续资治通鉴长编·仁宗》"明道二年三月辛酉"条载："又诏诸官田重复出税者，除之。"②耕种官田有官府保障，重复的课税也能得到免除，这显示北宋时期极为重视官田经营和管理。民田虽为庶民所有，但从北宋开国之日起，就得到官府的高度重视。《宋史·太祖纪二》记载："（开宝元年）六月癸丑朔，诏民田为霖雨、河水坏者，免今年夏税及沿征物。"③宋太祖开宝元年为 968 年，由于这年夏季多日连绵大雨，导致民田遭到毁坏，对于普通庶民来说，无疑增加了巨大的生活负担，于是北宋官府采取免除夏税的积极措施。这说明民田同样获得朝廷重视。但是，另一方面，北宋时期还存在"不抑兼并"的土地政策，允许土地自由买卖，尽管在经济方面表现得比较活跃，但实际上加重了农民的经济负担。尤其是对于生活无法维系者，只能出让自己的土地换取暂时的安定。这种自由放任的田地买卖政策，无疑使社会矛盾激化，对于国家的长治久安起到消极作用。北宋时期还有契约租佃关系和定租制，这是在土地公有制遭到破坏的情况下，逐渐形成的一种农田租赁形式，在某种程度上缓解了无地农民的生活压力，但同样也出现经济方面的沉重负担，甚至租赁土地的农民会被束缚。此外，北宋时期的农业税收同样成为国家经济来源的重要途径，即使这时期的手工业、商业经济已高度繁荣。特别是北宋政权进入统治后期，农业赋税更显得极为重要。

本章主要从北宋的农田存在形式、农田租赁契约关系和农业赋税三个方面展开论述，以求从我国历史上的宏观经济的一个侧面，分析北宋时期的农业发展模式。

---

① 姜密：《宋代"系官田产"释义》，载《厦门大学学报》2003 年第 4 期，第 121~128 页。
② （宋）李焘：《续资治通鉴长编·仁宗》，中华书局 1992 年版，第 2606 页。
③ （元）脱脱：《宋史·太祖纪二》，中华书局 1985 年版，第 27 页。

第一节　北宋农田存在形式

中国的官田具有悠久的历史传统，战国时期称为"公田"。《孟子·滕文公》载："方里而井，井九百亩，其中为公田，八家皆私百亩，同养公田。公事毕，然后敢治私事。"[1]这里的"公田"脱胎于华夏文化的井田制，王畿直接管辖的中间区域为"公田"，周边王道教化能够波及的地方为"私田"。在这里可以明显看出，"公田"与"私田"既是政治附属关系，也是儒家思想框架下的伦理结构关系。万国鼎先生认为："土地私有制成立后，非凡民业，悉为官有。"[2]这种传统文化深深根植于中华大地。北宋称之为"系官田产"，[3]这是北宋时期官方拥有的农田的特定称谓。官田是国家占有的田地，根据使用途径差别，还可以细化为屯田、营田、职田、学田、仓田、公田等。[4]这些土地的经济收入用以维持国家机器的正常运转，以及保障社会稳定的基本支出。这点与井田制的"公田"与"私田"之关系非常相似。民田则是农民私人占有的土地，这类土地占据北宋全国耕地面积的绝大多数，是这时期重要的土地存在形式，所以研究北宋民田的经营模式更具有代表性。此外，这时期的土地兼并比较严重，无地农民往往只能以租赁土地为生，这对农业生产会造成消极影响。虽然北宋政权试图遏制土地兼并问题，但效果并不明显，这就为北宋末年的土地矛盾激化埋下了伏笔。

一、官田和民田

"官田"的土地来源主要有两种：其一，如户绝田、没官田等，由私人占有土地转化为官方土地；其二，如无主荒地，河堤弃滩等产权不明确的土地。《宋史·钦宗纪》记载："以诸路赡学户绝田产归常平司。"[5]由于北宋时期的土地兼并愈演愈烈，统治者不得不限制土地兼并，往往将上述论及的田地定义为"系官田产"。既强调这些田地的所有者，也不得不采取措施，防止土地走向被日益兼并的严重态势。"系官田产"具有广义和狭义之分，广义近似于"官田"，狭义则指常平司、转运司及州县管辖的"官田"。关于北宋时期的田亩数量，漆侠先生的研究结果是，神宗元丰年间为"7.2亿亩以上"；[6]魏天安先生的计算结果是，宋徽宗时期达到"10.559万顷"。[7]这两种结果虽有很大差异，但是都能够客观反映北宋时期的土地开发量非常庞大，这样才能够促使整个

---

① 杨伯峻译注：《孟子译注·滕文公上》，中华书局1986年版，第119页。
② 万国鼎：《中国田制史》，商务印书馆2011年版，第324页。
③ 姜密：《宋代"系官田产"研究》，中国社会科学出版社2006年版，第15~20页。
④ （元）脱脱：《宋史·食货志上一》，中华书局1985年版，第4155~4195页。
⑤ （元）脱脱：《宋史·钦宗纪》，中华书局1985年版，第423页。
⑥ 漆侠：《宋代经济史》，中华书局2009年版，第59页。
⑦ 魏天安：《宋代官营经济史》，人民出版社2011年版，第3页。

社会向繁荣稳定的方向发展。

（一）官田类别与基本作用

北宋官田的主要来源是无主荒地，或者是官府通过没收和购买所得的田地。土地没收的对象主要是犯罪者的田产、抵偿债务的田产、被隐瞒的田产、抛荒田和失去户籍的户绝田等。另外，官府采用购买手段是获得土地的形式之一，通过国家财政购买田地，可以在一定程度上限制土地兼并，购买的土地主要用于屯田，或者用作学田、养济院田等，这些官田有助于社会公共福利事业朝向有计划、有步骤的方向发展。

用于供应军需的屯田和营田，主要来源于军民开垦的大面积无主荒地。屯田在中国历史上产生很早，汉武帝时期，为了适应新开发的西域地区的发展，便在那里施行屯田的土地政策。《汉书·西域传下·渠犁》记载："自武帝初通西域，置校尉，屯田渠犁。"[1]边疆军队的生活、给养有保障，才能够巩固边疆的战备长期获得安全。降至曹魏时期，发展出一套完整的土地制度，对于后世产生的影响极为深远。《三国志·魏书·武帝纪》记载："是岁用枣祗、韩浩等议，始兴屯田。"[2]曹魏时期的屯田转变为加强国防的策略之一。军队组织士兵进行耕种，称为"军屯"；招募百姓屯田，则称为"民屯"。不论军屯还是民屯，都起到支撑军队粮食补给的重要作用。关于屯田制度的其他优点，《三国志·魏书·武帝纪》裴松之引王沈《魏书》载："是岁乃募民屯田许下，得谷百万斛。于是州郡例置田官，所在积谷。征伐四方，无运粮之劳，遂兼灭群贼，克平天下。"[3]东汉末年军阀割据时期，曹魏能够统一北方，与屯田制度和屯田规模存在密切联系，屯田基本解决了军队的粮食需求问题。北宋初年屯田生产的粮食数量非常有限，而且囿于地区差异呈现出不均衡的特征。《宋史·河渠志五·河北诸水》记载："天禧末，诸州屯田总四千二百余顷，而河北屯田岁收二万九千四百余石，保州最多，逾其半焉。江、淮、两浙承伪制，皆有屯田，克复后，多赋与民输租，第存其名。在河北者虽有其实，而岁入无几，利在畜水以限辽骑而已。"[4]地理位置靠近北部边境，大面积的屯田仅用来蓄水，或者阻挡辽国入侵。这种方式的屯田已经失去了供养军队作用，并逐渐转化为以租佃为主的营田形式。营田与"民屯"大同小异，是官府招募百姓进行耕种，从而获得军饷和税粮。只不过客观区分出官田和民田的拥有者，在税收的政策上都需要缴纳赋税。《宋会要辑稿·食货三》记载："屯田系使军兵耕种，营田系招募百姓耕种。"[5]北宋时期"民屯"的形式基本不复存在，取而代之的是营田形式。营田都是招募百姓进行耕种，这种雇佣农民进行耕作的方式，一时成为北宋时期较为普遍的官田经营模式。

职田是国家给予地方官员的福利田，也是为他们提供津贴的一种形式。由于北宋的

①　（汉）班固：《汉书·西域传下·渠犁》，中华书局 1962 年版，第 3912 页。
②　（晋）陈寿：《三国志·魏书·武帝纪》，中华书局 1959 年版，第 14 页。
③　（晋）陈寿：《三国志·魏书·武帝纪》，中华书局 1959 年版，第 14 页。
④　（元）脱脱：《宋史·河渠志五·河北诸水》，中华书局 1985 年版，第 2366 页。
⑤　（清）徐松：《宋会要辑稿·食货三》，中华书局 1957 年版，第 4842 页。

崇尚文人政策，官员们的俸禄和福利都十分优厚，所以职田和前代相比规模更加庞大。北宋设立职田在宋真宗咸平二年（999 年），《宋史·职官志》记载："咸平中，令馆阁检校故事，申定其制，以官庄及远年逃亡田充，悉免租税，佃户以浮客充，所得课租均分，如乡原例。"①官员的职田享有免除租税的经济特权，这为北宋中期的社会危机埋下了祸根。天圣年间（1023—1032 年），宋仁宗因为"患职田有无不均，吏或多取以病民"，而下诏废止了天下的职田，但是官吏却因此"多占佃户"，② 宋仁宗无奈只好恢复职田。朝廷设置的职田并不是单纯的职务津贴，主要目的还是抑制官员的贪腐问题。宋徽宗宣和元年下诏："诸路职官各有职田，所以养廉也。"③抑制贪腐是历朝历代统治者的政治内容，很明显这是宋徽宗养廉措施中的一项，实则收效甚微，无法达到预期目的。北宋对各级在职地方官员职田规模的规定，《宋史》有详细的文献描述，例如宋仁宗庆历三年（1043 年）规定："凡大藩长吏二十顷，通判八顷，判官五顷，幕职官四顷。凡节镇长吏十五顷，通判七顷，判官四顷，幕职官三顷五十亩。凡防、团以下州军长吏十顷，通判六顷，判官三顷五十亩，幕职官三顷。其余军、监长吏七顷，判官、幕官，并同防、团以下州军。凡县令，万户以上六顷，五千户以上五顷，不满五千户并四顷。凡簿、尉，万户以上三顷，五千户以上二顷五十亩，不满五千户二顷。录事参军比本判官。曹官比倚郭簿、尉。发运制置、转运使副，武臣总管，比节镇长吏。"④各级官员拥有的职田数量，根据官职级别有严格规定。

学田是北宋出现的国有土地形式，主要目的是促进民间书院的办学，提供给那些欠缺粮食与资金的学生，大部分钱粮用于书院的日常开销。北宋时期尤其关注贫寒学子，这是重文抑武的事例之一，也是北宋重视文化事业的鲜明体现。《续资治通鉴长编·太宗》"太平兴国七年冬十月辛酉"条载："王者虽以武功克定，终须用文德致治。朕每退朝，不废观书，意欲酌前代成败而行之，以尽损益也。"⑤这种重文抑武的教化思想，极大地影响到宋代社会的各个阶层，也是北宋文化与农业经济生产发生密切联系的直接证明。北宋政权是把农业与教育结合的最成功封建王朝之一。比如《宋史·仁宗纪二》记载："（康定元年春正月）壬戌，赐国子监学田五十顷。"⑥因此学田的主要来源，有朝廷针对教育方面的赏赐，各级官府的划拨，以及地方乡绅针对教育的捐赠。正是由于宋仁宗重视与大力扶持教育，地方上才有条件兴办书院，这对北宋的文化教育发展起到极大的促进作用。学田主要由学校自主经营，或者由本地官府代理经营，收入用于补贴教师薪资，提供学生伙食和支付学校的日常开销。地方上的各个州郡的学田规模差异较大，收入因地相异，也存在多寡之分。但显而易见，学田不仅带动农业生产，还促使北宋教

---

① （元）脱脱：《宋史·职官志十二·奉禄制下·职田》，中华书局 1985 年版，第 4145 页。

② （元）脱脱：《宋史·职官志十二·奉禄制下·职田》，中华书局 1985 年版，第 4146 页。

③ （元）脱脱：《宋史·职官志十二·奉禄制下·职田》，中华书局 1985 年版，第 4150 页。

④ （元）脱脱：《宋史·职官志十二·奉禄制下·职田》，中华书局 1985 年版，第 4146 页。

⑤ （宋）李焘：《续资治通鉴长编·太宗》"太平兴国七年冬十月辛酉"，中华书局 1983 年版，第 528 页。

⑥ （元）脱脱：《宋史·仁宗纪二》，中华书局 1985 年版，第 206 页。

育向健康稳定的方向发展，这也是北宋文化教育独具特色的有力证明。

仓田又称"广惠仓田"。储存粮食主要用于荒年救荒，或者灾年赈恤。熙丰变法时制定常平法，灾年以常平仓中的米粟赈济饥民。据《宋史·神宗纪二》记载："（熙宁四年春正月）壬辰，王安石请鬻天下广惠仓田，为三路及京东常平仓本，从之。"①王安石提出的这个观点，在《续资治通鉴长编》中也有大体相同的记载："鬻天下广惠仓田，为三路及京东常平本。"②这个主张引起了保守派曾公亮等人的极力反对。曾公亮称："佃户或百年承佃，有如己业，今鬻之则至失职，非便。"③他认为仓田已经由佃户承租多年，可以说基本上被农民看作自己的田产，如果强制他们售卖仓田，佃户失去土地会导致社会出现混乱。他的观点并非虚言，因为农民几代人都耕作这块土地，一旦失去土地就会流离失所。王安石认为："公亮所言盖官庄也。若广惠仓田乃本是户绝，法自当鬻，但因近置广惠所积不多，何能赈饥？今已修常平法，则凶年固不患无所赈济。"④关于仓田是否能够售卖的辩论十分重要，不仅反映出熙丰变法时期的革新派与保守派之间的争论焦点，更能够揭示当时社会遇到的实质性问题。这期间出台的《农田利害条约》对于改革有很重要的实质性建议。⑤ 实际上两派都有一定的道理，但伴随着王安石改革的失败，北宋的土地问题依然没有得到客观解决。目前我国制定的各种赈恤政策，应该借鉴北宋时期的历史经验，这样更能够从客观角度，拟定出符合我国实际国情的土地政策，有利于社会获得全面发展。

公田是由中央或地方各级官府管辖的土地。由于五代混乱割据，各地军阀拥有的公田面积大小相异。北宋建立政权以后，这些土地都划拨为国有土地，这就是所谓的"官庄"的主要来源。因此某些官庄的名称还延续前代特点。各地官庄规模也有所不同，《宋会要辑稿·食货六三》记载："（福州）十二县共管官庄一百四，熟田千三百七十五顷八十四亩，佃户二万二千三百人。"⑥另外，北宋时期进行了许多治理河渠、沼泽及围湖造田的工程，获得了许多土地，史书称之为淤田、圩田、湖田、沙田芦场等，《文献通考·田赋六》记载："圩田、湖田多起于（北宋）政和（宋徽宗）以来……大概今之田昔之水，徒知湖中之水可涸以耕田，而不知湖外之田将胥而为水也。"⑦这些土地同样属于公田。公田是官府的私属财产，经营方式一般是招募乡民耕种。

北宋时期官田还有以下几种特点。其一，各级官府经营马场征用的大量牧地；其

---

① （元）脱脱：《宋史·神宗纪二》，中华书局 1985 年版，第 278 页。

② （宋）李焘：《续资治通鉴长编·神宗四年》"熙宁四年春正月壬辰"，中华书局 1983 年版，第 5321 页。

③ （宋）李焘：《续资治通鉴长编·神宗四年》"熙宁四年春正月壬辰"，中华书局 1983 年版，第 5321 页。

④ （宋）李焘：《续资治通鉴长编·神宗四年》"熙宁四年春正月壬辰"，中华书局 1983 年版，第 5321 页。

⑤ 韩榕桑：《北宋〈农田利害条约〉》，载《中国水利》1993 年第 9 期，第 25~27 页。

⑥ （清）徐松：《宋会要辑稿·食货六三》，中华书局 1957 年版，第 6074 页。

⑦ （元）马端临：《文献通考·田赋六》，浙江古籍出版社 2000 年版，第 71 页。

二，官府没收入官的土地；其三，北宋时期为老、弱、病、残的百姓，建设的福田院、居养院、安济坊、养济院、利济院、慈幼院、漏泽园等民间福利机构，官府为其划拨土地，称为福田庄、居养田、安济田、慈幼庄等，这些田产往往被官府委托给寺院代为经营管理；其四，专门供奉皇家开销的土地。[①] 上述内容需要进行更为深入的研究，这里不作过多讨论。

（二）官田经营方式与民田化

官田具有国有性质，一般由国家直接组织军队经营，特别是屯田、营田等类型的田产。但是国家组织的军民耕种难以达到预期效果，而且由于官营模式较为固定，往往会出现军民逃亡的现象。当遇到这种情况时，官府会将官田出租给佃农进行耕种，甚至将屯田和营田也租佃出去。《宋会要辑稿·食货二》记载，北宋初期曾在唐州、襄州设立营田务，后来由于收成不佳，难以收回成本。于是宋仁宗天圣四年（1026 年）九月，"诏废襄、唐二州营田务，令召无田产人户请射，充为永业"[②]。

随着官田租佃规模的不断扩大，北宋统治者出台了相关的优惠政策，以此鼓励农民承包官田。《续资治通鉴长编·仁宗》"天圣元年七月戊寅"条载："天下职田，无令公人及主户租佃，召客人者听，所收租仍不得加耗，若水旱，其蠲租如例。"[③]下达这个诏令，不仅确定了私人承租官田的合法性，还禁止官吏不得随意增加税费，保障了佃农的部分权益，如果遇到了水旱灾年，官府还依照定例蠲免田租。宋神宗元丰元年，因为官田发展期间又出现新的问题，于是又制定了新政策，《续资治通鉴长编·神宗》"元丰元年五月壬午"条载："以土田分等，近城第一等为官庄，第二等合种，第三等出租，第四等募人耕，五年起税。"[④]北宋官府制定延长开始收税时间的政策，直接促进了私人承包耕地规模的逐步扩大，这时期官田的民田化获得迅速发展。农民们获得了土地，从事农业生产更有积极性，也促进了北宋的社会繁荣和经济发展，这种相辅相成的结构关系，正是北宋农业发展模式之一。当然如果遭遇灾害之年，官府还以减免租税的方式，鼓励流民垦荒并租赁耕地。比如《续资治通鉴长编·哲宗》"元符二年十一月壬辰"条载："河北路黄河退滩地应可耕垦，并权许流民及灾伤第三等以下人户请佃，与免租税三年。"[⑤]黄河泛滥过后留下的退滩地力肥沃，及时招募流民进行耕种，不仅能够赈恤灾民提供粮食，更起到了维持社会稳定的政治作用。另外，统治者还考虑到部分官吏，或者富户利用这一政策福利，占据大量土地谋取私利，所以还补充了相关法令："如官员并

①　赵映椿：《宋代社会保障救济制度述略》，载《文史杂志》2018 年第 2 期，第 64~71 页。

②　（清）徐松：《宋会要辑稿·食货二》，中华书局 1957 年版，第 4826 页。

③　（宋）李焘：《续资治通鉴长编·仁宗》"天圣元年七月戊寅"，中华书局 1983 年版，第 2325 页。

④　（宋）李焘：《续资治通鉴长编·神宗》"元丰元年五月壬午"，中华书局 1983 年版，第 7075 页。

⑤　（宋）李焘：《续资治通鉴长编·哲宗》"元符二年十一月壬辰"，中华书局 1983 年版，第 12337 页。

吏人及有力之家，请佃及官司给予者，各徒二年。"①通过制定严格的法律法规，威慑部分官吏，使之减少贪欲，保障了国家给予灾民、流民的优惠政策，还抑制了不法官吏发国难财。

佃户承租官田可以世代沿袭，在一定程度上如同永业田，但这种耕作方式并不影响国家的财政收入，还能起到促使社会稳定、百姓安居乐业的政治教化目的。李焘《续资治通鉴长编·哲宗》"元祐二年三月辛巳"条载："百姓佃官田者甚众，往往父祖相传，修营庐舍，种植园林，已成永业。"②虽然佃农并没有土地的所有权，只是因为世代在此耕种而拥有永佃权，这对于北宋的农业生产和经济发展起到一定的积极作用。事实上官田的所有权一直都掌握在官府手中，宋代梁克家《淳熙三山志·版籍类》记载："淳化五年，李伟请鬻官田。"③由此可见这个时期官田买卖受到官府控制。但是官田买卖的限制并不严格，农民通过购买方式可以得到一部分官田。长期承租的佃户在购买官田时，拥有优先权并享受一定的优惠政策。《淳熙三山志》记载："若系独赁及三十年以上，即十分其加，与减三分。"④有些地区的原佃户，购买官田的实际价格很低。这是官田数量逐渐减少，民田数量逐渐增多的主要原因。如果农民无法从官府购买无地，完全依赖地主土地生存，就会造成农民生活水平日益下降，遇到自然灾害粮食减产，全家的生活就会陷入困顿之中。

户绝田主要是原土地的主人死亡以后，没有后代继承田地，或者是全家逃亡以后，成为无主的土地。北宋的户绝田可以由官府出售，得到的金钱充入官方府库。《宋会要辑稿·食货六三》记载："大中祥符八年（1015年），敕户绝田并不均与近亲，卖钱入官。"⑤可见户绝田并不会划归其亲属所有，而是卖钱以后收归国有。由此之后的整个北宋，户绝田基本都按照这种方式处理。与官田的售卖形式类似，官府售卖户绝田时，原佃户有优先购买权，而北宋大部分的户绝田都是被长期承租此田的佃户购买。⑥北宋徽宗时期，官府将可以出售的官田范围扩大到省庄田级别。《文献通考·田赋考》记载："（政和元年，1111年）凡田当防河、招募弓箭手或屯田之类，悉应存留。凡市易抵当、折纳、籍没、常平、户绝、天荒、省庄、沙田、退滩、荻场、圩田之类，并应出卖。"⑦大部分种类的官田都可以向民间出售，官田的私有化得到更大程度的发展。

北宋官府在出售官田时，采取了一种"实封投状"的拍卖方式。据《宋会要辑稿·食

---

① （宋）李焘：《续资治通鉴长编·哲宗》"元符二年十一月壬辰"，中华书局1983年版，第12338页。

② （宋）李焘：《续资治通鉴长编·哲宗》"元祐二年三月辛巳"，中华书局1983年版，第9685页。

③ （宋）梁克家：《淳熙三山志·版籍类·官庄田》，海风出版社2000年版，第129页。

④ （宋）梁克家：《淳熙三山志·版籍类·官庄田》，海风出版社2000年版，第132页。

⑤ （清）徐松：《宋会要辑稿·食货六三》，中华书局1957年版，第6072页。

⑥ 张京凯：《宋代户绝田流转及其对财税法制的影响》，载《中国政法大学学报》2018年第6期，第17页。

⑦ （元）马端临：《文献通考·田赋考》，浙江古籍出版社2000年版，第81页。

货六一》记载，宋哲宗元祐年间"价值量度适中，钱数出榜，限一月召人实封投状承买，限满拆封，给着价最高之人"①。这种拍卖方式提高了地价，只有购买力较强的富户，或者地主能够购买上等官田。但是为了在一定程度上保障佃户的基本权益，官府又规定"仍具最高钱数，先次取问见佃赁人愿与不愿依价承买"②。如果原佃户愿意以此价格购买田产，则优先卖与原佃户，这种政策比较人性化，也减少了民间纠纷或者贫困百姓无地耕作的状况。北宋的官田整体上还是原佃户购买的较多，佃户拥有土地后成为自耕农或半自耕农，这个现象有力地推动了北宋土地私有化发展，确保佃农的基本权益得到保障，同时，也可以说是维护政权稳定的民间基础。

但是，另一方面，公田还起到很大程度的消极作用，降至南宋德祐年间，对此有过客观总结。《宋史·食货志上一》记载："公田最为民害，稔怨召祸，十有余年。自今并给田主，令率其租户为兵。"③这就必然导致官田逐渐民田化，有以下几种原因。其一，是朝廷的赏赐，统治者常常将官田赏赐给寺院、宫观等作为庙产，或者赏赐给有功的官员和将士或他们的家属。其二，是有权势者占据公田，他们在承租官田后利用职务之便调换田块、谎报坍塌，将官田据为己有。所以《宋会要辑稿·食货五》记载："品官之家不得请佃官产，盖防权势请托也。今乃多用诡名冒占，有数十年不输颗粒者。"④他们因常年租佃官田，而将其视为私有财产，甚至出现不经官方许可私自买卖的行为。其三，是官方草场被私人开垦为耕田，这种现象一般出现在边境地区。可见公田管理存在许多问题，有些边境地区更为混乱。

官田和民田是北宋土地经营的两种基本模式，这二者之间并非一成不变。官田可以通过购买、赏赐等途径转化为民田，民田也会因为各种缘由转为官田。但是北宋土地发展模式呈现出一个私有化的趋势，即官田在不断地转化为民田。在私人占有的民田中，大地主阶级又占有了绝大部分土地。"无田或少田的农民以各种租佃方式租种地主的土地，将其劳动收入的一半左右交给地主，然后由地主根据土地占有的数量向国家交纳赋税。"⑤虽然北宋的土地私有化程度很高，但是自耕农的比重较小，因而这时期依然存在严重的耕地分配问题。

二、土地兼并现象日益严重

自西周井田制以来，在中国古代社会里，土地买卖现象屡有发生。虽然《礼记·王制》明确规定"田里不鬻"⑥，这是确保农民生活稳定的前提条件，但是土地买卖带来的

---

① （清）徐松：《宋会要辑稿·食货六一》，中华书局 1957 年版，第 5877 页。
② （清）徐松：《宋会要辑稿·食货六一》，中华书局 1957 年版，第 5877 页。
③ （元）脱脱：《宋史·食货志上一》，中华书局 1985 年版，第 4195 页。
④ （清）徐松：《宋会要辑稿·食货五》，中华书局 1957 年版，第 4878 页。
⑤ 陈植锷：《北宋文化史述论》，中华书局 2019 年版，第 71~72 页。
⑥ 杨天宇：《礼记译注·王制第五》，上海古籍出版社 2004 年版，第 154 页。

巨大收益仍然使人们乐此不疲。唐代两税法实行以后，官府只关心农民夏秋两季的赋税是否缴纳齐全，对于土地所有权并不十分关心，因此唐代之后的土地兼并现象日益严重。北宋政权建立以后，为了获得大地主阶级的支持，统治者对土地兼并现象采取宽容态度，调整了通过立法来限制私人占田的政策。目前学界有一种认识，就是北宋实行"不抑兼并"的政策，下面对此进行一些讨论。北宋王明清《挥麈录》记载："置转运使于逐路，专一飞挽刍粮，饷军为职，不务科敛，不抑兼并。"①但这只是北宋初年的政策之一，而不是在整个北宋时期都奉行不悖，而且只有在转运使的职权范围内，才有这样的鲜明特点，并非真正在全国范围内都实行过"不抑兼并"的政策。② 土地兼并不能有效抑制，必然使农业耕作出现很多问题。

尽管如此，北宋统治者对土地兼并现象采取放任自流的态度仍十分明显。《挥麈录·余话·祖宗兵制名枢廷备检》记载："富室连我阡陌，为国守财尔。缓急盗贼窃发，边境扰动，兼并之财乐于输纳，皆我之物。"③宋代士大夫代表人物叶适在《水心先生别集·进卷·民事》中提道："富人者，州县之本，上下之所赖也。富人为天子养小民，又供上用，虽厚取赢以自封殖，计其勤劳亦略相当矣。"④他认为富人下养庶民上供天子功劳甚大，这种富民强国的观点，为当时许多士大夫普遍接受。他又提出："今俗吏欲抑兼并，破富人以扶贫弱者，意则善矣。此可随时施之于其所治耳，非上之所恃以为治也。"⑤认为统治者欲依靠富人达到强国目的，就不应该限制兼并，这种观点成为宋代土地兼并问题日益严重的滥觞。

受到北宋商品经济思想的影响，土地自由买卖之风十分盛行。官府对于这种行为采取放任态度与宽松政策，所以并未制定法律以抑制兼并，买田者只要有足够的金钱就可以购买田产。北宋私田进行买卖时，近亲和四邻拥有优先购买权。从北宋前期优先顺序先亲后邻，到南宋时只有近亲兼四邻才拥有优先权，这一变化反映了土地交易政策向宽松方向发展的趋势。⑥ 土地自由买卖带来的不良影响，就是土地所有权频繁更迭，引起了许多民事诉讼案件，也使民间产生很大的情绪波动，并导致社会出现不稳定因素。《宋会要辑稿·食货三》记载："人户交易田土，投卖契书及争讼界至，无日无之。"⑦可以看出，土地自由买卖能够促进商品经济发展，但是带来的弊端更加明显。因为农民高度依赖土地，一旦在土地上出现某种问题，势必牵涉整个家庭，甚至有可能引发难以调和的纠纷，这在某种程度上影响了社会稳定。这些都反映了当时土地自由买卖比较盛行

---

① （宋）王明清：《挥麈录·祖宗兵制名枢廷备检》，中华书局1964年版，第283页。

② 杨际平：《宋代"田制不立"、"不抑兼并"说驳议》，载《中国社会经济史研究》2006年第2期，第6~23页。

③ （宋）王明清：《挥麈录·祖宗兵制名枢廷备检》，中华书局1964年版，第283页。

④ （宋）叶适：《水心文集》别集卷二《进卷·民事》，中华书局1961年版，第709页。

⑤ （宋）叶适：《水心文集》别集卷二《进卷·民事》，中华书局1961年版，第709页。

⑥ 魏天安：《论宋代的亲邻法》，载《中州学刊》2007年第4期，第174~178页。

⑦ （清）徐松：《宋会要辑稿·食货三》，中华书局1957年版，第4844页。

的社会现象，也是诱发社会矛盾激化的潜在因素。

北宋时期的土地兼并有两种形式，即买卖土地和征占土地。马端临《文献通考·田赋考二》记载："自汉以来，民得以自买卖田土矣，盖自秦开阡陌之后，田即为庶人所擅，然亦惟富者、贵者可得之。富者有赀可以买田，贵者有力可以占田，而耕田之夫，率属役于富贵者也。"①大量土地被有权势者吞并，导致自耕农不得不依附地主而成为佃农。这些土地兼并者以官僚贵戚居多，《宋史·王溥传》记载："（王溥父亲王祚）频领牧守，能殖货，所至有田产，家累万金。"②可见北宋允许官员经商并广置田产。《宋史·石守信传》记载："（石守信之子石保吉）累世将相，家多财，所在有邸舍、别墅。"③自宋太祖"杯酒释兵权"以后，就赐予石守信等众多功臣大量金银与田宅，这些官僚家族经过世代经营，规模已经十分庞大。魏泰的《东轩笔录》卷八记载："方圆十里，河贯其中，尤为膏腴，有佃户百家。"④利用职务之便置办了大量庄田，并雇佣很多佃户从事农业生产。此外，还有一些宗族贵戚倚仗权势大量占田。《宋史·高遵传》记载："（贵戚王蒙正）持章献太后亲，多占田嘉州。"⑤甚至还有侵占民田已经达到数百家之多的，比如《王文公文集·郭维墓志铭》记载："侵民田至几百家。"⑥《续资治通鉴长编·真宗》"咸平五年冬十月癸未"条载："近畿阛阓之间，悉大臣资产之地。"⑦可见官僚贵族大肆兼并土地的现象已经十分普遍，甚至京城附近的土地已经被大臣们鲸吞。

这种官僚地主兼并土地的情况，在北宋中后期愈发严重，对于整个社会影响非常恶劣。王辟之《渑水燕谈录·忠孝》篇中讲到北宋名臣范仲淹"于姑苏近郭买良田数千亩，为义庄"⑧。虽然官僚大臣置办义庄，接济了宗族中的比较贫穷者，但同时也大量占据田地，致使许多农户失去土地。而且范仲淹等人居于政治高位，如果他们名下的义庄就达到"数千亩"之多，那么其他名义的田产更是不可胜数。《宋史·吕景初传》记载，吕景初在右司谏任上向宋仁宗奏报，"比部员外郎郑平占籍真定，有田七百余顷"⑨。按照宋代一顷相当于一百亩进行换算，郑平在真定府占据田产七万余亩。而他仅仅是从五品级别的员外郎官衔，就占据如此之多的土地，兼并严重程度可见一斑。北宋末年臭名昭著的"花石纲"令东南地区民不聊生，其主要负责者朱勔也是这时期官僚占田的代表人物。《宋史·朱勔传》中记载，朱勔被罢官后，朝廷"籍其资财，田至三十万亩"⑩。

---

① （元）马端临：《文献通考·田赋考二》，浙江古籍出版社2000年版，第34页。

② （元）脱脱：《宋史·王溥传》，中华书局1985年版，第8801页。

③ （元）脱脱：《宋史·石守信传》，中华书局1985年版，第8813页。

④ （宋）魏泰：《东轩笔录》卷八，中华书局1983年版，第92页。

⑤ （元）脱脱：《宋史·高遵传》，中华书局1985年版，第10001页。

⑥ （宋）王安石：《王文公文集·郭维墓志铭》，上海人民出版社1974年版，第969页。

⑦ （宋）李焘：《续资治通鉴长编·真宗》"咸平五年冬十月癸未"，中华书局1983年版，第1159页。

⑧ （宋）王辟之：《渑水燕谈录·忠孝》，中华书局1981年版，第35页。

⑨ （元）脱脱：《宋史·吕景初传》，中华书局1985年版，第10022页。

⑩ （元）脱脱：《宋史·朱勔传》，中华书局1985年版，第13686页。

这个数字触目惊心，深刻揭露了北宋末年祸国殃民的大奸臣穷奢极欲的贪婪嘴脸，北宋之所以走向的灭亡，与土地兼并问题必然有内在联系。

除了达官显贵兼并成风之外，民间的豪强地主以及富户商人也占据了大量土地。他们不像官僚贵戚那样倚仗权势强买强占，而是靠经济力量购置大量田产，或者是靠世居此地的家族势力进行兼并。北宋僧人文莹在其《玉壶清话》中记载了一位女性名为莫荃，在丈夫外出做官的二十六年里，她努力经营将清贫之家变的"产业益裕"，又在家乡昭州"创上腴田数百顷，水竹别墅，亭阁相望"①。世居于陕西雍州的王氏家族在宋仁宗时期进行了一次土地兼并，"并郭善田数百顷"②，这是当地家族势力占有田产的代表。《宋史·姚宗明传》记载："家不甚富，有田数十顷。"③姚宗明是宋徽宗时期的河中府人，他家有数十顷土地的家庭只能算是中产，由此可见当时土地集中现象的普遍性。李心传《建炎以来朝野杂记·陈子长筑绍熙堰》中记载了当时两淮地区的一种农业形式。两淮之地因为土地空旷肥沃，收成丰厚，当地人秋收时人手不足，于是浙江农民在秋熟时，居家乘舟到两淮地区帮其收割，淮地田主只取十分之五，而另外一半都由浙人收获。两宋之际淮东的富户张拐腿在金兵南下时因为拒绝为完颜亮透露情报而被施刑，双腿留下残疾，"其家岁收谷七十万斛"④，可以说是当地十分殷实的家庭了。

在北宋土地兼并的过程中，除了达官贵戚和土豪地主外，还有一股寺院势力非常重要。由于北宋时期政治清明、尊崇佛教，倡导文化推动社会发展，儒释道三教合流成为这时期的重要思想。⑤由于北宋时期实施佛教开放政策，各大寺院的庙产占地面积庞大，再加上皇家的赏赐和香客捐赠，也使得寺院参与了土地兼并。据《灵隐寺志》记载，宋仁宗天圣三年（1025 年），皇太后赐钱给杭州灵隐寺买田，其中"收买杭州钱塘县山林田土五顷，盐官县思亭乡水田一千顷，秀州崇德县积善乡水田一千顷，并免秋粮夏税"⑥。属于寺庙的田产可以免除两税，这就导致有人为了逃避税赋，故意将地产寄名在寺院之下。据宋人陈淳计算，在福建漳州的土地总数里，只有七分之一属于民户，而七分之六竟然都属于寺院。⑦宋人魏了翁在其《鹤山集》记载："闽土狭而民稠，浮屠氏岁所入厚于其民，民勤瘁节缩仅仅给伏腊，而浮屠利田宅美衣食，故中人以下之产，为

①　（宋）文莹：《玉壶清话》卷五，《唐宋史料笔记丛刊》，中华书局 1979 年版，第 44 页。

②　舒大刚整理：《苏学士集·送王纬选叙》，《宋集珍本丛刊》，四川大学古籍研究所 2004 年版，第 366 页。

③　（元）脱脱：《宋史·姚宗明传》，中华书局 1985 年版，第 13403 页。

④　（宋）李心传：《建炎以来朝野杂记》，中华书局 2000 年版，第 166 页。

⑤　耿静波：《北宋五子心性论与佛教心性论关系研究》，中国社会科学出版社 2016 年版，第 34 页。

⑥　（清）孙治：《灵隐寺志》，成文出版社 1983 年版，118 页。

⑦　（宋）陈淳：《北溪大全集·拟上赵寺丞改学移贡院》，《四库全书》，上海古籍出版社 2003 年版，第 4~12 页。

子孙计,往往逃儒归释。"①民间的这种普遍思想,使得寺院经济势力愈发强大,寺院不仅兼并了大量民间土地,更给国家财政造成巨大损失,北宋越到后期财政收入越加困难,土地税款流失是主要原因之一。

大量土地被富豪地主和寺院势力兼并,导致一部分自耕农濒临破产。《续资治通鉴长编·太宗》"雍熙三年七月甲午"条载:"(国子博士李觉上言)秦、汉以来,民多游荡,趋末者众,贫富不均。今井田久废,复之必难,旷土颇多,辟之为利。且劝课非不至而尚多闲田,用度非不省而未免收赋,地各有主户,或无田产,富者有弥望之田,贫者无卓锥之地,有力者无田可种,有田者无力可耕,雨露降而岁功不登,寒暑迁而年谷无获,富者益以多畜,贫者无能自存。欲望令天下荒田,本主不能耕佃者,任有力者播种,一岁之后,均输其租,如此乃王化之本也。"②这里面反映出长久以来农地与农民之间的矛盾,李觉提出将田主不能耕种的荒田分给有能力者耕种,这样不仅可以稳定社会,还能增加国家的财政收入。《宋史·食货志上一》记载:"承平寝久,势官富姓,占田无限,兼并冒伪,习以成俗,重禁莫能止焉。"③可以看出降至北宋中后期,土地兼并情况愈发严重,连国家明确颁布严厉法令也难以禁止。统治者并非视而不见,宋仁宗时期朝廷颁布限田令,限制官员免税土地的面积和一些其他的官僚特权。但是超出限制面积的土地,国家既不强征入官,也不要求田主出卖,只是要求对这部分土地像普通民田一样缴纳赋税。换言之,官员只要按照政策规定缴纳多余田产的赋税,限田令就无法限制他们兼并土地。所以北宋时期颁布的限田令,并不能有效抑制土地兼并。

在北宋土地集中趋势越来越严重的情况下,也存在土地分散的客观情况。它的原因有三点:第一,是民间土地买卖,这个现象不仅是大地主兼并农民土地,也可能是官僚地主没落后地产被分散;第二,是分家析产问题,父辈死后多子继承是北宋的财产继承特点,地产的均分也不例外;第三,是官府鼓励垦田的政策,使得官田向私田化转变,从而产生了许多自耕农和半自耕农。杨际平先生在其《中晚唐五代北宋地权的集中与分散》一文中提出过如下研究结果:宋仁宗以后北宋地主阶级拥有的土地大约占全国总耕地面积的35%,而自耕农占据的土地则占65%左右。④ 按照这个数据的比例,虽然北宋时期的土地兼并现象严重,但是大部分土地还是归小地产者和自耕农所有。这说明北宋时期自耕农拥有的土地数量依然非常庞大,大地主和官僚阶层占据的土地数量仅有三分之一左右。

---

① (宋)魏了翁:《鹤山集·孙武义墓志铭》,《四库全书》,上海古籍出版社2003年版,第14页。

② (宋)李焘:《续资治通鉴长编·太宗》"雍熙三年七月甲午",中华书局1983年版,第621页。

③ (元)脱脱:《宋史·食货志上一》,中华书局1985年版,第4164页。

④ 杨际平:《中晚唐五代北宋地权的集中与分散》,载《中国社会经济史》2005年第3期,第1~3页。

第二节　农田租赁契约关系和定租制

一、契约租佃关系的发展

自唐德宗时两税法施行以来，土地公有制逐渐遭到破坏，土地私有制慢慢确立起来。在两税法制度下，土地兼并不受限制。富人大量占田导致贫穷民户无田可耕。五代时期，由于战乱频繁，各地的营田务占地面积十分庞大。这种国有土地形式虽然拥有战时的特殊效果，却不利于农业生产的长期发展。后周太祖郭威意识到这个问题的严重性，遂罢户部营田务，将营田所属的农民划归州县管辖，至此成了自耕农。司马光《资治通鉴·后周纪二》记载："民既得为永业，始敢葺物植木，获地利数倍。"[1]这样土地私有制得到发展，拥有永业田的农民生产积极性有所提高，土地利用率也有了显著提升。

北宋建国以后土地私有制获得发展，土地所有制形式基本上不断朝着私有化方向迈进。为了提高农民的生产积极性，统治者不再严厉禁止开荒，反而实施了一系列的鼓励政策。《宋大诏令集·劝栽植开垦诏》记载："（乾德四年，996 年）自今百姓有能广植桑枣、开荒田者，并令只纳旧租，永不通检。"[2]因为政权初定、百废待兴，朝廷需要增加耕地数量来补充国用不足，所以给能够种植经济作物、开垦荒地的农民以优惠政策，以此提高他们的生产积极性。东汉著名思想家王符在《潜夫论·务本第二》中认为："夫富民者，以农桑为本。"[3]这种关于农业社会的致富方式，成为后世封建经济发展中的主流思想。宋太宗后期因自然灾害频发，民众流离失所无家可归，大量土地成为无主荒地。宋太宗至道元年（995），朝廷下诏："诸道州府军监管内旷土，并许民请佃。便为永业。仍与免三岁租税，三年外输税十之三。"[4]可见除了允许农民作为佃户之外，统治者还采取减免租税的方式，鼓励农民进行垦田耕种。北宋统治者颁布的这类法令确实适应了生产力的发展。土地的不断私有化也导致官田数量在不断减少。对于官田的管理模式，朝廷学习民间方法，逐渐从直接经营转为更加适应社会生产的租佃制模式。无论是官田还是民田，租佃制都能够适应北宋社会发展。地主将土地租赁给佃农耕种，佃农向田主缴纳地租，这就是租佃制的基本模式。[5] 北宋以降，佃农逐渐成为农民阶级的主体成分，

---

① （宋）司马光：《资治通鉴·后周纪二》，中华书局 1956 年版，第 9488 页。
② （宋）司义祖：《宋大诏令集·劝栽植开垦诏》，中华书局 1962 年版，第 658 页。
③ （汉）王符著，（清）汪继培笺：《潜夫论笺校正·务本第二》，中华书局 1985 年版，第 15 页。
④ （宋）司义祖：《宋大诏令集·募民耕旷土诏》，中华书局 1962 年版，第 659 页。
⑤ 杨际平：《宋代民田出租的地租形态研究》，载《中国经济史研究》1992 年第 1 期，第 128～141 页。

基本呈现出以下三个特点。

其一，与均田户不同的是，佃农拥有人身自由，通过订立契约和地主达成租佃关系。《宋会要辑稿·食货六三》记载："明立要契，举借粮种，及时种莳，俟收成，依契约分，无致争讼。"①田主与佃户之间，通过契约的形式保障了双方的主要权益，佃农依据契约为地主耕种土地，劳作时间也在契约中有明确规定。一旦契约期满，双方还可以"商量去处，各取稳便"②。可见这种形式对于双方来说较为自由，也是一种相互合作的生产形式，契约期满双方可以自由决定是否续约。因为有田地契约的客观存在，双方的权益在法律上得以维护。其二，契约佃农享有迁徙和退佃的自由，这就给佃农提供了一个较为宽松的耕作前提条件，地主如果不守契约也无法招来新的佃农。实际上这种契约制也是社会诚信的体现，对于地主、佃农和政府监管部门三者，都起到法律约束作用。李焘在《续资治通鉴长编·哲宗》"元祐二年三月辛巳"条记载为地主耕种的佃户"作息自如，刑责不及"③。佃户享有自由休息的权利，而田主不得施加刑责。有时候田主还需采取一些优待措施，保证佃户能正常进行劳作，文彦博《文潞公文集·论监牧事》记载，当时严重的占田情况导致"租佃之户或退或逃"④。在这种情况下田主如何安抚佃农，并保证生产的正常进行，是地主所要考虑的重中之重，否则佃农"一失抚存，明年必去之他"⑤。人去地空的现象使得地主的生产难以为继，这说明佃农权益有所提高。在影响主佃因素关系时，呈现划佃和退佃两种特点。在租佃契约的进程中，若有其他佃户愿意付更高的费用时，地主就会逐去原来的佃户，而将佃权转让给他人，这种现象被称作划佃。陆九渊《象山先生全集·与苏宰》记载："佃没官绝户田者，或是吏胥一时纽立，或是农民递互增租划佃，故有租重之患。"⑥由此可知，增租划佃会导致田租上涨的恶性循环，损害农户利益的情况下，使地主获取更高的田租。在通常情况下，增租划佃是由地主恶意发起的，也是提高田租的一种手段。虽然佃户的佃权难以得到保障，但有时划佃也会危害地主的利益。例如有些佃农以更高的地租取得了佃权，却背约不肯前去耕种，地主的土地就会荒废。佃户常常使用退佃方式迫使地主减少田租，或者对地主不满意就解除契约。所以地主和佃农之间，尽管地主拥有土地占据主动，但是在古代社会农业科技不发达的情况下，依然需要大量人力从事农业生产，即使某位地主拥有土地再多，如果雇佣不到佃农，土地就会被搁置。虽然佃农自身是被地主雇佣者，但是耕种土地是其最根本的生存方式，只要双方能够达成共识，双方的经济利益处在均衡的情况下，地主与佃农之间就会呈现一个安定的农业生产局面，

---

① （清）徐松：《宋会要辑稿·食货六三》，中华书局 1957 年版，第 6067 页。

② （清）徐松：《宋会要辑稿·食货一》，中华书局 1957 年版，第 4813 页。

③ （宋）李焘：《续资治通鉴长编·哲宗》"元祐二年三月辛巳"，中华书局 1983 年版，第 9693 页。

④ （宋）文彦博：《文潞公文集·论监牧事》，《宋集珍本丛刊》，四川大学古籍研究所 2004 年版，第 373 页。

⑤ （清）徐松：《宋会要辑稿·食货一三》，中华书局 1957 年版，第 5030 页。

⑥ （宋）陆九渊：《象山先生全集·与苏宰》，中国书店 1992 年版，第 72 页。

这也是可以逐步扩展至整个社会的治国理念。《宋会要辑稿·食货一》记载："每年收田日毕，商量去处，各取稳便。即不得非时衷私起移。如是主人非理拦占，许经县论详。"①当佃户完成了当年的农作之后，可以与地主协商后解除契约，再去到其他佃田租赁耕作。如果主人无理阻拦，农民可以通过诉讼手段解决纠纷。在契约租佃制中，任何一方违约都会对双方造成损失。这种制度的内在精神与近代社会的契约精神非常相似，它可以促使社会各阶层，乃至雇佣者和被雇佣者之间，构成社会和谐稳定的政治基础。其三，《五峰集·与刘信叔书五首》记载："主户之与客户皆为齐民。"②即佃农客户从身份上与地主一样都是国家的在编人口，正式登上了国家户籍。如果佃户拖欠地租，主户不能私下强行索要，而应该报告官府，由官府代为催促，这是减少民间经济纠纷的一种方式。

宋人叶适《水心先生别集》记载："或有抵顽佃户欠谷数多，或白脚全未纳到，至冬至后，委是难催之人，方许甲头具名申上，亦止合依田主论佃客欠租谷体例，备牒本县追理，本仓不得擅自追扰。"③这段史料主要强调几点难以收到地租情况：其一，顽固佃户拖欠谷物数量者。其二，这里面有个词"白脚"，有关它的具体含义，《文献通考·职役二》载："已充役者谓之批朱，未曾充役者谓之白脚。"④也就是完全没有向地主缴纳地租者。其三，到冬至以后，还是非常难以催要地租者。此三种情形都要上报官府统一处理，"本仓"即地主，不要擅自上门追讨，以此减少民事纠纷。这是北宋律法对于佃农部分利益的保障，同时，也限制了地主强取豪夺农民的财产。由于土地私有化的发展，有些客户也在逐渐转变成主户。胡宏《五峰集·与刘信叔书五首》记载："稍能买田宅三五亩，出立户名，便欲脱离主户而去。"⑤一旦佃农有经济条件购买土地，便会自立门户不再耕种地主土地。北宋时期脱离地主自行耕作的佃户不在少数。佃农身份提高，也极大地促进了他们从事农业生产的积极性。

虽然北宋时期的佃户身份有所提高，但是在古代封建社会里，农民和地主并没有完全获得身份上和社会地位上的平等。《宋史·刑法志一》记载："佃客犯主，加凡人一等。主犯之，杖下勿论；徒以上减凡人一等。"⑥可见在法律上对于地主和客户进行了不平等的区别对待，如果佃农触及地主利益，则"加凡人一等"，如果地主触及佃农的经济利益，则要"减凡人一等"，所以租佃制的确立并未完全保障农民利益。

---

① (清)徐松：《宋会要辑稿·食货一》，中华书局 1957 年版，第 4813 页。
② (宋)胡宏：《五峰集·与刘信叔书五首》，《四库全书》，上海古籍出版社 2003 年版，第 128 页。
③ (宋)叶适：《水心先生别集·后总》，中华书局 1961 年版，第 59 页。
④ (元)马端临：《文献通考·职役二》，浙江古籍出版社 2000 年版，第 138 页。
⑤ (宋)胡宏：《五峰集·与刘信叔书五首》，《四库全书》，上海古籍出版社 2003 年版，第 128 页。
⑥ (元)脱脱：《宋史·刑法志一》，中华书局 1985 年版，第 4981 页。

二、定额租的历史发展

佃户租种地主的土地，要向其交纳一定的地租。历史上佃农缴纳的地租大致可以分为实物地租和货币地租两种。实物地租又分为佃农和地主按照比例分享的分成地租，以及约定一定数量的定额地租两种。分成地租古已有之，降至北宋时期，实物定额地租和货币地租占据主流。杨际平先生在《试论北宋官田的地租形态》中认为，北宋分成租已较少见，定额租制才是普遍形态。① 地主向农民出租土地时，按照土地面积以及农地周边的自然环境，规定佃户每年缴纳费用。并且双方还有契约签订，以此作为保障双方利益的法律基础，减少不必要的民事诉讼。在这种定额租制的情况下，农户的生产积极性有很大提高，这种定额租制成了北宋农业经济生产的主要形式。

佃户租赁的土地数量以及交纳的地租多少，与拥有的耕牛数量和农具数量等都存在紧密的联系。特别是北宋时期，钢刃熟铁农具已经得到全面推广，② 这是中国历史上农具发展的重要标志，对于农业生产起到很大的促进作用。铁制犁铧已经多样化，主要有尖头和圆头两个种类，适用于耕作不同土壤。③ 这是因为生产工具数量直接影响到农业规模和土地耕作数量。出生在北宋末年、生活于南宋时期的洪迈，就记载了耕牛数量与土地之间的对比关系。洪迈《容斋随笔·牛米》记载："予观今吾乡之俗，募人耕田，十取其五；而用主牛者，取其六，谓之牛米。"④拥有耕牛的佃农，收成之后与地主平分所得，而没有耕牛的农户只能得到十分之四。洪迈的祖籍在江西上饶，这里没有遭到金兵破坏，因此依然可以反映出北宋中晚期的农业特点。北宋时期这种五五分成，或者四六分成的分配方式较为常见。如果佃户在农业生产的过程中使用的耕牛和农具都属于地主，那么佃户仅能获得两成收入。陈舜俞《都官集·厚生》记载："以乐岁之收五之，田者取其二，牛者取其一，稼器者取其一，则仅食其一。"⑤这里面反映出农业收获的分配额，以及农具、耕牛占有的收获比例。可见当时人力所能占据的粮食收获比重仅有一成而已。实际上在北宋之前，已经有关于把耕牛看作粮食收获量的一部分这方面的思考方式了。贾思勰《齐民要术杂说》中就明确"凡人家营田，须量己力，宁可少好，不可多恶。假如一具牛，总营得小亩三顷"⑥。这里面就反映出农田与耕牛的重要关系。如果收获总数为五，田者(土地拥有者)取其二即为四成，耕牛占二成，各种农具占二成，佃户全家也只能占二成。佃户在辛勤劳作一年之后，所得的粮食占据的比重，与耕牛或者农具占有的基本相同，这种分配方式对于耕种一年的佃农来说确实不公平，这是生产

① 杨际平：《试论宋代官田的地租形态》，载《中国经济史研究》1990年第3期，第102页。
② 张芳、王思明：《中国农业科技史》，中国农业科学技术出版社2011年版，第191页。
③ 张觉：《北宋社会经济发展与散文创作研究》，河南人民出版社2012年版，第6页。
④ (宋)洪迈：《容斋随笔·牛米》，上海古籍出版社1978年版，第51页。
⑤ (宋)陈舜俞：《都官集·厚生》，《宋集珍本丛刊》，线装书局2004年版，第59页。
⑥ (北魏)贾思勰著，石声汉校释：《齐民要术·杂说》，中华书局2009年版，第1页。

力分配不均衡的表现。如果遭受自然灾害，则农户便食不果腹。

在官田的租佃中，也普遍使用对半分成的方案。《宋会要辑稿·食货六一》记载，宋太宗至道元年(995年)九月，度支判官陈尧叟建议："公田之未垦者，募民垦之，岁登，官私各取其半。"①虽然此建议未能付诸实施，但由此可见对半分成的分配方案在北宋时期较为流行。《宋史·兵志四》记载，宋徽宗崇宁二年(1103年)，熙河路都转运使郑仅上疏建议，将该路所辖的弓箭手田改为官庄，"官给口粮，团成耕夫使佃官庄。遇成熟日，除粮种外，半入官，半给耕夫"②。佃农请佃官田可以获得粮种，部分官田还提供耕牛和农具，佃农几乎不承担耕种的主要成本，所以承佃官田地租比民田更低。

尽管官田的承租率看上去略低于民田的承租率，但在实际情况中，官田的佃户却被额外摊派很多种费用。《宋史·食货志上一》记载："输纳之际，公私事例迥殊。私租额重而纳轻，承佃犹可；公租额重而纳重，则佃不堪命。州县胥吏与仓库百执事之人，皆得为侵渔之道于耕者也。"③私田虽然看上去租金比较高，但是对双方来说这是一种相对公平的契约协定。官府收租多，特别是某些地方官吏，把租税看作"侵渔之道"，通过多种方式不断掠夺农民财富，由此逐渐加重了农民的租税负担。关于"侵渔"二字，历史上很早就出现了。《韩非子·孤愤》记载："大臣挟愚污之人，上与之欺主，下与之收利侵渔，朋党比周相与。"④韩非子是战国晚期著名的政治家，也是法家的著名代表人物。这里的"侵渔"是盘剥百姓之义。《汉书·宣帝纪》记载："今小吏皆勤事，而奉禄薄，欲其毋侵渔百姓，难矣。"⑤这是告诫地方小吏不要盘剥百姓。《新唐书·高季辅传》记载："为政之道，期于易从，不恤其匮，而须其廉，正恐巡察岁出，轺轩继轨，而侵渔不息也。"⑥为政之道在于明察，巡视地方之官吏务必要廉洁，否则就会发生"侵渔不息"的现象，给庶民造成巨大的经济负担。

虽然佃户和地主的收获分配比例是固定的，但是由于气温、降水量和自然灾害及次生灾害等原因，农作物的年产量会出现很大偏差。地主为了保障自己的收入，往往会通过对土地进行估产和派人监收的手段了解当年的农作物产量。《宋会要辑稿·职官五八》记载，宋仁宗庆历元年(1041年)十二月，许州知州李淑言上奏："欲成之际，预差公人，诣地制扑合收子斗，公人畏惧威势，遂于所佃内拣地土肥沃、苗稼最盛之处，每亩制定分收一石至八、九斗者。"⑦公人到田间地头估产，由于畏惧地主的权威，总会过高地估算产量，这对于佃农十分不利。民间的习惯法在这个时候起到了很大作用，"分收者，依乡例不得以肥地扑收课"⑧。这在一定程度上，起到了维持收入分配相对公平

---

① （清)徐松：《宋会要辑稿·食货六一》，中华书局1957年版，第5918页。

② （元)脱脱：《宋史·兵志四》，中华书局1985年版，第4718页。

③ （元)脱脱：《宋史·食货志上一》，中华书局1985年版，第4182页。

④ （战国)韩非子著，（清)王先慎集解：《韩非子·孤愤》，中华书局1998年版，第90页。

⑤ （汉)班固：《汉书·宣帝纪》，中华书局1962年版，第263页。

⑥ （宋)欧阳修、宋祁：《新唐书·高季辅传》，中华书局1975年版，第4011页。

⑦ （清)徐松：《宋会要辑稿·职官五八》，中华书局1957年版，第3705页。

⑧ （清)徐松：《宋会要辑稿·职官五八》，中华书局1957年版，第3710页。

的作用。但是这种现象已经表明，公人与地主之间往往在估算粮食产量时，会或多或少对地主有所倾斜，这是租赁土地者面对的另一重压力了。

契约租佃制度将土地的所有权和经营权分离开，这是中国古代土地与农民之间长久存在的问题。北宋苏洵在《嘉祐集·田制》中记载："田非耕者之所有，而有田者不耕也。"①耕地的佃户没有土地的所有权，只能出卖劳动力为地主劳作，那些有田地者不需要耕作，到秋天就会有很多收获。在支付租税以及各项成本之后，剩余的粮食才归佃农所有。佃农为了在秋天有更多收获，在生产积极性方面有了很大的提高。在当时的农耕技术条件下，大型农场式的生产效率难以得到保证，反而小规模种植效率更高，而租佃制将大块田产分散成小规模的土地，更加适应当时农业技术的要求。② 当定额地租制度出现以后，农民为了提高单位土地面积产量而努力耕作，不断提高生产技术，这对农业发展起到了很大的促进作用。

第三节　北宋农业赋税

自战国以来就以人丁数目为标准进行赋税征收，富贵人家虽然人丁众多，却可以通过"宦""学""释""老"等方式获得减免，③ 而贫穷人家只能承担越来越重的赋税。降至唐代杨炎改革之前，已经出现了"课免于上，而赋增于下"的税收情况。④《新唐书·杨炎传》记载："天下残瘁，荡为浮人，乡居地著者百不四五。"⑤百姓苦于高额的赋税，所以背井离乡成为流民，朝廷户籍难以统计，农业生产无法全面落实，由此导致很多社会问题，并直接影响到李唐政权的政治稳定。唐德宗建中元年（780年），宰相杨炎建议颁布两税法："其田亩之税，率以大历十四年垦田之数为准，而均收之。夏税尽六月，秋税尽十一月。"⑥这是中国古代社会首次依据财产和土地的多少征收赋税，"自是人不土断而地著，赋不加敛而增入，版籍不造而得其虚实，吏不诚而奸无所取，轻重之权始归朝廷矣"⑦。由此解决了租庸调制带来的社会问题。那么北宋时期又有怎样的赋税政策呢？

一、北宋时期的赋税

赵匡胤建立北宋政权以后，其农业赋税依旧以唐代两税法为模板，主要有五种岁赋

---

① （宋）苏洵撰，曾枣庄笺注：《嘉祐集笺注·田制》，上海古籍出版社1993年版，第135页。
② 赵冈：《从制度学派的角度看租佃制》，载《中国农史》1997年第3期，第51~54页。
③ "富人多丁者，以宦、学、释、老得免，贫人无所入则丁存。故课免于上，而赋增于下。"（宋）欧阳修、宋祁等：《新唐书·元王黎杨严窦》，中华书局1975年版，第4724页。
④ （宋）欧阳修、宋祁等：《新唐书·杨炎传》，中华书局1975年版，第4724页。
⑤ （宋）欧阳修、宋祁等：《新唐书·杨炎传》，中华书局1975年版，第4724页。
⑥ （宋）欧阳修、宋祁等：《新唐书·杨炎传》，中华书局1975年版，第4724页。
⑦ （宋）欧阳修、宋祁等：《新唐书·杨炎传》，中华书局1975年版，第4724页。

类型。据《宋史·食货志上二》记载，其一为公田之赋，即"田之在官，赋民耕而收其租者"；其二为民田之赋，即"百姓各得专之者"；其三为城郭之赋，即"宅税、地税之类"；其四为丁口之赋，即"百姓岁输身丁钱米"；其五为杂变之赋，即"牛革、蚕盐之类，随其所出，变而输之"①。北宋的"丁口之赋"是从男子二十岁始征，到六十岁免征。这五种赋税是北宋时期百姓需要向朝廷承担的基本赋税。北宋时期的土地税以两税法征收，根据土地肥瘠不同分为若干等级，再按照不同等级确定税率。

（一）两税征收时间

不同朝代的两税征收时间略有差异。唐代的两税法规定，夏税在六月结束之前，秋税在十一月结束之前，必须缴纳完成。《新唐书·杨炎传》记载："夏税尽六月，秋税尽十一月。"②后周时期又规定夏税六月起征，秋税十月起征。据宋人王溥《五代会要·租税》记载："（后周显德三年，956年）今后夏税以六月一日起征，秋税至十月一日起征，永为定制。"③降至北宋时期，由于不同地区的气候和环境因素存在很大差异，农业生产情况也参差不齐，所以两税的征收时间略有不同。根据《宋史·食货志上二》记载："（宋太宗端拱元年，988年）开封府等七十州夏税，旧以五月十五日起纳，七月三十日毕。河北、河东诸州气候差晚，五月十五日起纳，八月五日毕，颍州等一十三州及淮南、江南、两浙、福建、广南、荆湖、川峡五月一日起纳，七月十五日毕。秋税自九月一日起纳，十二月十五日毕，后又并加一月。或值闰月，其田蚕亦有早晚不同，有司临时奏裁。继而以河北、河东诸州秋税多输边郡，常限外更加一月。江南、两浙、荆湖、广南、福建土多粳稻，须霜降成实，自十月一日始收租。"④这条史料清楚地记载了征收赋税的时间，各个地区确实存在很大差别。而且从这条诏令中可以看到北宋统治者在赋税征收方面显示出较为灵活务实的态度。由于河东、河北诸州的气候寒冷，农作物成熟较晚，可以延后五日缴纳赋税，淮南、江南等地气候温暖，农作物成长速度快，成熟也较早，所以应当提前收税。另外河东、河北诸州的秋粮大部分要运输到边境充作军饷，所以宽限一个月缴纳完成。

这时期需要缴纳赋税时，北宋朝廷还会提前半年做好宣传工作，以利于农民提前准备并如期顺利缴纳，不至于过分急躁出现纠纷问题。《宋史·食货志上二》记载："熙宁八年，诏支移二税于起纳前半岁谕民，使民宿办，无仓卒劳费。"⑤这就避免了民户仓促之间难以缴纳齐备而出现窘况，以此保证税收的正常进行。这些都显示出北宋官府围绕赋税征收在细节上采取了较为灵活的务实方式，没有采用直观的一刀切的激进方式。

① （元）脱脱：《宋史·食货志上二·赋税条》，中华书局1985年版，第4202页。
② （宋）欧阳修、宋祁等：《新唐书·杨炎传》，中华书局1975年版，第4724页。
③ （宋）王溥：《五代会要·租税》，上海古籍出版社1978年版，第402页。
④ （元）脱脱：《宋史·食货志上二》，中华书局1985年版，第4204页。
⑤ （元）脱脱：《宋史·食货志上二》，中华书局1985年版，第4209页。

(二)两税征收物品

北宋的赋税除了征收银钱之外,还征收其他种类繁多的矿产及物品等。《宋史·食货志上二》记载:"岁赋之物,其类有四:曰谷,曰帛,曰金、铁,曰物产是也。"①这四类岁赋又可以划分很多种类,除了粮食、经济作物和手工业产品之外,还包括一些动物和土特产品。下面分别举例。按照《宋史·食货志上二》记载:"谷之品七:一曰粟,二曰稻,三曰麦,四曰黍,五曰稷,六曰菽,七曰杂子。帛之品十:一曰罗,二曰绫,三曰绢,四曰纱,五曰绝,六曰紬,七曰杂折,八曰丝线,九曰绵,十曰布葛。金铁之品四:一曰金,二曰银,三曰铁镴,四曰铜、铁钱。物产之品六:一曰六畜,二曰齿、革、翎、毛,三曰茶、盐,四曰竹、木、麻、草、刍、菜,五曰果、药、油、纸、薪、炭、漆、蜡,六曰杂物。"②在北宋征收两税的过程中,夏税主要征收钱银和丝、绵;秋税主要征收粮食和草料。由于南北方农作物种植结构不同,北方征收的粮食作物以粟和麦为主,南方则以稻米为主。比如《宋会要辑稿·食货七》记载了南方作物种植情况:"江、淮民田,十分之中,八九种稻。"③这个现象非常普遍,也说明北宋时期水稻在长江与淮河流域,已经得到大面积种植,是后世中国南北方粮食结构差异的历史基础。由此可见南北两地在征收物品时,确实存在明显的地域差别。

桑税也是北宋的主要征收对象之一。由于南北方桑树的种植情况不同,征税方式也存在差异。④ 北方的桑树种植方式为桑粮间作,所以按照桑功计税,即一个人一天的修桑数量。南方种植桑树则以专业的桑园方式为主,所以桑税是按亩计税。随着定额地租的发展,北方的桑税征收开始采取定额方式,即官府征收的桑税固定。这样一来桑农为了获得利润,就会改进生产技术提高生产效率,从而促进北方桑蚕业的快速发展。

(三)两税征收的数额

北宋时期百姓对于税收数额有一种普遍共识,即"亩税一斗"。沈括《梦溪笔谈·人事一》记载:"亩税一斗,天下之通法。"⑤这实际上就是自古以来"什税一"的延续。但是亩税一斗只是全国范围内采取的平均值,在不同地区依照土地的肥瘠不同,征税标准有很大差异。由于北宋时期已经出现了货币地租,庶民还会按照各地区物价的差异,将"亩税一斗"的数额兑换成实物货币进行纳税。《宋会要辑稿·食货四》记载:"盖以土色肥硗,别田之美恶,定赋调之多寡。"⑥这种征税方式相对公平,避免出现大地主地肥而税轻,贫农地瘠而税重的情况。如果农民没有高税额的忧虑,就有时间思考改进种植技

---

① (元)脱脱:《宋史·食货志上二》,中华书局1985年版,第4203页。

② (元)脱脱:《宋史·食货志上二》,中华书局1985年版,第4203页。

③ (清)徐松:《宋会要辑稿·食货七》,中华书局1957年版,第4912页。

④ 吴树国:《宋代桑税考论》,载《史学月刊》2006年第11期,第31~35页。

⑤ (宋)沈括著,胡道静校证:《梦溪笔谈校证·人事一》,上海古籍出版社1987年版,第375页。

⑥ (清)徐松:《宋会要辑稿·食货四》,中华书局1957年版,第4850页。

术，提高农作物产量等，这对于提高国家税收及农民收入都有益。

但是在实际施行中，这种与民有利的征税方法，并没有完全得到实施。李焘《续资治通鉴长编·神宗》"熙宁四年六月庚申"条载："（大臣杨绘向宋神宗奏报）天下之田，有一亩而税钱数十者，有一亩而税数钱者，有善田而税轻者，有恶田而税重者。"①从这段话中就可以发现神宗时期税收存在严重的不平均问题，并造成"优者转优而苦者弥苦"的社会问题。②

北宋时期不同地区两税的税额也存在很大差异。北宋张方平《乐全集·刍莞论·税赋》记载："（北方地区）大率中田亩收一石，输官一斗。"③南方地区的税额多沿袭五代旧制。如两浙地区在吴越国时期税额很高，能够达到"田税亩三斗"④。北宋建国以后，朝廷派遣王方赟处理两浙赋税问题，王方赟将税额全部定为每亩一斗。有人指责他擅自减轻税额，王方赟答道："亩税一斗，天下之通法，两浙既已为王民，岂当复循伪国之法？"⑤自此两浙地区亩税一斗，成了固定的税收额度。然而在江南、福建等地，由于无人在朝廷上讨论税额，所以仍然遵循五代旧制。在琴川（江苏常熟县），还按照土地等级缴纳赋税，土地"只作中下两等，中田一亩，夏税钱四文四分，秋米八升；夏田一亩，钱三文三分，米七升四合"⑥。梁克家《淳熙三山志》记载："（福州）列邑之地各有高下肥硗，一乡之中，土色亦异，于是或厘九等，或七等，或六等，或三等，杂地则或五等，或三等。多者钱五文，米一斗五升。"⑦北宋时期各地区因为历史遗留问题和土地实际情况，税收额度也有明显差别，这种税收现象对于北宋农业发展有深远影响。因为自古以来中国就以农业立国，土地与税收之间的关系也是统治者与农民之间的关系。实际上它们此消彼长，只有处在利益平衡的情况下，才可以确保国家稳定、百姓和睦。

二、农业税赋加重

北宋建国初期，宋太祖为了缓和社会各阶级之间的矛盾，农业赋税相对较轻，但北宋中期以来，由于社会上各种问题日益凸显，军队开销日益庞大，特别是北宋时期还要应对频繁出现的自然灾害，以及来自北方的军事威胁，每年需要转运大量粮食和战备物

①　（宋）李焘：《续资治通鉴长编·神宗》"熙宁四年六月庚申"，中华书局1983年版，第5445页。
②　（宋）李焘：《续资治通鉴长编·神宗》"熙宁四年六月庚申"，中华书局1983年版，第5445页。
③　（宋）张方平：《乐全集·刍莞论·税赋》，中州古籍出版社1992年版，第178页。
④　（宋）沈括著，胡道静校证：《梦溪笔谈校证·人事一》，上海古籍出版社1987年版，第375页。
⑤　（宋）沈括著，胡道静校证：《梦溪笔谈校证·人事一》，上海古籍出版社1987年版，第375页。
⑥　《琴川志》卷六，《宋元方志丛刊》，中华书局1990年版，第1207页。
⑦　（宋）梁克家：《淳熙三山志·版籍类一》，海风出版社2000年版，第124页。

资去往河北一带抵御辽国，① 因此出现财政收支入不敷出的窘迫困境。统治者不断加重农业赋税，给农民造成了沉重的经济负担。北宋农业赋税的加重，主要表现在以下几个方面。

其一，"支移"。《宋史·食货志上二》记载："其输有常处，而以有余补不足，则移此输彼，移近输远，谓之支移。"②所谓"支移"，原本是一种调节供需关系的正常经济手段，但是官府为了节省运粮费用，强行命令农民自行准备运输工具并承担一切费用。据《宋会要辑稿·食货七十》记载，宋神宗元丰七年（1084 年），陕西转运司上奏道："今秋民户税乞许本司酌远近支移，以实缘边。从之，毋过三百里。"③民户承担支移任务时，根据户等高低确定运输距离。第一、二等承运三百里，三、四等承运二百里，第五等承运一百里。朝廷诏令原本规定，支移民众承运不得超过三百里，但许多不法官吏无视法度滥用民力。宋哲宗元祐元年（1086 年），广南西路的"钦、横二州每年支移百姓苗米，纳于邕州太平诸寨，廉州米纳于钦州，白州米纳于廉州，化州米纳于雷州，高州米纳于容州，类皆陆行，近者十程，远者二十程，于民不便。"④这些运往边境偏远地区的支移，路程往往几百里不等，民众负担非常沉重，苦不堪言。范仲淹《奏乞免关中支移二税却乞于次边人中斛斗》中提到，宋夏战争中陕西民众支移赋税到延州和保安军时，"山坡险恶，一路食物草料时常踊贵，人户往彼输纳，比别路所贵三倍，比本处州县送纳所费五倍"⑤。这种高昂的运输成本，已经超出了民众所能承受的范围。《庆元条法事类·支移折变》记载："州限三日以应支移等第及受纳处送县，县限五日出榜晓示。"⑥官府催逼紧迫，命令民众限时支移。这一行为给民众造成了巨大的劳役困扰和经济负担，严重阻碍了农业社会的经济发展，也促使民众出现了不安定情绪。如果民众不愿意支移，就要缴纳相应的运费，即所谓"地里脚钱"。《宋史·食货志上二》记载："陕西、河东用兵，民赋率多支移，因增取地里脚钱，民不能堪。"⑦官府规定，如果支移不超过三百里，民户可以决定纳钱还是输粮。但是地方官吏为了盘剥农民，往往强迫他们输钱。百姓为了减轻支移和地里脚钱的负担，只好在目的地收购粮食进行缴纳。自此之后这种变相增加赋税的手段，即地里脚钱逐渐成为征收赋税的一种方式。

其二，"折变"。《宋史·食货志上二》记载："其入有常物，而一时所需则变而取之，使其直轻重相当，谓之折变。"⑧原本折变是为了便于运输和贸易，但官府为了牟

---

① 马正林：《唐宋运河论述》，唐宋运河考察队编：《运河访古》，上海人民出版社 1986 年版，第 17 页。

② （元）脱脱：《宋史·食货上二》，中华书局 1985 年版，第 4203 页。

③ （清）徐松：《宋会要辑稿·食货七十》，中华书局 1957 年版，第 6378 页。

④ （清）徐松：《宋会要辑稿·食货七十》，中华书局 1957 年版，第 6378 页。

⑤ 李勇先点校：《范仲淹全集·奏乞免关中支移二税却乞于次边人中斛斗》，四川大学出版社 2007 年版，第 608 页。

⑥ （宋）谢深甫：《庆元条法事类·支移折变》，燕京大学图书馆 1948 年版，第 21 页。

⑦ （元）脱脱：《宋史·食货志上二》，中华书局 1985 年版，第 4207 页。

⑧ （元）脱脱：《宋史·食货志上二》，中华书局 1985 年版，第 4203 页。

利，往往将原定之物折换成银钱或其他物品进行征收。《宋史·食货志上二》记载："诸路比言折科民赋，多以所折复变他物，或增取其直，重困良农。"①折变名目繁多，反复折纳，民众不堪其扰。《续资治通鉴长编·太祖》"开宝六年六月辛卯"条载："蜀民所输两税，皆以匹帛充折，其后市价愈高，而官所收止依旧例。"②市场的差价需要民众支付，这就造成他们的负担越来越沉重，越到北宋后期这样的状况越加明显。关于四川地区折变的问题，《宋史·食货志上二》记载："非法折变，既以绢折钱，又以钱折麦。以绢较钱，钱倍于绢；以钱较麦，麦倍于钱。展转增加，民无所诉。"③通过不断折变，庶民的负担越加沉重，最终不得不选择离开故乡、辗转他乡的流浪生涯。这些为北宋赋税增加的历史缩影，也是北宋政权走向覆亡的重要原因之一。李心传《建炎以来系年要录》曾经谈论过北宋的折变问题，"绍兴六年十二月戊申"条载："旧法折科，辄肆改易，反复纽折，取数务多。"④这里面的"旧法"便指北宋的农业相关的法令法规。北宋时期折变繁苛，官府反复变更，使百姓原本沉重的经济负担更是雪上加霜。

某些州县在折变的施行中，根本不考虑当地农业生产的实际情况。《历代名臣奏议》中记载了北宋刘敞的一条奏折，他在蔡州通判任上发现："(宋仁宗庆历七年，1047年)所治州十县，其五种穈秬，而有司乃使以糯与粳为赋，一不如约，吏当坐之。"⑤他在奏疏中所指的"穈秬"是旱地作物，但是官府在折变过程中，却要求缴纳糯与粳这两种水生稻类作物，这与当地的农业生产状况严重相悖，但官府收缴赋税却根本不思考这些问题。而且官府在折变过程中，还不按市场价格进行，而是依照官府制定的价格，某些作物价格往往要高于市场价许多。宋仁宗时河南陈州的大、小麦折变成钱，价格非常昂贵，《请免陈州添折见钱疏》记载："大小麦每斗折见钱一百文，脚钱二十文，诸般头子仓耗又纳二十文，是每斗麦纳钱一百四十文。"⑥按照陈州当地麦价，每斗一百文，再加上脚钱二十文，头子钱等额外花费二十文，囊括起来共计达到一百四十文。《宋史·食货志上二》记载："支移、折变，贫弱者尤以为患。"⑦家庭贫穷者非常厌恶支移和折变，二者成为压垮贫苦农民的最后一根稻草，这种多如牛毛的赋税政策，必然动摇北宋政权的统治根基。

其三，"加耗"。在赋税物品的运输与保管中，往往有些物品会发生损耗。官府要

① （元）脱脱：《宋史·食货志上二》，中华书局1985年版，第4208页。

② （宋）李焘：《续资治通鉴长编·太祖》"开宝六年六月辛卯"，中华书局1983年版，第302页。

③ （元）脱脱：《宋史·食货志上二》，中华书局1985年版，第4213页。

④ （宋）李心传：《建炎以来系年要录》"绍兴六年十二月戊申"，中华书局1956年版，第1743页。

⑤ （明）黄淮、杨士奇：《历代名臣奏议·上仁宗论折变当随土地之宜》，台湾学生书局1965年版，第1413~1424页。

⑥ （宋）包拯著，杨国宜校注：《包拯集校注·请免陈州添折见钱疏》，黄山书社1999年版，第17页。

⑦ （元）脱脱：《宋史·食货志上二》，中华书局1985年版，第4208页。

足额收税，便以各种借口设置附加税。这种加耗的征收赋税方式，使得原本税额就十分庞大的情况下，又被随意摊派税款无止无休，佃农又处于弱势无力反抗地方官吏，这就导致民怨沸腾。北宋时期有所谓"仓耗""省耗""官耗""秤耗""正耗""脚耗""明耗""暗耗"等种类的附加税。① 李焘《续资治通鉴长编·仁宗》"庆历七年四月丁卯"条载："民输赋税，已是太（大）半之赋，又令加耗，谓之润官。"②加耗所得名义上是为了弥补损耗，实际上大多数都被纳入各级官吏的囊中。宋仁宗时期"江西诸路州军体例，百姓纳米一石，出剩一斗，往往有聚敛之臣，加耗之外，更要一斗"③。官员如此横征暴敛，庶民有苦难诉只得四处避难，这对北宋的农业生产造成巨大的阻碍。

其四，"义仓"。北宋时期的义仓表面上，是为了灾荒之年赈济之用，但事实上往往被不法官吏挪作他用，甚至有不作为的官吏听任义仓储粮陈积腐烂而不闻不问。《宋会要辑稿·食货六二》记载，宋太祖建隆四年（963 年）三月诏令："令州县复置义仓，官所收二税，每石别输一斗贮之，以备凶歉。"④官府规定额外缴纳赋税的十分之一贮入义仓，实际上这是在变相地增加赋税。在义仓征粮的基础上，朝廷征收加耗"雀鼠之耗蠹，吏卒之须求，所不能免"⑤。这种税上加税的行为，更使义仓失去了作为社会福利的基本作用，而成为官吏中饱私囊侵吞国家钱粮的敛财工具。

其五，各种附加税钱。例如头子钱原本是供征税官吏支用的手续费，有时也用于弥补仓耗。随着税收制度的发展，逐渐固定下来，成为随田赋一起征收的额外税课。北宋时期头子钱之所以创立，是因为宋徽宗时期平定方腊国库空虚，于是宋徽宗任命亨伯理财，《建炎以来朝野杂记·经制钱》记载："凡公家出纳，每千收二十三文，止供十三州县及漕计支用。"⑥后来头子钱征收范围逐渐扩大，凡是和北宋官府进行的收支行为均需缴纳。《续资治通鉴长编·神宗》"熙宁七年三月乙巳"条所载"役钱每千别纳头子五钱"⑦就是典型的头子钱征收种类。另据《靖康要录笺注》记载，宋徽宗时期东南九路的头子钱"数外增收，重困民力"⑧。头子钱的大量征收，严重影响了民众的生产生活。除了头子钱之外，北宋时期还有许多附加税钱，这些附加税名目众多难以尽数，但总而言之，它们都是民众需要额外承担的沉重税赋。

通过上述几种赋税的征收方式，可以看出每种赋税都是特定时期出现的，而且这样

---

① 包伟民：《宋代地方财政窘境及其影响》，载《浙江社会科学》1991 年第 1 期，第 129 页。

② （宋）李焘：《续资治通鉴长编·仁宗》"庆历七年四月丁卯"，中华书局 1983 年版，第 3871 页。

③ （宋）李焘：《续资治通鉴长编·仁宗》"庆历七年四月丁卯"，中华书局 1983 年版，第 3871 页。

④ （清）徐松：《宋会要辑稿·食货六二》，中华书局 1957 年版，第 5957 页。

⑤ （清）徐松：《宋会要辑稿·食货六二》，中华书局 1957 年版，第 5974 页。

⑥ （宋）李心传：《建炎以来朝野杂记》，中华书局 2000 年版，第 317 页。

⑦ （宋）李焘：《续资治通鉴长编·神宗》"熙宁七年三月乙巳"，中华书局 1983 年版，第 6113 页。

⑧ 王志勇笺注：《靖康要录笺注》，四川大学出版社 2008 年版，第 775 页。

的临时征收的赋税，一旦出现又不会马上取消。因此赋税种类日益增多，农民负担过于沉重，只得逃离家园变成流民。这是北宋税收政策失误造成的严重后果，也会直接影响到北宋王朝的统治。南宋程大昌在总结历史上的赋税时，认为历史上赋税三十税一，二十税一较少，"什税一"较为普遍。① 但北宋进入中晚期，随着社会上各种矛盾的积累，政府开支日益增多，针对百姓的各种税收逐渐增加，最后这些都成为动摇北宋政权稳定的不利因素。

三、"熙丰变法"中的农业税赋问题

由于北宋时期农业赋税的不断加重，百姓苦不堪言。走投无路的百姓要么选择逃窜成为流民，要么选择落草为寇。《文献通考·田赋考五》记载："今州县守令皆以财赋为先，不以民事为意，上供有常额，而以出剩为能；省限有定期，而以先期为办。斛斗升合，所以准租，而对量加耗；尺寸铢两，所以均税，而展取畸零。不求羡余之献，则为干没之谋。民财既竭，民心亦怨，饥寒迫之，不去为盗者，鲜矣。"② 沉重的赋税负担促使了北宋时期一系列社会危机的发生，也成为社会矛盾不断激化的焦点所在。北宋时期有范仲淹、欧阳修尝试改革，王安石上书时，北宋已经面临各种亟待解决的社会矛盾，于是神宗不得不采取改革的政治措施。③ 而"熙丰变法"为了解决北宋中期严重的政治经济危机，就必须在赋税改革方面采取一些有效的措施。王安石变法中涉及的赋税问题，主要有三类典型法令，即均属法、募役法和方田均税法，下面分别探讨这几个税法。

（一）均输法

均输法的目的是方便全国的货物流通、商品交换。原本负责货物运输的发运使却拘泥于传统法度，不了解市场情况和实际需求，只为了完成任务而进行转运。如《宋史·食货志下》记载，诸路军州进贡到京师的财富都是固定的，但是典领之官"丰年便道，可以多致，而不敢赢；年俭物贵，难于供亿，而不敢不足"④。这就导致了再分配的极度不均，偏远州县要花费数倍钱财运输钱粮，到了京城却又低价贱卖。《宋史·食货志下八·均输》记载："远方有倍蓰之输，中都有半价之鬻。"⑤富商大贾乘机囤积奇货，大发横财。再加上官府征调各类物资时，根本不考虑当地是否生产的实际情况，一味强迫勒索导致庶民极端痛苦。宋神宗熙宁二年（1069 年）七月，朝廷颁行均输法，向各路发运使资助钱货作为均输用度，使各路财富情况便于作出调整。《宋史·食货志下八·

---

① （宋）程大昌：《演繁录·什税一》，山东人民出版社 2018 年版，第 91 页。
② （元）马端临：《文献通考·田赋考五》，浙江古籍出版社 2000 年版，第 65 页。
③ 柳诒徵：《中国文化史》，东方出版中心 2007 年版，第 682 页。
④ （元）脱脱：《宋史·食货志下八·均输》，中华书局 1985 年版，第 4556 页。
⑤ （元）脱脱：《宋史·食货志下八·均输》，中华书局 1985 年版，第 4556 页。

均输》记载："凡籴买税敛上供之物，皆得徙贵就贱，用近易远。"①除此之外还应该提前了解京师开封的物资库藏情况，这样就能及时调整不至于浪费民力。均输法是把"轻重敛散之权"收归官府所有，富商大贾受到限制，就能达到"便转输，省劳费，去重敛，宽农民，庶几国可足用，民财不匮"②的效果。这种及时调整商品供求关系的方法，与当今国家宏观调控政策极为相似。

（二）免役法

北宋时期的农民除了要向国家缴纳赋税之外，还需承担各种劳役。但是过重的徭役负担制约的农民的生产行为，以至于民怨沸腾。王安石《本朝百年无事》记载："农民坏于徭役。"③宋神宗熙宁四年（1071 年）朝廷颁行募役法："天下土俗不同，役重轻不一，民贫富不等，从所便为法。凡当役人户，以等第出钱，名免役钱。其坊郭等第户及未成丁、单丁、女户、寺观、品官之家，旧无色役而出钱者，名助役钱。凡敷钱，先视州若县应用雇直多少，随户等均取。雇直既已用足，又率其数增取二分，以备水旱欠阁，虽增毋得过二分，谓之免役宽剩钱。"④募役法颁行之后，原本应当服徭役的民户可以出钱免役，原本免役的未成年男丁、女户、寺院道观和官员之家，应缴纳半数役钱助役，官府用收取上来的役钱招募人丁充役。如此一来农民便有更多自由时间进行农业生产，对于北宋时期的农业发展具有积极作用。由于这种制度为出钱免役，所以又被称为免役法。此法由强制服役改为输钱代役，实际上使劳役成为一种税收。以前不充役的民户可以缴纳助役钱，另外，为了应对水旱欠收等问题，还增收两分免役宽剩钱，大大增加了国库财政收入，同时明确了士大夫阶级纳税的义务。由于此法触及了许多地主官僚的利益而遭到非议，司马光执政后被搁置。但是输钱代役之法适应生产力发展，所以后世许多法令都源出于此。

（三）方田均税法

北宋时期有权势者为了逃避纳税，采取"诡名挟佃"和"诡名子户"的方式，隐匿田产虚立名目，造成了税收不均，富户田多税少，贫民田少税多的不均衡现象，严重影响了北宋政府的财政收入。为此官府进行了一系列改革。根据史料记载，宋仁宗时期，河北路洺州肥乡县进行土地清查，大理寺丞兼肥乡县代理知县郭谘偕同转运使杨偕"用千步方田法四出量括，得其数，除无地之租者四百家，正无租之地者百家，收遁赋八十万，流民乃复"⑤。用这种方法清查土地，使得无地农民免去租税，无租之地复归税籍，

<hr>

① （元）脱脱：《宋史·食货志下八·均输》，中华书局 1985 年版，第 4556 页。
② （元）脱脱：《宋史·食货志下八·均输》，中华书局 1985 年版，第 4556 页。
③ （宋）赵汝愚：《宋朝诸臣奏议·论本朝百年无事》，上海古籍出版社 1999 年版，第 1178 页。
④ （元）脱脱：《宋史·食货志上五·役法上》，中华书局 1985 年版，第 4300~4301 页；（元）马端临：《文献通考·职役考》，浙江古籍出版社 2000 年版，第 130 页。
⑤ （宋）李焘：《续资治通鉴长编·仁宗》"庆历三年十月丁未"，中华书局 1983 年版，第 3482 页。

充实府库、招抚流民的作用较为明显。

宋神宗熙宁五年(1072)八月，朝廷正式颁行方田均税法。通过清丈土地，消除"无地之租"和"无租之地"的矛盾，平均富人和穷人的田赋，以此达到增加财政税收的目的。方田均税法分为方田与均税两部分。《宋史·食货上二·方田》记载："方田之法，是以东西南北各千步，当四十一顷六十六亩一百六十步，为一方。"①每年九月，县令带领衙役进行土地清查，然后根据土地肥瘠情况分为五等，并依据土地等级征收赋税。《宋史·食货志上二·方田》记载："均税之法，县各以其祖额税数为限。"②在过去的租税额度上，按照土地等级分摊赋税。《宋史·食货上二·方田》记载："若瘠卤不毛，及众所食利山林、陂塘、沟路、坟墓，皆不立税。"③山林、陂塘、沟路等不再纳入税收范围，所有土地占有及使用情况，都要按照方田均税法进行丈量与统计。方田均税法的实施，将大量民间隐匿土地重新纳入官府收税范围，极大地补充了北宋财政收入。

北宋时期的农业赋税在两税法的基础上，不断调整更新以适应当时的生产力发展。同时农业赋税有一个不断加重的趋势，这就严重制约了农业经济的持续发展，也是北宋政权从强到弱的社会根源。甚至北宋灭亡在很大程度上都受到了这些因素的直接影响。如何在不侵扰民众利益的基础上增加财政收入以备国用，是政权稳定社会发展所需要解决的重要问题。

小　　结

本章主要从农田存在形式、农田租赁契约关系和定租制，以及北宋农业赋税几方面进行了考察。能够发现这时期的耕田特点，主要分为公田与民田两大种类。农民从地主手中租赁土地，双方要有契约凭证，每年上缴给地主粮食产量的一半作为地租。如果有些家庭没有农业生产工具和耕牛，还需要缴纳三成收获作为田租费用。由此可见农户每年仅有租地的两成粮食作为一年全家的口粮。如果遇到自然灾害或者其他的次生灾害，全家的生活便会陷入困境。但是如果租赁公田，从北宋政权直接摊派的赋税较小，但是州县吏胥的种类繁多的苛捐杂税，往往比租赁地主的民田收取的费用还高，这就使得租赁民田的农民要多于租赁公田的。因此北宋时期的私田发展较快，而且地主和农民双方的权益基本上都能够受到政府保护。但北宋时期的土地兼并比较严重，由于各级官吏和地方豪强通过财力购买，使得很多农民陷入生活困境，只能出让土地换取暂时的生活安宁。最终很多土地逐渐集中大地主手中，一些农民只能成为无地佃农。北宋政权对于土

---

① (元)脱脱：《宋史·食货志上二·方田》，中华书局1985年版，第4200页。

② (元)脱脱：《宋史·食货志上二·方田》，中华书局1985年版，第4200页。

③ (元)脱脱：《宋史·食货志上二·方田》，中华书局1985年版，第4200页；(元)马端临：《文献通考·田赋考》，浙江古籍出版社2000年版，第58页。

地兼并往往采取宽容态度,① 使这时期的土地兼并日益严重。除此之外，北宋在收取赋税方面，出现一个逐渐上涨和增多的趋势。建国初期寻求政权稳定，实施的很多农业政策采取务实的政治态度,② 所以赋税仅为"亩税一斗"的传统税收方式。但是随着北宋进入中后期，国家财政日益紧张，地方各级衙役日常开销逐渐增多，从而出现种类繁多的课税，甚至有些税收属于临时政策，但往往某种税收款项一出台，便形成一种永久性的定制，这就给庶民增加了很多经济负担。进入北宋晚期，很多庶民不堪重负，只能外逃变成流民，社会负担越来越沉重，最终形成积重难返的历史局面。

---

① 杨际平:《宋代"田制不立"、"不抑兼并"说驳议》，载《中国社会经济史研究》2006 年第 2 期，第 6~23 页。
② 穆朝庆:《北宋前期农业政策初探》，载《中州学刊》1986 年第 3 期，第 93~97 页。

第二章　北宋土地开发与利用

北宋时期的土地开发与利用，在中国古代的农业发展史上非常值得借鉴。这期间社会逐步走向和平与稳定，生产力得到大幅度提高，耕地面积和粮食产量都达到中国古代的历史高位。但是由于北宋时期人口不断增加，特别是自然灾害严重，这就促使土地开发与利用变得尤为重要。

唐末五代以来战乱频繁，许多地区地广人稀，出现很多无人种植的荒地。①《宋史·食货志》记载："今京畿周环二十三州，幅员数千里，地之垦者十才二三，税之入者又十无五、六。复有匿里舍而称逃亡，弃耕农而事游惰，赋额岁减，国用不充。"②北宋建国以前，在人烟稠密的环京畿地区的 23 州，开垦的耕地只有总耕地面积的 20%～30%，这就必然减少了国家税收。五代十国时期土地不断集中，地主的层层压榨使得佃农的生活难以为继，人口大量增加导致众多农民无田可耕，人口与土地之间的矛盾是当时亟待解决的政治问题。北宋政权建立以后，国内的政治环境趋于相对稳定，越来越多的农民期待拥有耕地用以维持生计，这就必然导致人地矛盾日益突出。从地理学的研究方法角度，北宋中期的全国耕地占有率，南方约为 60%，北方约为 40%，耕地开垦较成熟的地区主要分布在中原、关中和长江中下游的平原地区以及四川盆地。③ 元代著名农学家王祯曾经总结说："田尽而地，地尽而山，山乡佃民，必求垦佃，犹不胜稼。"④这说明当时人多地少，亟待开垦土地解决粮食不足问题。因此土地开发成为北宋时期官府与民间都迫切需要解决的基本问题。人们为了扩大耕地面积，通过圩田、梯田、架田、涂田等方式，把山地、河滩、湖面、海涂等区域充分利用起来进行农业生产。在民间的具体实施中，这种充分利用土地的思想表现为开垦荒地、疏通河道、发展水田、修筑梯田和圩田、围湖造田等。总体而言，这时期的土地开发与利用方式多种多样，因地制宜成为土地开发的重要手段。

本章主要从三方面进行考察，即北方的土地开垦与利用、南方丘陵地区的土地利用和低地滨水地区的土地利用。北宋政权采取了怎样的措施开垦土地资源发展农业生产，

---

① 曾雄生：《中国农业通史》（宋辽夏金元卷），中国农业出版社 2014 年版，第 289 页。

② （元）脱脱：《宋史·食货志上一》，中华书局 1985 年版，第 4160 页。

③ 何凡能、李士成、张学珍：《北宋中期耕地面积及其空间分布格局重建》，载《地理学报》2011 年第 11 期，第 1531~1539 页。

④ （元）王祯著，王毓瑚校：《王祯农书·农器图谱集之一·田制门》，农业出版社 1981 年版，第 191 页。

是目前我国农业经济发展需要借鉴的。

第一节　北方的土地开垦与利用

北宋时期的土地开发方式有三个特点。其一，是开垦荒地，例如西北地区的屯田；其二，是扩大耕地面积，例如建设梯田、圩田、架田等；其三，是提高单位土地产量，例如实行轮作复种的多熟制的种植方法，这点与农业技术发展具有相辅相成的关系。北宋时期垦殖率较高的地区，主要分布在长江以北的平原地区，与此相反，岭南山区、东南沿海河湖交错地带，土地垦殖率相对较低。中国科学院地理科学与资源研究所的数据显示，北宋中期不同的海拔高度和坡度上，耕地的垦殖率有所不同。其中低海拔、缓坡度地区耕地的垦殖率较高，高海拔、陡坡度地区的耕地垦殖率较低。何凡能、李士成、张学珍认为："耕地分布在不同海拔高度和坡度上存在明显差异，其中低海拔<250 米、中海拔（250~1000 米）和高海拔（1000~3500 米）地区的耕地分别为 4.43、2.15 和 0.64 亿亩，其相应平均垦殖率为 27.5%、12.6% 和 7.2%；而平耕地≤2°、缓坡耕地 2°~6°、坡耕地 6°~15°和陡坡耕地>15°的面积分别为 1.16、4.56、1.44 和 0.02 亿亩，其平均垦殖率分别为 34.6%、20.7%、8.5% 和 2.3%。"[1]地区垦殖率的巨大差异，直接决定了农业生产力的高低和农业发展潜力的大小，也直接关系到当地的粮食收成。

一、中原垦复土地特点

黄河流域是华夏文明的主要发祥地之一，经过先秦至唐宋的历年农业开垦，这个地区的自然地貌已经发生了重大变化，特别是黄河中下游地区，经济已经获得长足发展。[2] 这里是古代北方社会繁荣的重要区域。这里有纵横交错的湖泊和森林，有自然河流的水系网络，也有安居乐业的富饶乡村。庶民们享受着农耕文明带来的富足生活，同时，也承受着黄土高原的不断扩张和黄河泛滥带来的巨大危害。唐末以来战乱频繁，战后的废弃荒地和黄河泛滥之后留下的黄泛区滩地，都成为急需开垦的土地。而且北宋政权在中原地区实行垦荒政策，在西北地区进行屯田。经过官府的政策支持与军民的辛勤劳作，北方地区的土地利用初获成效。

关于中原垦荒特点，由于五代十国以来的长期割据，大量土地未能得到有效开发。而战乱使民众流离失所，也导致了许多地区的耕地成为荒地。正如前文所说："京畿周

---

① 何凡能、李士成、张学珍：《北宋中期耕地面积及其空间分布格局重建》，载《地理学报》2011 年第 11 期，第 1531~1539 页。

② 韩茂莉：《北宋黄河中下游地区农业生产的地域特征》，载《中国历史地理论丛》1989 年第 1 期，第 59~87 页。

环二十三州，幅员数千里，地之垦者十才二三。"①连京师周边的耕地都大量荒废，其他地区的情况更为严重。因此统治者要想发展农业生产，首先需要鼓励农民开垦土地。官府出台政策减免租税，劝导农民多开垦荒地，鼓励逃户归业并允许无地少地的农民请佃无主田地发展农业生产。

在无主荒地的利用中，官府积极推广营田、屯田等方式组织军民进行垦殖，并由官府出资修建水利、配发耕牛。所谓营田，实际上汉代以后就已经出现，它是招募官兵、流民开垦土地，发展农业生产的一种重要形式。《南齐书·垣崇祖传》记载："卿视吾是守江东而已邪？所少者食，卿但努力营田，自然平殄残丑。"②可见努力发展营田是立国强兵的根本方法，特别是地处偏僻的地区，拓展土地比较困难，所以经营营田是一种较为务实的政治策略。唐代亦有相应的农业政策。《通典·食货二·屯田》记载："诸营田若五十顷外更有地剩，配丁牛者，所收斛斗皆准顷亩。"③如果营田规模较大，唐代还分配耕牛发展农业生产，这有利于农业高产户维持稳定的粮食收获，避免因疏忽管理农地造成歉收，也体现出政府对于发展农业的高度重视。《文献通考·田赋七》记载："祖宗时营田皆置务……屯田以兵，营田以民，固有异制。咸平中，襄州营田，既调夫矣，又取邻州之兵，是营田不独以民也。熙丰间，边州营屯，不限兵民，皆取给用，是屯田不独以兵也。"④这里面反映出一个重要信息，北宋时期非常注重营田，但是在招募流民时，还要配置一些官兵，主要目的还是防范农民聚集发生变乱。因此北宋重视营田发展，但有很多政治顾虑。《宋史·太宗纪二》记载："（端拱二年）二月壬子朔，令河北东、西路招置营田。"⑤河北东路与河北西路都是抵御辽国守备北疆的重要地区，所以这里的营田基本上是军队参与经营的较多。随着北宋社会的发展变化，还出现把营田交给百姓自行管理，每年仅缴纳一定田赋作为税收收入的情况。《宋史·仁宗纪一》记载："（天圣四年九月）辛未，废襄、唐州营田务，以田赋民。"⑥废置襄州和唐州的营田，并把它们交由百姓以田赋的方式经营，政府不作过多干预，通过赋税方式同样能够有效管理，这是对于营田的一种政策放宽，必然有助于农民依赖这块土地。唐州的事例是官府组织垦荒的代表。北宋初期的唐州耕地荒废、农民流亡，生产难以得到保障。王安石《临川文集》记载："唐治四县，田之入于草莽者十九，民如寄客，虽简其赋，缓其徭，而不可以必留。"⑦这种民户大量逃亡的情况，使得当地经济凋敝、十分贫穷。直到宋仁宗时期，赵尚宽担任唐州知州时，情况才有所好转。据《宋史·赵尚宽传》记载："（赵尚宽赴任唐州以后）乃按视图记，得汉召信臣陂渠故迹，益发卒复疏三陂一渠，溉田万

①　（元）脱脱：《宋史·食货志上一》，中华书局1985年版，第4160页。
②　（梁）萧子显：《南齐书·垣崇祖传》，中华书局1972年版，第463页。
③　（唐）杜佑：《通典·食货二·屯田》，中华书局1988年版，第45页。
④　（元）马端临：《文献通考·田赋七》，浙江古籍出版社2000年版，第77页。
⑤　（元）脱脱：《宋史·太宗纪二》，中华书局1985年版，第83页。
⑥　（元）脱脱：《宋史·仁宗纪一》，中华书局1985年版，第182页。
⑦　（宋）王安石：《临川文集·新田诗并序》，《四库全书》，上海古籍出版社1991年版，第276页。

余顷。又教民自为支渠数十,转相浸灌。而四方之民来者云布,尚宽复请以荒田计口授之,及贷民官钱买耕牛。比三年,榛莽复为膏腴,增户积万余。"①这一举措吸取历史经验,在古代的水利工程上进行疏导修复,从而灌溉了万余顷良田。同时地方官员鼓励民众开垦荒地,并提供贷款购买耕牛。几年之后初见成效,大量荒地成为肥沃的耕田,农民实现自给自足,户口的增加也十分明显。《宋史·仁宗纪二》记载:"(宝元二年)九月壬寅,诏河北转运使兼都大制置营田、屯田事。"②可见营田与屯田对于巩固边陲,防止辽国入侵具有战略意义,这是把农业耕作与守备边疆作为了相辅相成的基本国策。

在开垦农地方面,每年官府与农民按照约定比例对收成进行分配。宋太宗时期的度支判官陈尧叟向皇帝进言,叙述汉代至唐代的统治者在陈、许、邓、颍、蔡、宿、亳等州,以及寿春的水利垦田遗迹仍在,朝廷应该派遣官员大兴屯田。《宋史·食货志上四·屯田》记载:"发江、淮下军散卒及募民充役。给官钱市牛,置耕具,导沟渎,筑防堰。每屯千人,人给一牛,治田五十亩,虽古制一夫百亩,今且垦其半,俟久而古制可复也。亩约收三斛,岁可收十五万斛,七州之间置二十屯,可得三百万斛,因而益之,数年可使仓廪充实,省江、淮漕运。民田未辟,官为种植,公田未垦,募民垦之,岁登所取,并如民间主客之例。"③北宋时期官屯营田的规模庞大,离不开官府政策的大力支持。在北方农田的开垦中,北宋官员对陆田改水田非常重视。度支判官陈尧叟认为发展水田有利于农业生产。《宋史·食货·屯田》记载:"陆田命,悬于天,人力虽修,苟水旱不时,则一年之功弃矣。水田之制由人力,人力苟修,则地利可尽。且虫灭之害亦少于陆田,水田既修,其利兼倍。"④水田与陆田相比可以更大程度地依靠人力,而且病虫害更少。这对于农业生产来说,不失为一项重要的思想进步。

赵尚宽的显著政绩不仅受到了宋仁宗的褒奖,更得到了王安石、苏轼等人的称赞。王安石在《临川文集·新田诗并序》记载:"昔之菽粟者多化而为稌,环唐皆水矣,唐独得岁焉,船漕车挽,负担出于四境,一日之间,不可为数,唐之私廪固有余。"⑤由此可见唐州原本的陆田种植,已经大部分变为水田种植,因此粮食产量也有了大幅度提高。苏轼《新渠诗并叙》称赞:"新渠之田,在渠左右,渠来奕奕,如赴如凑,如云斯积,如屋斯溜,嗟唐之人,始识秔稌。"⑥苏轼在描述唐州水渠为民众带来方便的同时,也讲到了唐州粮食作物的改变。由原来的菽、粟等旱地农作物,变为秔、稌等水田稻类农作物,这是北宋时期北方许多陆田改水田的特征之一。继任赵尚宽知州职务的高赋,也采取了与前人相同的农业政策。《续资治通鉴长编·神宗》"元丰六年七月辛未"条载:"高赋知州,招集流民,自便请射,依乡原例起税,凡百亩之田,以四亩出赋,自是稍稍垦

---

① (元)脱脱:《宋史·赵尚宽传》,中华书局1985年版,第12702页。

② (元)脱脱:《宋史·仁宗纪二》,中华书局1985年版,第206页。

③ (元)脱脱:《宋史·食货·屯田》,中华书局1985年版,第4264页。

④ (元)脱脱:《宋史·食货·屯田》,中华书局1985年版,第4265页。

⑤ (宋)王安石:《临川文集·新田诗并序》,《四库全书》,上海古籍出版社1991年版,第277页。

⑥ (清)王文诰辑注:《苏轼诗集·新渠诗并叙》,中华书局1982年版,第80页。

治,殆无旷土。"①高赋采取的税收措施成了一种范例,后来北方地区流民佃田的税收措施,大多参照此例。唐州泌阳县令王友谅也因招纳流民千余户,开垦荒地数千顷而政绩斐然,朝廷为了表彰务实官员。采用继续留任的褒奖方式。《续资治通鉴长编·神宗》"熙宁四年正月己酉"条载:"与两使职官,令再任。"②北宋时期中原地区的垦田是恢复与发展生产的基础,经历了大规模垦荒之后,黄河、淮河流域终于成为良田沃土,为之后的农业快速发展奠定了基础。

北宋时期的农地开垦问题,确实得到政府的高度关注,甚至在如何应对荒地的问题上,政府都采取一些较为灵活的措施,把能够耕作的土地交由农民自行耕作,每年收缴赋税,这样会使得农民有地可耕,既保障秋天粮食收获,又能使朝廷的财政收入获得稳定。

二、西北屯田垦荒特点

由于北宋与西夏之间的战争需要,官府在西北地区实行屯田政策,这是为了巩固西北边陲的国防安全,在粮食供给方面获得基本保障,也可以缓解政府的财政紧张。宋太宗至道二年(996年),西夏李继迁入侵灵州时,切断了朝廷对灵州输送军需物资的粮道。灵州很快出现粮食短缺问题,由此导致难以承担镇守边疆的军事重任。为了解决这个紧迫问题,陕西转运副使郑文宝在环州、灵州之间的清远军组织屯田,这对于补充当地部队粮食不足,以及扩大农业生产非常有利。在郑文宝的带领下,当年获得了粮食丰收。《宋史·郑文宝传》记载:"得秔稻万余斛,减岁运之费。"③不仅获得"秔稻万余斛"的粮食产量,还减少运送粮食带来的舟船费用。但是在屯田的过程中,并非自始至终就是一帆风顺,其间会遇到很多棘手问题。要想发展农业生产,需要保证充足的水源。郑文宝就遇到了严重的缺水问题,于是他组织军民运水灌溉农田。《宋史·郑文宝传》记载:"文宝发民负水数百里外,留屯数千人。"④这样才勉强保障了农田的用水。咸平三年(1000年),宋真宗向开封知府钱若水询问如何歼灭边寇的计谋良策时,钱若水向真宗皇帝提出了五点备边方法,《续资治通鉴长编·真宗》"咸平三年三月丁未"条载:"一曰择郡守,二曰募乡兵,三曰积刍粟,四曰革将帅,五曰明赏罚。"⑤其中关系到士兵每日粮食的"积刍粟",成为安定军心巩固国防的政治基础。要想在边镇广置屯田,除了通过奖励措施吸引农民来耕种农地,还要招募乡兵补充人手,解决农业生产不足的问

①　(宋)李焘:《续资治通鉴长编·神宗》"元丰六年七月辛未",中华书局 1983 年版,第 8132~8133 页。

②　(宋)李焘:《续资治通鉴长编·神宗》"熙宁四年正月己酉",中华书局 1983 年版,第 5328 页。

③　(元)脱脱:《宋史·郑文宝传》,中华书局 1985 年版,第 9427 页。

④　(元)脱脱:《宋史·郑文宝传》,中华书局 1985 年版,第 9427 页。

⑤　(宋)李焘:《续资治通鉴长编·真宗》"咸平三年三月丁未",中华书局 1983 年版,第 999 页。

题。钱若水认为只要边疆重镇粮多将广，必然增强北宋的战斗力，也就会消除边患问题。实际上守备边疆绝非仅仅依靠充足粮食就可以缓解危机，还需要军队将领的才能和历史机遇等，但至少拥有充足粮食可以保障军队给养，可以在某种程度上抵御北疆西夏和辽国的袭扰。

虽然钱若水应对的边疆政策列举了五方面内容，也获得了宋真宗皇帝的认同，但是并未得到有效实施，灵州还是失陷了。自此之后北宋与西夏进入了一个相对的军事平静期，边疆之地没有发生重大的战役。在这时期内北宋统治者，希望通过招募一些游牧部落的民众，或者边境之民作为"弓箭手"，与西夏争夺土地资源。所谓"弓箭手"，即守备边境的一种乡兵。王亚莉认为："弓箭手作为北宋的乡兵，在防边、垦荒与省费方面作用突出，在宋夏缘边的长足发展与边境安全问题息息相关。"①《宋史·兵志四》记载："景德二年（1005 年），镇戎军曹玮言：'有边民应募为弓箭手者，请给以闲田，蠲其徭赋，有警，可参正兵为前锋，而官无资粮戎械之费。'诏：'人给田二顷，出甲士一人，及三顷者出战马一匹。设堡戍，列部伍，补指挥使以下，据兵有功劳者，亦补军都指挥使，置巡检以统之。'"②镇戎军的曹玮进言，有些边民应征弓箭手，请求给予闲置田地，并免除他们的徭税和赋税，一旦边疆发生战事，就可以作为部队的前锋，官府还可以不需要支付粮草军械费用。实际上这是一种两全其美的办法，有助于边疆守备，又不耗费国家财政。于是宋真宗下诏，"人给田二顷"则"出甲士一人"，如果给地"三顷者出战马一匹"，这类似于秦国商鞅提出的"耕战"策略，农时耕作战时出征。《商君书·慎法》记载："故吾教令，民之欲利者非耕不得，避害者非战不免。境内之民，莫不先务耕战，而后得其所乐。"③这样就把耕战与普通生活紧密地联系在了一起，使得国家粮食充足、武备完善，随时都有人可以出征作战。

北宋统治者认为，弓箭手耕种屯田自给自足，不需要官府发给军饷和军械。战时可以充当预备役，这是一件十分有利的政策。据李焘《续资治通鉴长编·仁宗》记载，宋仁宗庆历三年（1043 年），知镇戎军曹玮"置笼竿城等四寨，募弓箭手，给田，使耕战自守"④。这些边疆城寨在维持边境安定，抵御党项族入侵发挥了很大作用。另据《宋会要辑稿·食货六三》记载："镇戎军川原广衍，地土饶沃"⑤可见曹玮在这里进行的屯田工作十分到位，镇戎军一度成了北宋西北屯田区域的军事核心。在对西夏的战争中，范仲淹是非常著名的将领。宋仁宗康定元年（1040 年）虏骑犯边，仁宗皇帝诏令范仲淹等

---

① 王亚莉：《北宋时期宋夏缘边弓箭手招置问题探析》，载《西夏学》2019 年第 2 期，第 296～309 页。

② （元）脱脱：《宋史·兵志四》，中华书局 1985 年版，第 4712 页。

③ 蒋礼鸿：《商君书锥指·慎法》，中华书局 1986 年版，第 140 页。

④ （宋）李焘：《续资治通鉴长编·仁宗》"庆历三年正月辛卯"，中华书局 1983 年版，第 3342 页。

⑤ （清）徐松：《宋会要辑稿·食货六三》，中华书局 1957 年版，第 6006 页。

"驱逐塞门等寨虏骑出境，仍募弓箭手，给地居之"①。范仲淹首先解决的就是边境堡寨的粮食需求问题，广置屯田而最终取得了胜利。在边境上招募弓箭手屯田的方法，是一项利国利民的政治策略，不但充分利用了荒废的耕田，而且稳定了边疆的社会局面。《续资治通鉴长编·仁宗》"庆历元年十一月乙卯"条载："庶几农田不荒，而边计可纾。"②这些史料说明西北屯田取得了很大成功，对于稳定边境增加粮食储备，具有十分重要的战略意义，而且也减少征收边民的赋税和粮食的压力。汪天顺先生认为："宋真宗时期建立的弓箭手乡兵组织，由于其兼具屯田制与府兵制的优点，在防边、垦土及省费方面的作用日益凸显，从而得到宋朝在土地等方面的大力扶植，大致在宋、夏战前的康定元年（1040 年），从弓箭手田数和人数来看，都发展到了一个高峰。弓箭手在保卫西北边疆安全、开垦沿边土地及节省北宋财政开支方面，做出了突出贡献。"③

北宋的东北边境是麟州，宋军在这里进行了重点屯田。但是党项部落时常侵扰，比如《续资治通鉴长编·仁宗》"嘉祐五年十一月辛丑"条载："频有贼马入界，开垦生地，并剽略畜产。"④这在一定程度上限制了宋军屯田的进度，北宋向东北边境发展的道路受到了阻遏。但是北宋向西南方向的屯田活动进展得较为顺利。西南边境主要以泾原路为核心，《续资治通鉴长编·仁宗》"庆历三年十月甲子"条载："其地西占陇坻，通秦州往来道路，陇之二水，环城西流，绕带河渭，田肥沃，广数百里。"⑤这种肥沃的土地被宋军利用起来进行屯田，极大地补充了军需物资。除此之外，北宋军队还对这里居住的羌民实行打击与安抚相结合的政策，成功收服了这些游牧部落。宋神宗时期的宋夏边界向西推进，熙河路的设置将屯田区域延展到今兰州一带。这个区域的军事屯田几乎没有受到西夏的侵扰，所以发展得较为顺利。在短短的几年时间里，就在粮食收获上获得了初步成效。《续资治通鉴长编·神宗》"元丰四年十一月丙午"条载："得广刍粟，以实塞下。"⑥由于熙河路的屯田活动进展较快，并且成效甚好，所以屯田所得钱粮就成为此地的主要军需供给方式。这种农业耕作与发展武备守护疆土双向并行的政治策略，既开垦了原本已经荒废的土地，又缓解了巨大的财政支出压力，成为北宋长期的基本国策。

因此北宋在开垦西北荒地的问题上，采取了保障军民粮食供给的基本策略，招募弓

---

① （宋）李焘：《续资治通鉴长编·仁宗》"康定元年八月辛亥"，中华书局 1983 年版，第 3036 页。

② （宋）李焘：《续资治通鉴长编·仁宗》"庆历元年十一月乙卯"，中华书局 1983 年版，第 3197 页。

③ 汪天顺：《关于宋仁宗时期弓箭手田的几个问题》，载《中国边疆史地研究》2010 年第 3 期，第 30~38 页。

④ （宋）李焘：《续资治通鉴长编·仁宗》"嘉祐五年十一月辛丑"，中华书局 1983 年版，第 4652 页。

⑤ （宋）李焘：《续资治通鉴长编·仁宗》"庆历三年十月甲子"，中华书局 1983 年版，第 3486 页。

⑥ （宋）李焘：《续资治通鉴长编·神宗》"元丰四年十一月丙午"，中华书局 1983 年版，第 7728 页。

箭手的屯田方式从开垦荒地和巩固边防两方面，都取得了一定程度的积极意义。

第二节 南方丘陵地区的土地利用

南方丘陵地区的土地利用方式主要是开辟梯田。在此之前，南方地区在山地丘陵地带的主要种植方式是畲田，也就是传统意义上的刀耕火种，这是一种非常落后的农业生产方式。春天庶民把山坡上的树木砍掉，然后在春雨到来之前，放火把树木烧成粉末状，把它作为有助于农作物生长的肥料，并经过雨水的渗透增加土地肥力，然后再进行播种。这样不需要任何田间耕种就能够有所收获。但是由于畲田是一种非常原始的生产方式，田地的蓄水量和收成都较差，完全依赖自然生长，所以仅仅能够种植豆类和小麦等农作物。而且产量较低，并不能满足人们的基本粮食需求。刀耕火种的生产方式，会造成严重的水土流失和土地肥力损失，这种耕作形式无法延续多年。由于宋代东南地区的人口大量增加，这就需要开垦土地发展农业生产。[①] 梯田的出现很好地解决了这个问题，并且将水稻的种植范围扩大到了山地丘陵地带。农民在山坡上平整土地以后，开始建筑水坝蓄水，修筑许多像阶梯一般的土地，这就是梯田。与畲田不同，梯田之上修筑有抑制水土流失的围堤，适宜耕种水稻。所以北宋时期水稻代替陆稻成为主要稻类作物，梯田的修建功不可没。此后在南方丘陵地带，畲田所占的比例越来越小，而梯田则因其适应环境、产量较高等优点，而逐渐成为主要的农田种类。

一、开垦梯田拓展农业生产

出生于北宋晚期成长于南宋的范成大，在他的《劳畲耕》的诗序中，就对这时期刀耕火种有过明确表述。《宋诗钞·石湖诗抄·劳畲耕并序》记载："畲田，峡中刀耕火种之地也。春初斫山，众木尽蹶，至当种时，伺有两候，则前一夕火之，藉其灰以粪，明日雨作，乘热土下种，即苗盛倍收，无雨反是。山多硗确，地力力，薄则一再斫烧始可艺。春耕麦豆，作饼饵以度夏，秋则粟熟矣。官输甚微，巫山民以收粟三百斛为率，财用三四斛了二税，食三物以终年，虽平生不识秔稻，而未尝苦饥。余因记吴中号多嘉谷，而公私之输顾重，田家得粒食者无几，峡农之不苦也。"[②]序言中所说的"巫山"在四川境内，此地一直采用刀耕火种的耕作方法，在我国福建的多山地区，也同样采取这种农业生产方式。根据序言可知当地农民耕种这样的土地，粮食收获尚可果腹。但是如果是在福建这种人多地少的地区，这种耕作方法必然会使民众处在饥饿边缘。曾雄生先生认为："唐宋时期中国经济重心南移，在此背景之下，以刀耕火种为主要特征的南方

---

① 韩茂莉：《宋代东南丘陵地区的农业开发》，载《农业考古》1993年第3期，第132页。

② （清）吴之振、吕留良、吴自牧：《宋诗钞·石湖诗抄·劳畲耕并序》，中华书局1986年版，第1759页。

畲田民族，和以精耕细作为特征的汉民族，发生了尖锐的冲突，使得曾经在商周时期就已出现的畲田，沉寂数千年之后，又重新出现在人们的视野之中……唐宋时期中国经济重心的南移，加剧了原本就因刀耕火种而不断迁徙的畲田民族与周边民族（主要是汉族）的冲突，同时也促进了民族的融合和农业的进步。"①曾先生的观点非常明确，在传统的山地生活区域，依赖刀耕火种的居民能够维持生活。但是随着中原汉人的逐步大量南迁，人口开始快速增加，传统的农业耕作方式便难以满足众多人口粮食需求。改变传统的畲田的耕作方式，大力发展新型农业生产模式，已经成为时代的必然趋势。

由于北宋时期民众的焚毁和滥砍滥伐，天然林木面积大量减少，如果长期如此耕作，不仅会造成大面积水土流失，还会引发洪涝灾害和次生灾害，这将会给民众生活带来毁灭性打击。沈括在《梦溪笔谈》中记载："齐鲁间松林尽矣，渐而太行、京西、江南，松山太半皆童矣。"②这段文献涉及北宋疆域的东面大部分地区，可以说毁坏森林面积非常广泛。尤其是"齐鲁间松林尽矣"，说明山东半岛的松树林已经基本被砍伐，并且这种状况并没有缓解，而是形成愈演愈烈的趋势，甚至太行、京西、江南的松树都是"童"，即都是小树苗。传统意义上的刀耕火种会损毁大量林木，造成严重的水土流失，甚至土地的养分都会逐渐消失，于农业耕作极为不利，因此统治者更加注重梯田的开发。北宋时期福建的梯田开发最为广泛，由于福建地区山地面积宽广人口又多，又依山临海山多田少，地理环境十分复杂，所以人地之间的矛盾十分凸显，特别是北宋中后期人稠地狭，紧张的人地关系迫使人们不得不开垦土地，开发梯田成为解决这一迫在眉睫问题的关键。③

《王祯农书·农器图谱集之一·田制门》"梯田"条载："梯田，谓梯山为田也。夫山多地少之处，除磊石及峭壁例同不毛，其余所在土山，下自横麓，上至危巅，一体之间，裁作重磴，即可种艺。如土石相半，则必迭石相次，包土成田。又有山势峻极，不可展足，播殖之际，人则伛偻蚁沿而上，耨土而种，蹑坎而耘。此山田不等，自下登陟，俱若梯磴，故总曰梯田。"④元代农学家王祯在总结梯田的农业生产环境时，列举了"山多地少"的地形特点，也就是平原面积小，山地面积过多，这与北宋时期急需开垦的福建地区地形特点完全相同。对于福建的地形特点，还有很多史书存在相似描述。梁克家《淳熙三山志》记载："闽山多于田，人率危耕侧种，埌级满山，宛若缪篆。"⑤可见福建山地丘陵非常多，耕种时比较危险，这样确实不利于农业生产发展，如果不改造这种山地环境，必然影响到北宋经济的全面发展。王祯认为在陡峭的山坡上平整土地，修

①　曾雄生：《唐宋时期的畲田与畲田民族的历史走向》，载《古今农业》2005年第4期，第30~41页。

②　(宋)沈括著，胡道静校证：《梦溪笔谈校证·杂志一》，上海古籍出版社1987年版，第745页。

③　王丽歌：《宋代福建地区人地矛盾及其调节》，载《古今农业》2011年第1期，第54~62页。

④　(元)王祯著，王毓瑚校：《王祯农书·农器图谱集之一·田制门》，农业出版社1981年版，第190~191页。

⑤　(宋)梁克家：《淳熙三山志·版籍类六·水利》，海风出版社2000年版，第167页。

筑的农田像阶梯一样，所以称为梯田。而梯田的修筑可以分为三种类型：其一为土山，在土山上修梯田比较简单，只需要将山坡修成一层层“重蹬”即可栽种农作物；其二为土石相半的山坡，在这种山体上则需要将石块层叠磊筑以包裹土壤，防治塌方的危险情况发生；其三为比较陡峭的山坡，这种山坡难以按照常规方法修筑梯田，只能“耨土而种，蹑坎而耘”。但是无论哪一种梯田，都需要有充足的水源栽种水稻，如果在缺乏水资源的山区，则只能栽种粟、麦等旱地作物。此外，根据《宋会要辑稿·瑞异二》记载：“闽地瘠狭，层山之巅，苟可置人力，未有寻丈之地不丘而为田。”①这条史料同样能够反映出福建地区的地形特点，“未有寻丈之地不丘而为田”，成为改造耕地环境必须克服的困难。而且水资源充足是梯田能够提高粮食产量的前提条件。福建山区的梯田采取了一种特殊的灌溉方法。徐松《宋会要辑稿》记载：“桌溜接续，自上而下，耕垦灌溉，虽不得雨，岁亦倍收。”②除了福建的梯田之外，北宋时期浙江、安徽、江西、四川等地区也分布着广泛的梯田。而且太湖、洞庭湖流域的柑橘种植园，也选择梯田的种植方式来栽种果树，同样获得了很高收益。北宋陈舜俞《都官集·山中咏橘长咏》记载：“种树傅山为级，以石砌之，龟鼋二山在大湖中。”③可见梯田能够适应南方不同的土地类型。这一种植技术的普及使得南方地狭人稠、粮食产量低下的情况得到有效改善，是北宋土地利用技术的一大进步。由于梯田能够适应不同地形环境且产量较高，因此在北宋时期得到了快速发展。在意识到梯田的优势之后，士大夫阶层也开始总结梯田的修筑方法和技术要点。

二、水源对梯田的影响

北宋时期的梯田种植方式，是在畲田的刀耕火种方式上的一大进步。充分利用山地丘陵进行种植能够提高土地利用率，一定程度上减缓了人地之间的矛盾，一部分旱田改水田的方法，也使农作物产量有所提高。梯田种植十分依赖自然环境，《王祯农书·农器图谱集之一·田制门》记载：“稚苗亟耨同高低，十九畏旱思云霓。凌冒风日面且黧，四体臞瘁肌若封。”④说明梯田的收成好坏跟降雨量有重要关系。南方地区的梯田大多用于种植水稻，但是由于梯田多数处于山坡之上，汲水灌溉十分困难。再加上南方地区夏季温度较高，水分蒸发很快，所以北宋时期最初修筑的梯田往往面临着水田干旱、稻苗枯死的情况。宋人陈旉介绍了一种在山顶修筑池塘，蓄水灌溉的方法。《陈旉农书·地势之宜》记载：“若高田视其地势，高水所会归之处，量其所用而鉴为陂塘，约十亩田

---

① （清）徐松：《宋会要辑稿·瑞异二》，中华书局1957年版，第2096页。

② （清）徐松：《宋会要辑稿·瑞异二》，中华书局1957年版，第2096页。

③ （宋）陈舜俞：《都官集·山中咏橘长咏》，《宋集珍本丛刊》，线装书局2004年版，第190页。

④ （元）王祯著，王毓瑚校：《王祯农书·农器图谱集之一·田制门》，农业出版社1981年版，第191页。

即损二三亩以潴蓄水。"①这种蓄水方法工程量较大，所以难以得到普及。在这种情况下，梯田只能依靠天然降水进行灌溉，所以引进一种耐寒容易存活的水稻品种，就显得十分必要了。《王祯农书》中记载的占城稻就是一种优质的旱稻品种，《王祯农书·百谷谱集之一·旱稻》记载："今关中有得占城稻种，高仰处皆宜种之，谓之'旱占'。其米粒大且甘，为旱稻种甚佳。"②占城稻米粒大而饱满，并且耐旱，确实是十分优良的旱稻品种。但是占城稻也不是不需要灌溉，遇到十分干旱的年景，占城稻也难以收获理想的产量。整个北宋时期梯田种植面临的最主要问题，就是如何保证充足的水源，这也是北宋农业技术进步面临的最大挑战。想要保证山地的水源充足，就需要将低处的水引向高处。《王祯农书》中介绍的高转筒车就很好地解决了这一问题。这种筒车"或人踏，或牛拽，转上轮则筒索自下，兜水循槽至上轮；轮首覆水，空筒复下"③。这样就将低处的水源引上山顶，达到灌溉梯田的目的。《王祯农书·农器图谱集之十三·灌溉门》记载："如田高岸深，或田在山上，皆可及之。"④这种筒车不但可以引水上山，而且能作为汲水工具，将两岸较深的河水提取出来灌溉农地，减轻了农民的汲水负担并充分利用了水资源，可以说是一举两得。

梯田广泛发展之后，长江以南的山地丘陵地带都能够进行农业生产，这对于当地的经济发展十分有利。《淳熙三山志》记载："（福建地区原本）始州户籍衰少，耘锄所至，甫迩城邑。穷林巨涧，茂木深翳，小离人迹，皆虎豹猿猱之墟。"⑤这种生产力低下的情况在开垦出梯田后得到了很大改观。虽然福建土狭人稠，可供种植的平原地带耕地面积极小，但是其两税收入却十分可观，仅秋粮一项，就收入苗米"十一万一千二石二升五合。"⑥这与福建地区原本生产力低下的情况相比可谓天壤之别，梯田之利国利民也能从中获得很多体现。

第三节　低地滨水地区的土地利用

江南地区除了丘陵地带以外，大部分都是河湖港汊纵横交错的水乡泽国。稻类作物在南方得到普及以后，如何充分利用这些多水地区，将其开辟为水田成为土地开发的关键步骤。长江流域的大片沼泽地和东南沿海的海涂，面积巨大又长期未能得到有效开

---

①　（宋）陈旉著，万国鼎校注：《陈旉农书校注·地势之宜》，农业出版社1965年版，第24页。

②　（元）王祯著，王毓瑚校：《王祯农书·百谷谱集之一·旱稻》，农业出版社1981年版，第82页。

③　（元）王祯著，王毓瑚校：《王祯农书·农器图谱集之十三·灌溉门》，农业出版社1981年版，第331页。

④　（元）王祯著，王毓瑚校：《王祯农书·农器图谱集之十三·灌溉门》，农业出版社1981年版，第331页。

⑤　（宋）梁克家：《淳熙三山志·寺观类》，海风出版社2000年版，第512页。

⑥　（宋）梁克家：《淳熙三山志·财赋类》，海风出版社2000年版，第190页。

发。如果能将这些地区利用起来并发展农业，对于江南的经济繁荣将有很大裨益。考虑到这一点，北宋官府和民间都积极参与，到南方开发低地滨水地区，筑坝挡水、兴修圩田就是其主要开发手段。

一、滨水地区的主要土地类型

在南方低地滨水地区的土地开发分类上，根据修筑技术的不同分为圩田、架田、涂田和沙田等。这些耕地种类的开辟使得江南滨水、滨海的土地得到了充分利用，不仅增加了粮食产量，还促进了当地的经济发展。自北宋以降，南方太湖流域，闽南、江浙一带，江西鄱阳湖流域一改从前蛮荒烟瘴的面貌，从原始农业形态一跃成为肥沃富饶的鱼米之乡。太湖流域一度成为全国粮食的主要产地，这跟此地发达的土地利用方式有密切联系。

其一，关于圩田问题。圩田与围田的差别较小，都是一种围水造田的方法。《文献通考·田赋六》记载："圩田水利，江东水乡堤河两涯田其中谓之圩，农家云圩者围也，内以围田外以围水，盖河高而田在水下，沿堤通门每门疏港溉田，故有丰年而无水患。"①在滨水地区修筑堤坝将水挡住，然后在其中进行耕作，这是基本操作方法。沈括《梦溪笔谈·辩证一》之《万春圩图记》载："江南大都皆山也，可耕之土皆下湿，厌水濒江，规其地以堤，而艺其中，谓之圩。"②由于古代将堤称为"圩"或"坝"，所以这种水田就被称作"圩田"。与普通的筑堤围田不同，圩田有完善的沟渠灌溉系统。北宋仁宗庆历新政时期，范仲淹在《答手诏条陈十事》疏中，就大力称赞南方圩田的农业生产模式。《答手诏条陈十事》记载："江南应有圩田，每一圩，方数十里，如大城。中有河渠，外有门闸。旱则开闸，引江水之利；潦则闭闸，拒江水之害。旱涝不及，为农美利。"③这种田地的最大优势在于农民能够自由控制灌溉，遇到干旱时期开闸放水，利用江水进行灌溉；遭遇洪涝时则闭闸阻水，防止洪水毁坏农田。这种趋利避害有效防控的措施，既充分利用了水资源优势，又能防止发生洪涝灾害。

关于北宋时期圩田概况，江南地区的圩田在五代十国时期，就有了一定程度的发展，但广泛普及却出现于宋代。宋人滕白《观稻》诗云："稻穗登场谷满车，家家鸡犬更桑麻。漫栽木槿成篱落，已得清阴又得花。周遭圩岸缭山城，一眼圩田翠不分。行到秋苗初熟处，翠茸锦上织黄云。"④滕白，世称滕工部，"知为国初人"⑤。这首诗充分描写了稻穗丰盈的秋收场景，而且家家都有桑田、麻田，特别是"一眼圩田翠不分"，表现

① （元）马端临：《文献通考·田赋六》，浙江古籍出版社 2000 年版，第 70 页。
② （宋）沈括著，胡道静校证：《梦溪笔谈校证·辩证一》，上海古籍出版社 1987 年版，第 168 页。
③ （宋）范仲淹著，李勇先点校：《范仲淹全集·政府奏议·答手诏条陈十事》，四川大学出版社 2007 年版，第 534 页。
④ （宋）厉鹗：《宋诗纪事·观稻》，上海古籍出版社 1983 年版，第 124 页。
⑤ （宋）陈振孙：《直斋书录解题》，上海古籍出版社 1987 年版，第 588 页。

出圩田的巨大规模，能够看出这个地区民生富饶、社会繁荣。这是北宋时期较早关于圩田的记载。自此之后北宋南方地区的滨水圩田得到充分发展，开始逐渐遍布很多地区。宋神宗熙宁三年（1070年），郏亶上《水利书》言南方水利，对于太湖流域的水田有一整套系统完整的治理思想和科学规划。郏亶认为对于地势较高的田地，应该"设堰潴水以灌溉之，又浚其所谓经界沟洫，使水周流于其间，以浸润之，立堽门以防其壅"①。这样高处的农作物没有了干旱枯萎的危险，水田则能够避免洪涝危害。对于低处的土地，郏亶建议修建较高的堤岸来阻挡大水。郏亶长期致力于太湖诸水系的研究，他总结吴越钱氏高低乡兼利的治水经验，结合宋初浙西水利失序的实际，提出了高低分治、治水先治田的方法，统筹规划、整体治理的治水思想，并在熙宁变法时期付诸实践，他的治水思想在实践过程中虽然遭到挫败，却对后世产生了深远的影响。②

《水利书》记载："堤岸高者需及二丈，低者亦不下一丈。大水之年，江湖之水高于民田五七尺，而堤岸尚出于塘浦之外三五尺至一丈。故虽大水不能入于民田也。"③如此之高的堤坝有效地起到防护田地的作用，也间接对庶民们的农业生产，乃至社会稳定起到积极作用。事实上郏亶的这些思想，正是江南地区开垦圩田的经验总结。元祐四年（1089年），宋哲宗下诏书曰："在任官能为民经画疏导沟畎，退出良田自百顷至千顷，第赏。"④朝廷对于滨水州县能够开垦圩田的官员加以奖赏，可见北宋官府推广修筑圩田的力度之大。如果没有地方官员的支持，仅凭借百姓的个人力量很难完成圩田的开垦工作，开发圩田是北宋时期官员们比较务实的政治举措。圩田开发以后，不但使当地的粮食产量增加，一定程度上改善了南方地区紧张的人地矛盾问题，而且增加了官府的税收，可以说，开发圩田是一项利国利民的措施。华红安先生认为治理水患、扩展田地，对于国家的繁荣稳定作用远大，他潜心钻研水利，著有《吴门水利书》，其治水思想影响深远。⑤北宋时期江南地区大规模修建的圩田难以胜计，其中最为发达的地区是长江中下游的太湖流域，这里河湖众多、港汊纵横，非常适合修建圩田。由于北宋时期太湖流域水量丰富，汛期常常发生洪涝，所以这一区域圩田的堤坝都修筑得十分高大坚固。除此之外，在江南东路、淮南西路、两浙路、荆湖路等地也有一定规模的圩田。北宋时期圩田的普及程度之高，是之前历代所难以达到的。

但是，圩田发展也引发了很多争议。尽管北宋时期圩田的快速发展增加了粮食产量，提升了当地经济水平，然而也带来了一些不良影响。徐松《宋会要辑稿·食货六三》记载："江东新置圩田如上流兴筑，闭塞水源，致向下民田无以灌溉，或壅遏发泄，

---

① （宋）郏亶：《水利书》，选自明代归有光《三吴水利录》卷一，载《丛书集成初编》，商务印书馆1935年版，第4页。

② 祁红伟：《论北宋郏亶的治水思想》，载《农业考古》2020年第1期，第110~115页。

③ 前揭郏亶：《水利书》，选自明代归有光《三吴水利录》卷一，载《丛书集成初编》，商务印书馆1935年版，第7页。

④ （元）脱脱：《宋史·食货上》，中华书局1985年版，第4168页。

⑤ 华红安：《北宋水利学家郏亶》，载《水利天地》2008年第10期，第30页。

使邻近者反被水患。令所属监司按视改正。"①一些地区在水源上流修筑圩田，会阻挡住水流，致使下游的农田无水灌溉。另一些地区则因为圩田的堤坝将洪水挡住，洪水难以得到发泄，就会致使临近的村庄或农田遭殃。为此北宋官府发布诏令，所属的管理部门要查访出这些问题并进行及时改正。有些圩田由于设计失当，虽然面积巨大但收成甚少。据马端临《文献通考》记载："永丰圩自政和五年围湖成田，今五十余载，横截水势，每遇泛涨，冲决民圩，为害非细，虽营田千顷，自开修至今可耕者止四百顷，而损害数州民田，失税数倍。"②永丰圩的横截水势，影响了洪水的正常宣泄，导致上千顷耕地经常被洪水淹没，可以耕种的不过四百顷。宋代两浙地区出现的围湖垦田行为，虽然有利于农业发展，但是某些地方开塘为田的行为，严重破坏了当地的水利资源且容易引发涝灾。南宋时期对于"废湖为田"已经提出了解决办法，但是由于形势之阻，这种围湖垦田的弊端仍然难以从根源上消除。③ 这种情况不在少数，给当地的民众带来了沉重灾难，更严重影响了北宋的正常财政收入。缪启愉先生认为："（太湖）其纵横河网之制，大致形成于中唐以后，发展于五代吴越，破坏于北宋，稍稍恢复于南宋，明清以后至解放前，日益隳坏。"④缪先生从太湖圩田的历史发展视角出发，认为北宋时期太湖的圩田遭到破坏。这个观点非常客观，实际上在肯定北宋积极发展圩田农业经济的同时，确实应该看到当时圩田发展也存在很多负面影响。在经受了一些圩田失败带来的巨大损失之后，北宋官府也意识到有些区域并不适合推广圩田。在北宋初期，绍兴、宁波一带湖泊众多，拥有天然的水利灌溉系统。湖泊池塘的地势高于农田，农田又高于江、海。干旱的时候引湖水灌溉耕地，遇到洪涝则掘开农田，将洪水泄入江海，所以并没有发生水旱之患。《宋史·食货志》记载："庆历、嘉祐间，始有盗湖为田者，其禁甚严。政和以来，创为应奉，始废湖为田。自是两州之民，岁被水旱之患。"⑤在北宋神宗、哲宗时期，对于盗湖为田的打击十分严峻，但宋徽宗政和年间创立应奉局之后，废湖为田的行为才开始普遍起来。这种行为导致严重的生态问题，使当地民众面临水旱之灾。对此统治者也比较关注，南宋孝宗在总结前朝经验之后感慨道："浙西自有围（圩）田，即有水患。"⑥可见北宋时期圩田所造成的水患频发。

宋人龚明之在《中吴纪闻》中记载："今所以有水旱之患者，其弊在于围田，由此水不得停蓄，旱不得流注，民间遂有无穷之害。"⑦北宋民众在意识到圩田滥垦的危害之后，不断地提出复湖、复陂的建议，但是豪强地主为了增产增收，维护自身的经济利益，不顾对民田的危害变本加厉地继续废湖造田。虽然有利于农业种植，但是某些地方

① （清）徐松：《宋会要辑稿·食货六三》，中华书局1957年版，第6084页。
② （元）马端临：《文献通考·田赋考》，浙江古籍出版社2000年版，第71页。
③ 郑学檬：《宋代两浙围湖垦田之弊》，载《中国社会经济史研究》1982年第3期，第88~91页。
④ 缪启愉：《太湖地区塘浦圩田的形成和发展》，载《中国农史》1982年第1期，第12~32页。
⑤ （元）脱脱：《宋史·食货志》，中华书局1985年版，第4183页。
⑥ 《历代名臣奏议·水利》，台湾学生书局1965年版，第3333页。
⑦ （宋）龚明之：《中吴纪闻·赵霖水利》，上海古籍出版社1986年版，第16页。

开塘为田的行为，却严重破坏了当地的水利资源且容易引发涝灾。① 陆游在《老学庵笔记》中痛心疾呼："陂泽惟近时最多废。吾乡镜湖三百里，为人侵耕几尽。阆州南池亦数百里，今为平陆，只坟墓自以千计，虽欲疏浚复其故，亦不可得。"②这些对于自然湖泊陂塘的人为破坏，为后世带来很多消极影响。

其二，关于架田问题，北宋时期的架田是在葑田的基础上发展而来的。葑田是一种浮在水面上的耕田，葑是茭白的地下根茎，当茭白被采食后，剩下的根茎组织生长得十分厚密，与水底泥土分离之后浮在水面上，称为葑。《陈旉农书·地势之宜》记载："若深水薮泽，则有葑田，以木缚为田坵，浮系水面，以葑泥附木架上而种艺之。其木架田坵，随水高下浮泛，自不湮溺。"③由于南方水域面积宽广，这样的根茎组织往往生长很大。农民在上面堆积土壤、播种耕作，并且可以撑着葑田往来。《宋史·河渠志七》记载："钱氏有国，始置撩湖兵士千人，专一开濬。至宋以来，稍废不治，水涸草生，渐成葑田。"④可见湖水逐渐枯竭以后，便慢慢形成可以耕作的葑田。梅尧臣《赴雪任君有诗相送仍怀旧赏因次其韵》载："湖山饶邃处，曾省牧之游。雁落葑田阔，船过菱渚秋。野烟昏古寺，波影动危楼。到日寻题墨，犹应旧壁留。"⑤诗中有"雁落葑田阔"，可见葑田的耕作场景应该非常壮观，甚至吸引很多鸟类在此栖息。《宋史·苏轼传》记载："（苏轼）以余力复完六井，又取葑田积湖中，南北径三十里，为长堤以通行者。"⑥由此可见整个葑田面积非常宽阔。另据宋人胡仔《渔隐丛话前集·林和靖》记载："吴中陂湖间，茭蒲所积，岁久根为水所冲荡，不复与土相着，遂浮水面，动辄数十丈，厚亦数尺，遂可施种植耕凿，人据其上，如木筏然，可撑以往来。所谓葑田是也。"⑦葑田并非北宋的新发明，早在唐代就已经被运用于生产生活之中。唐人秦系在其《题镜湖野老所居》中有"树喧巢鸟出，路细葑田移"⑧之句，说明唐代的浙东鉴湖已有葑田的出现。天宝年间的诗人鲍防在其《状江南·孟春》中写道："白雪装梅树，青袍似葑田。"⑨可见葑田在唐代已经引发了人们的关注。据北宋吴处厚《青箱杂记》记载，在五代十国时期，南汉"大宝（958—971）末，有稻田自海中浮来，上鱼藻门外，民聚观之。"⑩虽然当时的民众将此事作为怪异来谈论，但其中的架田之法确是真实反映。

---

① 郑学檬：《宋代两浙围湖垦田之弊》，载《中国社会经济史研究》1982年第3期，第88~91页。

② （宋）陆游：《老学庵笔记》，中华书局1979年版，第23页。

③ （宋）陈旉撰，万国鼎校注：《陈旉农书校注·地势之宜》，农业出版社1965年版，第25页。

④ （元）脱脱：《宋史·河渠志七》，中华书局1985年版，第2397页。

⑤ （清）吴之振、吕留良、吴自牧：《宋诗钞·宛陵诗抄》，中华书局1986年版，第223页。

⑥ （元）脱脱：《宋史·苏轼传》，中华书局1985年版，第10813页。

⑦ （宋）胡仔：《渔隐丛话前集·林和靖》，人民文学出版社1962年版，第190页。

⑧ （唐）秦系：《题镜湖野老所居》，（清）曹寅、彭定求、沈立曾、杨中讷等编：《全唐诗·题镜湖野老所居》，中华书局1960年版，第2896页。

⑨ （唐）鲍防：《状江南·孟春》，（清）曹寅、彭定求、沈立曾、杨中讷等编：《全唐诗·状江南》，中华书局1960年版，第3485页。

⑩ （宋）吴处厚：《青箱杂记》卷七，《唐宋史料笔记丛刊》，中华书局1979年版，第70~71页。

人造架田的灵感即来源于天然葑田。据《王祯农书·农器图谱集之一·田制门》记载："架田，架犹筏也，亦名葑田。"①即架田与葑田在原理上没有什么本质差别，只不过架田是在葑田基础上搭构木架浮于水上，起到加固和增大浮力的作用。据《陈旉农书·地势之宜》记载："若深水薮泽，则有葑田，以木缚为田坵，浮系水面，以葑泥附木架上而种艺之。其木架田坵，随水高下浮泛，自不淹溺。"②这种架田的最大特点就是可以移动，像水面上的木筏一样。范成大在《四时田园杂兴》诗中有"不看茭青难护岸，小舟撑取葑田归"之句③，形象地描述了架田能够自由移动的特点。但是对于架田的主人来说，便利的同时也可能是一种隐患。架田可以任意漂流，当阴雨连绵湖水涨泛的时候，偷盗者也可以很方便地进行盗窃。江少虞在《宋朝事实类苑》中，就记载有葑田失窃的事件："两浙有葑田，盖湖上茭葑相樛结，积久，厚至尺余，润沃可殖蔬种稻，或割而卖与人。有任浙中官，方视事，民诉失蔬圃，读其状甚骇，乃葑园为人所窃，以小舟撑引而去。"④由于两浙的新任官员不知民俗，听闻田圃失窃十分惊骇，后来才得知，原来是葑田被贼人用小船牵引盗走了。《渔隐丛话前集》记载："尝有北人宰苏州属邑，忽有投牒诉夜为人窃去田数亩者。怒以为侮己，即苛系之，已而徐询左右，乃葑田也，始释之。"⑤虽然北方官员不知南方风俗，常常因此惹出很多笑话，但是南方架田的流动性大确实利弊各半。同时说明北宋时期，在发展农业开垦土地面积方面，确实表现得不遗余力。这种农业耕种措施，既有继承前人的农学成果，又有北宋时期的持续发展，从而才能呈现出北宋社会的繁荣景象。

北宋时期南方的架田分布广泛，更因其漂浮在水上，可以充分吸收水源，没有干旱的困扰。由于其产量较为稳定，一度成为统治者号召民众积极开垦的目标。《宋史·食货志上》记载："浙西逃田、天荒、草荒、葑茭荡、湖泺退滩等地，皆计籍召佃立租，以供应奉。"⑥宋徽宗宣和年间，葑田的产粮用于供应朝廷的应奉局，这种新的土地利用形式也为北宋农业的发展做出了巨大贡献。架田虽好但过度发展也会引起一些危害。架田相连百亩，会占据大量的湖泊面积，长此以往会严重影响江河湖泊的蓄水泄洪能力，还会使农田的灌溉用水不足。北宋时期在架田发展较快的地区，这些问题逐渐凸显出来了，并且显露出了巨大危害。杭州的西湖就是最典型的例子。苏轼到杭州任通判时发现，农民葑田的面积已经达到了西湖面积的一半。苏轼的奏状《申三省起请开湖六条》记载："近年以来，湮塞几半，水面日减，茭葑日滋，更二十年，无西湖矣。"⑦近些年

---

① （元）王祯著，王毓瑚校：《王祯农书·农器图谱集之一·田制门》，农业出版社1981年版，第189页。

② （宋）陈旉著，万国鼎校注：《陈旉农书校注·地势之宜》，农业出版社1965年版，第25页。

③ （宋）范成大撰：《石湖居士诗集·四时田园杂兴》，《四库全书》，上海古籍出版社1991年版，第797页。

④ （宋）江少虞：《宋朝事实类苑·风俗杂志》，上海古籍出版社1981年版，第819页。

⑤ （宋）胡仔：《渔隐丛话前集·林和靖》，人民文学出版社1962年版，第191页。

⑥ （元）脱脱：《宋史·食货志上》，中华书局1985年版，第4212页。

⑦ （宋）苏轼：《苏轼全集·申三省起请开湖六条状》，北京燕山出版社2009年版，第2016页。

发展的葑田，已经覆盖了湖泊的很大面积，如果按照这种速度继续发展葑田，二十年后西湖将会全部消失。所以苏轼上奏提出开挖西湖，即对西湖的一种保护措施。

大规模的架田除了种植水稻和蔬菜以外，还能在上面建造房子居住。唐代诗人张籍《江南行》有"连木为牌入江住，清莎覆城竹为屋"①之句。使用莎、竹等质量轻的建筑材料，确实能够达到在水面漂浮的木架上建造房屋的目的。陆游在《入蜀记》中，也记载了他在长江沿岸见到的一个奇景："抛大江，遇一木筏，广十余丈，长五十余丈。上有三四十家，妻子、鸡犬、臼碓皆具，中有阡陌相往来。亦有神祠，素所未睹也。舟人云：此尚其小者耳，大者于筏上铺土作蔬圃，或作酒肆，皆不复能入峡，但行大江而已。"②江面上漂浮着一座小村邑，里面不但阡陌交通、鸡犬相闻，还有神祠、酒肆等。对于从未见过此景的陆游，感觉简直太震撼了。架田发展到这种规模，已经不再是一块仅仅用于耕作的农田，而是一种先进的人造土地。民众将住宅转移至水面上，能有效节省原本稀缺的耕地面积，从而减轻人多地少的矛盾。

其三，关于涂田和沙田问题。两宋时期的涂田，就是在沿海地区滩涂上开垦的农田。由于距离大海很近，潮汐涨退对农作物有很大影响。所以涂田的开发最基本的要求就是筑堤阻挡潮水。唐代民众就已经掌握了这个方法。根据《新唐书·李承传》记载："（李承）奏置常丰堰于楚州，以御海潮，溉屯田塉卤，收常十倍它岁。"③降至北宋时期，范仲淹在泰州西溪盐官任上，面对严重的海潮损毁农田事件，仍然采取了修筑海堤的方法。《宋史·河渠七》载："至本朝天圣改元（1023），范仲淹为泰州西溪盐官日，风潮泛溢，渰没田产，毁坏亭灶，有请于朝，调四万余夫修筑，三旬毕工，遂使海濒沮洳舄卤之地，化为良田，民得 奠居，至今赖之。"④在这种方法的基础之上，王祯提出了一种改良的方案，《王祯农书》记载："沿边海岸筑壁，或树立桩橛，以抵潮泛，田边开沟，以注雨潦，旱则灌溉，谓之甜水沟。其稼收比常田，利可十倍。"⑤这种在涂田之侧开辟沟洫的方法，不但可以将土壤中的盐分排出，而且可以用淡水进行灌溉。与原始的涂田相比，农作物产量自然大大提高。有诗称赞曰："霖潦渗漉斥卤尽，秔秫已丰三载后。"⑥海涂要想能够耕种，需要使土壤中的盐卤褪尽，《王祯农书》记载的这一开辟涂田的方法正好达到了相应目的。

沙田就是江河之畔被水势冲击出来的淤滩，南方民众利用其进行种植。这种田地的优点是土壤十分湿润，容易获得丰收。但因其处于江河湖畔，容易受到水患影响，一旦

---

① （唐）张籍：《江南行》，（清）曹寅、彭定求、沈立曾、杨中讷等编：《全唐诗·相和歌辞》，中华书局1960年版，第4288页。

② （宋）陆游：《渭南文集·入蜀记》，《四库全书》，上海古籍出版社1991年版，第670页。

③ （宋）欧阳修、宋祁等：《新唐书·李承传》，中华书局1975年版，第4686页。

④ （元）脱脱：《宋史·河渠七》，中华书局1985年版，第2394页。

⑤ （元）王祯著，王毓瑚校：《王祯农书·农器图谱集之一·田制门》，农业出版社1981年版，第192页。

⑥ （元）王祯著，王毓瑚校：《王祯农书·农器图谱集之一·田制门》，农业出版社1981年版，第193页。

遇到洪涝则前功尽弃。《王祯农书》中记载:"南方江准间沙淤之田也,或滨大江,或峙中洲,四围芦苇骈密,以护提岸,其地常润泽,可保丰熟。普为塍埂,可种稻秫,间为聚落,可艺桑麻。或中贯潮沟,旱则频溉,或傍绕大港,涝则泄水,所以无水旱之忧,故胜他田也。"①根据王祯的观点,这种沙田由于距离水源较近,灌溉和排涝都很方便,所以没有水旱之忧。但是他没有考虑到一旦遇到险峻的洪峰,毗邻江河的沙田根本来不及排涝。所以利用沙田进行农业生产需要考虑到如何有效防治较大洪水的侵袭。

二、围湖造田与退田还湖

北宋时期的律法规定,私自开垦山林湖泊要受到刑罚,所以围湖造田在史书中被称为"盗湖为田"。但是随着人口日盛,南方地区的人地矛盾逐渐扩大。为了减缓这种压力,北宋从官府到民间都将目光放到了南方面积广大的水域上。最初这种与水争地的行为规模较小,民众暗中进行,官府也不严加禁止。到了北宋末年,财政紧张,统治者竟然鼓励民众废湖为田以收取租税,至此北宋的废湖为田发展到了十分严重的程度。

例如浙江绍兴的鉴湖地势较高,其周围农田的地势都较低。北宋末年的庄绰曾撰文《鸡肋编》记载:"湖高于田丈余,田又高海丈余。水少,则泄湖溉田;水多,则田中水入海。故无荒废之田,水旱之岁也。由汉以来几千载,其利未尝废。"②这种地形分布使得鉴湖周围的农田不惧水旱侵扰,绍兴一带也因此成为富饶的鱼米之乡。入宋以后盗湖为田者开始出现,官府屡禁而不能止。围湖造田之所以如此兴盛,除了与当时人多地少的矛盾有关之外,还因为开垦出的土地肥沃、水分充足,是难得的膏腴之地。据范仲淹对于浙西圩田的考察,"中稔之利,每亩得米二石至三石"③。这个产量在北宋年间是比较高的。所以官民争先恐后地进行围湖造田,唯恐被人抢先而难以分一杯羹。神宗熙宁年间,庐州观察推官江衍奉命到鉴湖兴修水利。由于江衍见识短浅,没能意识到复湖的好处,所以仅仅用石牌将湖水和湖田分界,并没有什么实质性的复湖之举。宋徽宗政和年间的郡守方佾,干脆将所剩无几的湖面也开辟为湖田,鉴湖之畔的民众从此更是无所顾忌。施宿《嘉泰会稽志·镜湖》记载:"熙宁中,朝廷兴水利,有庐州观察推官江衍者,被遣至越,访利害,衍无远识,不能建议复湖,乃立石牌以分内外,牌内者为田,牌外者为湖,凡牌内之田,始皆履亩,许民租之,号曰湖田。政和末,郡守方佾进奉,复废牌外之湖以为田,输所入于少府,自是环湖之民,不复顾忌,湖之不为田者无几矣。"④虽然围湖造田在短期内能够取得丰厚的利益,但其对于生态环境却产生长期的不

① (元)王祯著,王毓瑚校:《王祯农书·农器图谱集之一·田制门》,农业出版社1981年版,第193页。

② (宋)庄绰:《鸡肋编》卷中,中华书局1983年版,第57页。

③ 李勇先点校:《范仲淹全集·政府奏议·答手诏条陈十事》,四川大学出版社2007年版,第534页。

④ 《嘉泰会稽志·镜湖》,《宋元方志丛刊》,中华书局1990年版,第69页。

良影响。北宋时期的有识之士认识到了这一点，所以积极倡议退田还湖："使湖果复旧，水常弥满，则鱼鳖虾蟹之类不可胜食，茭荷菱芡之实不可胜用，纵民采捕其中，其利自博，何失业之足虑哉。"①除了能够发展这些副业之外，湖水充盈对于农田的灌溉同样十分有利。宋代的水稻种植发展十分迅速，如果废湖为田，就会使湖泊周边的稻田失去水源，顾此失彼得不偿失。北宋时期围湖造田引发的恶果更是史不绝书，具体表现有以下三个方面。

其一，围湖造田使旱灾更加严重。北宋前期浙西的民田宽广肥沃，全仗太湖之力。其后太湖被兵卒强行围湖造田，造成洪灾和旱灾的不良后果。《宋史·食货志上一》记载："旱则据之以溉，而民田不占其利，涝则远近泛滥，不得入湖，而民田尽没。"②官兵围湖造田，百姓苦不堪言。围湖造成水源逐渐减少，使得大片民田得不到有效灌溉。所以宋人张抑感叹道："苏、湖、常、秀，昔有水患，今多旱灾，盖出于此。"③这说明围湖造田确实能够增加一些粮食产量，但是它的负面影响更不能忽视。

其二，围湖造田严重影响了赋税收入。《农政全书·水利》记载："靖康元年(1126年)……湖田租课，除检放外，两年共纳五千四百余石，而民田缘失陂湖之利，无处不旱，两年计检放秋米二万二千五百余石。"④虽然围湖造田短期内使人得到了些许利益，但其占据湖泊使得周围的民田失去了水源，而民田的损失远远不是湖田的收入所能弥补的。鉴湖的围垦情况十分严重，徐次铎在《复镜湖议》中统计："夫湖田之上供，岁不过五万余石，两县岁一水旱，其所损所放赈济劝分，殆不啻十余万石，其得失多寡，盖已相绝矣。"⑤鉴湖造田的粮食产量还不及水旱之年损失的一半，这必然造成财政收入的巨大损失。围湖造田原本希望增产增收，如今却成了一项经济负担。另外围湖造田会占据河道，影响水运交通的正常进行，这给往来船只运输也造成了很多负面影响。

其三，围湖造田激化矛盾，不利于社会安定。由于湖田与周边民田争水，引发了一系列的民间纠纷，百姓诉讼不绝导致了社会动荡不安。徐松《宋会要辑稿》记载，宁波的广德湖被围垦之后，不但每年都会造成许多官租损失，而且"无佃人户，词讼终无止息，争占斗讼愈见生事"⑥。福建的木兰陂被富豪巨室侵占后，"时或水旱，乡民至有争水而死者"⑦。当湖泊陂塘被官府、兵卒、豪强富户强行围垦以谋取私利后，周边的民田却受到了很大的危害，一遇水旱更是灭顶之灾。农民无法维护自己的利益，只能选择流亡他乡。北宋末年南方百姓流离失所，社会动荡不安，和滥垦滥围也有一定程度的

---

① 《嘉泰会稽志·镜湖》，《宋元方志丛刊》，中华书局1990年版，第6946页。

② (元)脱脱：《宋史·食货志上一》，中华书局1985年版，第4184页。

③ (元)脱脱：《宋史·食货志上一》，中华书局1985年版，第4188页。

④ (明)徐光启著，石声汉校注：《农政全书校注·水利》，上海古籍出版社1979年版，第388页。

⑤ (明)徐光启著，石声汉校注：《农政全书校注·水利》，上海古籍出版社1979年版，第386页。

⑥ (清)徐松：《宋会要辑稿·食货七》，中华书局1957年版，第4928页。

⑦ (清)徐松：《宋会要辑稿·食货六一》，中华书局1957年版，第5948页。

关系。

小　结

　　总而言之，北宋时期结束了五代十国的连年战乱，国家恢复了和平与发展。但随着人口逐渐开始增多，耕地面积不足的问题显得非常严重。在这种情况下，开垦荒地积极发展农业生产，成为确保政权稳定和百姓安居乐业的前提条件。这时期北宋政权采取营田和屯田等开垦荒地措施，鼓励庶民与士兵共同协作生产。特别是确保与西夏、辽国接壤的北方安全，和平时期鼓励农民积极参与营田和屯田的耕作，战事紧张时可以派遣屯边士兵保卫边疆。[①] 实际上北宋的这种农业生产模式，与先秦时期的秦国的耕战策略极为相似。而且北宋政权还积极开垦南方丘陵地带的土地，尤其是在福建等地的多山地区积极发展梯田。由于中原地区的人口大量南迁，导致很多地区人口急剧增加。有鉴于此，尽管福建等地区多山地，但依然需要拓展耕地面积，缓解人口增多带来的粮食不足问题。为了确保粮食安全，北宋积极兴修水利设施，使山地丘陵地带的农田获得充足水源，为秋天收获粮食取得了前提条件。北宋时期还在低洼滨水地区开垦农地，比如大量利用圩田发展农业生产。由于自然河流和运河河道内都有大量淤泥，把这些淤泥清理出来之后，作为肥料用于田地有助于粮食收获。此外，北宋时期还围湖造田，积极发展水稻耕作面积。为了确保粮食收获，鼓励民众大力拓展可耕面积，这就使得很多已经荒废的耕地得到了有效利用。这一系列举措为北宋政权的稳定与社会繁荣奠定了前提条件。

---

　　① 程龙：《北宋西北沿边屯田的空间分布与发展差异》，载《中国农史》2007年第3期，第57~69页。

第三章　北宋农田水利建设

　　水利建设是农业社会的重要基础工程，它关系到封建王朝的政权稳定和社会安宁。北宋时期由于经济获得了全面发展，人口逐渐呈现上升趋势，增加粮食产量成为迫在眉睫的首要政治任务，高度关注水利建设成为其中的重要环节。从宏观视域能够看到，这时期的农业获得了快速发展，整个社会呈现繁荣与富足的景象，庶民们安居乐业的祥和气息成为这个时代的鲜明写照。

　　中国的地理环境呈现东低西高走势，而且农业生产主要位于东部，如何发展农业生产，如何有效地管理农田水利，是确保农业生产稳步发展和粮食收获的前提条件。北宋中期的全国耕地占有率，南方约为 60%，北方约为 40%，开垦较成熟的地区主要分布在中原、关中和长江中下游的平原地区以及四川盆地。[①] 在北宋统治者以及地方官吏的努力下，人口日益增多带来的粮食不足的压力逐渐缓解，这就不得不思考增加粮食产量的重要环节，即北宋的农田水利建设问题。关于北宋时期北部地区的农田水利建设，本章主要从如下三方面考虑：①这时期怎样开发河北地区的农田水利设施；②怎样整治古渠旧堰完善水利设施；③怎样引浊灌淤，以此改良土壤。虽然改良土壤的方式是宋代以前就已经出现了，但北宋时期究竟拥有怎样的时代特点，这是值得关注的农业科学史问题。北宋时期在发展南方农田水利建设方面，主要采取两大措施。为防止海水入侵田地，北宋怎样修缮南方古渠，又做出过哪些政治举措，非常值得我们研究。由于南方发展农业具有悠久的历史传统，很多水利设施已经陈旧，在这种情况下，北宋采取了修缮与维护策略，加大投入力度，使农田水利设施有效运转，确保了粮食稳步增长。特别是沿海一带经常遇到海潮侵扰，北宋政府不断加固海防堤坝，使沿海一带的农业生产在水利设施的安全保护下取得粮食收获。北宋时期还非常重视水文观测，形成了一套水文观测理论。因此北宋时期积累的诸多农田水利建设的实践经验，完全可以为我们当代从事农业生产提供历史经验和古代先贤智慧。

　　本章主要从北部地区农田水利建设、南部地区农业水利建设和水文知识进步三个方面，考察北宋时期的农田水利建设特点，这关系到北宋时期如何修整水利设施以此增加粮食产量，具有科学的农业发展史的借鉴意义。

---

　　① 何凡能、李士成、张学珍：《北宋中期耕地面积及其空间分布格局重建》，载《地理学报》2011 年第 11 期，第 1531~1539 页。

第一节　北方农田水利建设

北宋时期的北方农田水利建设，主要体现在河北淀泊的开发利用、整治古渠旧堰和引浊放淤三个方面，它们对于北宋时期的北方农田水利建设具有十分重要的意义，为其后的农业生产乃至粮食丰收奠定基础。那么北宋在上述发展农田水利建设方面，究竟存在怎样的细节问题，并且能够给我们当代的农业水利建设提供怎样的历史经验借鉴，是本节将要着重思考的问题。

一、河北淀泊的开发利用

在北宋的北方诸路中，河北路的淀泊分布最多。这些淀泊是由发源于太行及燕山的诸多河流，在东流入海的过程中逐渐形成的，分布于河北保定至天津海口的数百里间。北宋与辽即以河北淀泊地带的白沟为界。

北宋前期，在淀泊地带疏浚河道，开挖塘泺修筑堤防，其主要目的在于防御辽骑南侵。同时，这些水利设施的兴建对于发展农业生产，特别是水稻种植发挥了积极作用。据《宋史·何继筠传附子承矩传》记载，早在太宗端拱元年（988年），沧州节度副使何承矩上疏曰："臣幼侍先臣关南征行，熟知北边道路、川源之势。若于顺安砦西开易河蒲口，导水东注于海，东西三百余里，南北五七十里，资其陂泽，筑堤贮水为屯田，可以遏敌骑之奔轶。俟期岁间，关南诸泊悉壅阗，即播为稻田。其缘边州军临塘水者，止留城守军士，不烦发兵广戍。收地利以实边，设险固以防塞，春夏课农，秋冬习武，休息民力，以助国经。如此数年，将见彼弱我强，彼劳我逸，此御边之要策也。"[1]这里面何承矩提出了一个既可以发展农业生产，又可以保护边疆安全的战略构想。通常情况下，人们的思考方式仅从一个角度出发，比如发展水利和发展农业生产等，但何承矩提出积极"筑堤贮水"，用以灌溉农田，还可以确保边境驻军的粮食补给，更重要的是防止辽国铁骑入侵。这种"春夏课农"与"秋冬习武"的双向兼顾的整治措施，既可以"休息民力"，还能够"以助国经"，这种自我积蓄力量的深远战略构想，获得宋太宗的积极采纳并付诸实施。虽然其后在推行过程中，发展得比较缓慢，但是我们能够从何承矩的御边之策中，清楚地看到其中的高深见解，以及宏伟高远的战略眼光。

沧州临津（今宁津）县令黄懋曾上书："闽地惟种水田，缘山导泉，倍费功力。今河北州军多陂塘，引水溉田，省功易就，三五年间，公私必大获其利。"[2]县令黄懋通过对比福建与河北的地形，认为河北多从事水田较为有利，并预计三年至五年就会获得收益。宋太宗采纳了黄懋的意见。《宋史·食货志上四·屯田》记载："发诸州镇兵一万八

---

①　（元）脱脱：《宋史·何继筠传附子承矩传》，中华书局1985年版，第9328页。

②　（元）脱脱：《宋史·食货志上四·屯田》，中华书局1985年版，第4264页。

千人给其役。凡雄莫霸州、平戎顺安等军兴堰六百里，置斗门，引淀水灌溉。初年种稻，值霜不成。懋以晚稻九月熟，河北霜早而地气迟，江东早稻七月即熟，取其种课令种之，是岁八月，稻熟。初，承矩建议，沮之者颇众。武臣习攻战，亦耻于营葺。既种稻不成，群议愈甚，事几为罢。至是，承矩载稻穗数车，遣吏送阙下，议者乃息。而莞蒲、蜃蛤之饶，民赖其利。"①招募大量士兵修建堤堰六百里，还设置很多斗门调节水位。但是建设初年在种植水稻时，恰逢降霜时间早没有取得收获，但随后继续栽种便获得丰收。兴修这个堤堰发展农业初期，有很多反对的声音，随着粮食收获，反对声音才渐渐平息。

仁宗明道二年（1033 年），知成德军刘平奏议："自边吴淀望赵旷川、长城口，乃契丹出入要害之地，东西不及一百五十里。……今契丹国多事，兵荒相继，我乘此以引水植稻为名，开方田，随田塍四面穿沟渠，纵广一丈，深二丈，鳞次交错，两沟间屈曲为径路，才令通步兵。引曹河、鲍河、徐河、鸡距泉分注沟中，地高则用水车汲引，灌溉甚便。"②成德军刘平上奏建议，长城口经常有契丹人出入，但东西两地仅有 150 里的狭小地带，当下辽国正逢多事之秋，内部纷争无暇顾及，因此应以发展农业耕种水稻为名，挖掘深沟引曹河、鲍河、徐河和鸡距泉用以灌溉农田，而且从国防战略眼光来看，还可以堵住契丹人南下的通道，由此断绝常被袭扰的边患问题，这说明水利工程与农业耕作具有相辅相成的关系，甚至还影响到国防安全。

宋神宗同样很重视农田水利建设问题。《宋史·河渠志五·河北诸水》记载："灌溉之利，农事大本。"③这说明发展农业生产，最重要的问题就是解决水源灌溉问题。神宗熙宁年间（1068—1077 年），宋辽界河白沟南岸洼地接触到浮沱河、漳河、淇水、易水、白沟及黄河诸多水系，形成了由 30 处大小塘泺组成的淀泊带，由西至东，从保州（今保定市）到沧州泥沽（天津）海口，绵延 800 多里。沈括《梦溪笔谈·权智》记载："瓦桥关北与辽人为邻，素无关河之阻。往岁六宅使何承矩守瓦桥，始议因陂泽之地，潴水为塞……庆历中，内侍杨怀敏复踵为之。至熙宁中，又开徐村、柳庄等泺，皆以徐、鲍、沙、唐等河，叫猴、鸡距、五眼等泉为之源，东合滹沱、漳、淇、易、白等水并大河，于是，自保州西北沈远泺，东尽沧州泥沽海口，几八百里，悉为潴潦，阔者有及六十里者，至今倚为藩篱。"④从北宋太宗到神宗，河北淀泊不仅构筑了阻碍辽国南侵的防御工事，而且促进了北方稻作的经济发展。河北淀泊的开发重点在军事防御，因北宋在此驻扎大量军队，同时又振兴屯田农垦。与此处所驻军队和官府的庞大开销相比，屯田所获不多，《宋史·食货志上四·屯田》记载："在河北者虽有其实，而岁入无几，利在畜水

---

① （元）脱脱：《宋史·食货志上四·屯田》，中华书局 1985 年版，第 4264 页。
② （元）脱脱：《宋史·河渠志》，中华书局 1985 年版，第 2359 页。
③ （元）脱脱：《宋史·河渠志五·河北诸水》，中华书局 1985 年版，第 2369 页。
④ （宋）沈括著，胡道静校证：《梦溪笔谈校证·权智》，上海古籍出版社 1987 年版，第 360~361 页。

以限辽骑而已。"①虽然抵御辽国守护边疆，远不如发展农业生产更为重要，但是毕竟屯田或多或少都会缓解粮食不足问题，至于边疆本身的重要责任，首先还是军事防御，其次才是农业生产。当澶渊之盟以后，河北淀泊的军事防御作用逐渐受到北宋政府的轻视，降至哲宗、徽宗时期，很多淀泊已经逐渐淤塞并干涸。《宋史·河渠志五·塘泺缘边诸水》记载："淤淀干涸，不复开浚，官司利于稻田，往往泄去积水，自是堤防坏矣。"②可以看出水利工程作为战略用途逐渐减弱以后，维护修缮设施也开始不被重视了。

北宋在河北兴修淀泊等水利发展农业生产，体现了强化军事防御，防止辽国铁骑南下侵扰的目的，这就使得水利工程在建设之初就具有浓厚的军事目的性，发展农田水利建设成为国防安全的手段之一。

二、整治古渠旧堰

汉唐时期中华大地就曾经兴修过很多水利工程，它们曾对农业生产发挥过重大作用。比如战国时期的秦国修建过都江堰和郑国渠，汉武帝亲自治理过黄河，三国的曹魏政权修建过芍陂和茹陂等渠堰堤塘，北魏孝文帝修建过鉴湖渠灌溉农田，隋代修建过著名的京杭大运河，唐代在江南修建很多水利设施发展农业生产。然而经过五代十国的连年战争，很多农田水利设施年久失修无法正常运转。宋太祖、太宗在相继平灭南方诸国和北汉政权以后，开始大力发展农田水利建设。

北宋初年漳河水位降低，河道淤塞失去灌溉作用。漳河是一条古老的河流，它发源于山西长治，属于华北海河水系的一条南运河的支流，《宋史·河渠志五》记载："漳河源于西山，由磁、洺州南入冀州新河镇，与胡卢河合流，其后变徙，入于大河。"③漳河流经区域非常广泛，共经历山西省、河南省和河北省，其后并入卫河入海河。神宗熙宁三年(1070年)，在王安石的支持下，"诏程昉同河北提点刑狱王广廉相视漳河"④。由于漳河年久失修淤泥逐渐增加，既不利于船舶往来，也不利于两岸的农田水利灌溉。依据水利工作专家程昉设计的方案，次年开始维修漳河。《宋史·河渠志五·河北诸水》记载："开修，役兵万人，袤一百六十里。"⑤因疏浚漳河所用力役巨大，招募役兵就达到万人，修河长度达到160多里，可见当时修河场面非常壮观。另据《宋史·河渠志五·河北诸水》记载："开修漳河，凡用九万夫。"⑥如果包括其他各种工作人员，用工可达9万，耗费如此巨大的财力物力和人力，当时就有一些不同声音。枢密使文彦博就

① (元)脱脱：《宋史·食货志上四·屯田》，中华书局1985年版，第4266页。
② (元)脱脱：《宋史·河渠志五·塘泺缘边诸水》，中华书局1985年版，第2363页。
③ (元)脱脱：《宋史·河渠志五·漳河》，中华书局1985年版，第2351页。
④ (元)脱脱：《宋史·河渠志五·河北诸水》，中华书局1985年版，第2351页。
⑤ (元)脱脱：《宋史·河渠志五·河北诸水》，中华书局1985年版，第2351页。
⑥ (元)脱脱：《宋史·河渠志五·河北诸水》，中华书局1985年版，第2352页。

强烈反对,《宋史·河渠志五·河北诸水》记载:"足财用在乎安百姓,安百姓在乎省力役。且河久不开,不出于东,则出于西,利害一也。今发夫开治,徙东从西,何利之有?"①实际上围绕怎样修整漳河,在北宋的朝堂上产生了很多争议。文彦博认为对于百姓最好的方式就是节省劳役,特别是漳河很久没有整修,修建方式又是从东向西,从下游向上游修建,往往刚刚修建完工就会被淤泥填埋,这种费时费力费财力的修河方法得不偿失。但是王安石以长远计议,力主修整漳河促使河道顺利畅通。《宋史·河渠志五·河北诸水》记载:"(王安石曰)使漳河不由地中行,则或东或西,为害一也。治之使行地中,则有利而无害。劳民,先王所谨,然以佚道使民,虽劳不可不勉。"②漳河疏浚虽用工较多,但整治以后发挥了长远的积极作用,消除了二三十年来的水灾,使得原武等三县的数千亩农田得以灌溉,为确保粮食丰收奠定了水源基础。

浮沱河和御河的水患自北宋建立以来,就一直未曾间断过,王安石熙宁变法时期,两河河道得以整治。神宗熙宁元年(1068年),浮沱河涨溢,为了疏浚河道防止河水漫过大堤,神宗下诏着手疏浚。《宋史·河渠志五·河北诸水》记载:"神宗熙宁元年,河水涨溢,诏都水监、河北转运司疏治。"③都水监是宋代设置掌管水利的官员,河北的转运使应为地方官员,因此这次修浚浮沱河和御河是皇帝下旨,都水监和转运使负责具体事务,这三级垂直指挥引导民众修整河道,为其后河北地区的农业生产发挥了积极作用。熙宁八年(1076年)正月,神宗"发夫五千人,并胡卢河增治之"④。这两次整治浮沱河,未能从根本上解决浮沱水患问题,以至于"浮沱自熙宁八年以后,泛滥深州诸邑,为患甚大"⑤。直至神宗元丰八年(1085年),浮沱河治理方成效显著。御河因黄河决口改道受到严重影响,神宗熙宁二年(1069年),刘彝、程昉上书建议:"御河水由冀州下流,尚当疏导,以绝河患。"⑥其后几经疏浚河道,御河通航能力得以恢复。这不仅确保洪涝灾害得到有效缓解,而且对于两岸农业灌溉起到了很大的促进作用,增加了这一地区的粮食产量。⑦ 因此修整河道是一个持久工程,特别是年久失修无人管理的河流,清淤挖掘疏浚河道,绝非一日之功,而是旷日持久的水利工程。即使河道修正完毕还要定期维护,才能使河道通航并为两岸灌溉田地发挥水利作用。

北宋时期陕西关中地区泾阳县的三白渠,原为秦汉时期的郑国渠,唐代又称为郑白渠。北宋时期对此渠进行了整修,《宋史·河渠志四·三白渠》记载:"淳化二年(991年)秋,县民杜思渊上书言:'泾河内旧有石堨以堰水入白渠,溉雍、耀田,岁收三万斛。其后多历年所,石堨坏,三白渠水少,溉田不足,民颇艰食。乾德中,节度判官施

① (元)脱脱:《宋史·河渠志五·河北诸水》,中华书局1985年版,第2351页。

② (元)脱脱:《宋史·河渠志五·河北诸水》,中华书局1985年版,第2351页。

③ (元)脱脱:《宋史·河渠志五·河北诸水》,中华书局1985年版,第2352页。

④ (元)脱脱:《宋史·河渠志五·河北诸水》,中华书局1985年版,第2352页。

⑤ (元)脱脱:《宋史·河渠志五·河北诸水》,中华书局1985年版,第2352~2353页。

⑥ (元)脱脱:《宋史·河渠志五·河北诸水》,中华书局1985年版,第2353页。

⑦ 姬超、颜玮:《北宋熙宁改革对国民经济的影响》,载《中原文化研究》2013年第5期,第89~93页。

继业率民用梢穰、笆篱、栈木，截河为堰，壅水入渠。缘渠之民，颇获其利。然凡遇暑雨，山水暴至，则堰辄坏。至秋治堰，所用复取于民，民烦数役，终不能固。乞依古制，调丁夫修叠石砐(shà)，可得数十年不挠。所谓暂劳永逸矣。'诏从之，遣将作监丞周约己等董其役，以用功尤大，不能就而止。"①这是乡民杜思渊提供的整修三白渠的奏文，由于三白渠长年没有修缮，导致这条开凿于战国末期的运河逐渐淤塞，无法用于灌溉农田。每年都招募乡民修缮河道，却收效甚微，如果采取古代修河方法，调动丁夫修叠石砐(石棺)，便可以几十年不用反复修整。他的奏文获得宋太宗的批准。《宋史·河渠志四·三白渠》记载："(郑、白)两渠溉田凡四万四千五百顷，今所存者不及二千顷，皆近代改修渠堰，浸隳旧防，繇是灌溉之利，绝少于古矣。"②北宋初年三白渠年久失修，地方曾对其进行整修，但是因为水利工程过于浩大，不能从根本上予以治理，迫切需要政府出面组织大量人力、物力对其进行彻底整治。这说明三白渠曾经灌溉过很多农田，也使地方增加过很多粮食收入。然而因为年久失修，导致蓄水量逐渐减少，无法满足两岸农田需求。对于三白渠的整治，历经真宗、神宗，到徽宗时期。《宋史·河渠志四·三白渠》记载："工既毕水利饶足，民获数倍。"③这次水利工程完工以后，给两岸百姓的农业生产带来了巨大的经济效益。

太宗至道年间(995—997年)，大臣皇甫选、何亮等奉命调查黄淮农田水利后认为："邓、许、陈、颖、蔡、宿、亳七州之地，有公私闲田，凡三百五十一处，合二十二万余顷，民力不能尽耕。皆汉、魏以来，召信臣、杜诗、杜预、任峻、司马宣王、邓艾等立制垦辟之地。内南阳界凿山开道，疏通河水，散入唐、邓、襄三州以溉田。又诸处陂塘防堨，大者长三十里至五十里，阔五丈至八丈，高一丈五尺至二丈。其沟渠，大者长五十里至百里，阔三丈至五丈，深一丈至一丈五尺，可行小舟。臣等周行历览，若皆增筑陂堰，劳费颇甚，欲堤防未坏可兴水利者，先耕二万余顷，他处渐图建置。"④《宋史·食货志上四·屯田》记载："(宋神宗咸平年间)大理寺丞黄宗旦请募民，耕颍州陂塘荒地凡千五百顷。"⑤上述七州还有很多公私两方面闲置的土地，大约有22万多公顷，这还是汉魏以后不断开辟的土地。着手维护修缮颍州陂塘荒地以后，得到了2万余顷田地，这对于增加粮食产量、改变民生极为重要。

唐州原本土地肥沃，但经历五代割据战乱以后，大量田地荒芜，从而造成地广民稀的衰败景象，导致赋税难以征收。仁宗嘉祐年间(1056—1063年)，时任唐州知州的赵尚宽开始着手整修河渠，很多荒废土地能够得到灌溉，原本人口逐渐稀少的唐州，开始出现人口回流现象。《宋史·赵尚宽传》记载："乃按视图记，得汉召信臣陂渠故迹，益发卒复疏三陂一渠，溉田万余顷。又教民自为支渠数十，转相浸灌。而四方之民来者云

① (元)脱脱:《宋史·河渠志四·三白渠》，中华书局1985年版，第2345页。
② (元)脱脱:《宋史·河渠志四·三白渠》，中华书局1985年版，第2346页。
③ (元)脱脱:《宋史·河渠志四·三白渠》，中华书局1985年版，第2348页。
④ (元)脱脱:《宋史·河渠志四·三白渠》，中华书局1985年版，第2347页。
⑤ (元)脱脱:《宋史·食货志上四·屯田》，中华书局1985年版，第4265页。

布，尚宽复请以荒田计口授之，及贷民官钱买耕牛。比三年，榛莽复为膏腴，增户积万余。"①赵尚宽在唐州政绩卓著，得到仁宗，及包拯、王安石、苏轼等大臣肯定，甚至百姓们都有口皆碑，高度赞誉他的农业功绩。百姓为他建造祠堂供奉雕像祭祀，王安石甚至还撰写了诗歌赞扬。《宋史·赵尚宽传》记载："尚宽勤于农政，治有异等之效，三司使包拯与部使者交上其事，仁宗闻而嘉之，下诏褒焉，仍进秩赐金。留于唐凡五年，民像以祠，而王安石、作《新田》、《新渠》诗以美之。"②这说明修缮水利工程与赋税征收，乃至民众生活都有密不可分的内在联系，三者和谐是政权稳定的重要前提。

古渠旧堰的整治除在中原地区开展以外，亦在边疆地区进行。秦凤路处于北宋西北边陲，何灌在该路任知州期间，十分重视农田水利建设，其任岷州知州期间，就"引邈川水溉闲田千顷"③。后来何灌徙河州时向朝廷进言修建水利工程发展农业生产。《宋史·何灌传》记载："汉金城、湟中谷斛八钱，今西宁、湟、廓即其地也，汉、唐故渠尚可考。若先葺渠引水，使田不病旱，则人乐应募，而射士之额足矣。"④何灌的建议被朝廷采纳，"甫半岁，得善田二万六千顷，募士七千四百人，为他路最"⑤。可以看出修缮水利维护农业设施，能够使国家增加很多良田。

三、引浊放淤

引浊放淤改良土壤的方法，在汉代已经出现了。根据宋代沈括考证："熙宁中，初行'淤田法'，论者以谓：'史记所载，泾水一斛，其泥数斗。且粪且溉，长我禾黍。所谓粪，即淤也。'予出使至宿州，得一石碑，乃唐人凿六陡门，发汴水以淤下泽，民获其利，刻石以颂刺史之功。则淤田之法，其来盖久矣。"⑥然而大规模放淤灌溉，在北宋时期已经发展得较为普遍。所谓引浊放淤又称淤田，就是利用决水的方法，将河水中携带的肥沃淤泥引入田地，从而为土地增肥发展农业生产。北宋时期政府利用黄河、汴河、漳河、胡卢河、浮沱河、汾河等河水，在河南、河北、山西、陕西一带大规模放淤灌溉。神宗熙宁二年（1069年）设立了专门机构管理引浊放淤工程，这就是在中国历史上极具特色的淤田司。淤田司借助强大的行政力量大规模引浊放淤，改良盐碱地的土质，取得了很大的水利工程政绩。熙宁变法期间颁布了《农田水利约束》，更是引发了大规模地引浊放淤的高潮。由于淤田改良土壤效果好，种植水稻增产明显，各地官员纷纷上书建议引浊放淤，形成"人人争言水利"良好形势。⑦ 这显示出引浊放淤改良土壤

---

① （元）脱脱：《宋史·赵尚宽传》，中华书局1985年版，第12702页。

② （元）脱脱：《宋史·赵尚宽传》，中华书局1985年版，第12702页。

③ （元）脱脱：《宋史·何灌传》，中华书局1985年版，第11226页。

④ （元）脱脱：《宋史·何灌传》，中华书局1985年版，第11226页。

⑤ （元）脱脱：《宋史·何灌传》，中华书局1985年版，第11226页。

⑥ （宋）沈括著，胡道静校证：《梦溪笔谈校证·杂志一》，上海古籍出版社1987年版，第557页。

⑦ （元）脱脱：《宋史·河渠志五·河北诸水》，中华书局1985年版，第2369页。

的巨大成功，也是北宋农田水利建设取得的历史成就。

　　针对汴河两岸的沃壤未能充分利用的情况，秘书丞水利专家侯叔献建言："汴岸沃壤千里，而夹河公私废田，略计二万余顷，多用牧马。计马而牧，不过用地之半，则是万有余顷常为不耕之地。观其地势，利于行水。欲于汴河两岸置斗门，泄其余水，分为支渠，及引京、索河并三十六陂，以灌溉田。"①由于汴河是连接汴京的重要水上通道，南北物资及漕粮运输主要依赖汴河，因此年久日深淤泥逐渐增多，几乎每年都需要耗费大量财力挖掘汴河，降低日益高涨的河床。特别是两岸公私两方面，都有荒废的田地无人耕种，大约2万余顷田地成为养马场，侯叔献建言在汴河两岸设置斗门，排除淤水灌溉两岸田地。侯叔献得到宋神宗和王安石的信任，政府力排众议采纳了他的建议。深州静安县令任迪也曾提出过建言，《宋史·河渠志五·河北诸水》记载："乞俟来年刈麦毕，全放滹沱、胡卢两河，又引永静军双陵口河水，淤溉南北岸田二万七千余顷。"②由此可见采用引浊放淤增加土地肥力成为粮食增产的重要方法，这是北宋水利发展的鲜明写照，也是北宋社会走向繁荣体现在农业水利发展上的关键步骤。另据《宋史·程师孟传》记载："晋地多土山，旁接川谷，春夏大雨，水浊如黄河，俗谓之'天河'，可溉灌。"③针对晋地的这种情况，程师孟作为山西地方官，为发展农业生产建设水利工程做出了卓越贡献。《宋史·程师孟传》记载："出钱开渠筑堰，淤良田万八千顷，衷其事为《水利图经》，颁之州县。"④增加良田对于满足当地的粮食保障极为重要。因此《宋史·河渠志五·河北诸水》记载："其余州县有天河水及泉源处，亦开渠筑堰。凡九州二十六县，新旧之田，皆为沃壤。"⑤不论田地的新旧程度，经过水利工程建设以后，都变成沃野千里的良田沃土。引浊放淤以后，盐碱地的土壤成分得到有效改良，昔日原本无法产粮的荒芜地区，被建设成一个规模很大的产粮基地。《宋史·河渠志五·河北诸水》记载："累岁淤京东、西碱卤之地，尽成膏腴。"⑥多年以来的盐碱地已经成为膏腴之地，试想不论是上层统治者还是普通庶民，都会为每年的粮食收获感到欣慰。而且淤田单位面积产量提高了，农田的价格也随之倍涨，《宋史·河渠志五·河北诸水》记载："南董村田亩旧直三两千，收谷五七斗。自灌淤后，其直三倍，所收至三两石。"⑦能够高产的田地自然价格逐渐高涨，这是经济发展规律所致，也反映出农耕社会的土地，会根据粮食的收获量决定其地价。

　　但是，另一方面，引浊放淤不利于漕运和防洪。有时淤灌会造成航运阻塞。例如熙宁六年(1073年)放淤，就遇到船舶无法通行的难题。《续资治通鉴长编·神宗》"熙宁

---

①　(元)脱脱：《宋史·河渠志五·河北诸水》，中华书局1985年版，第2367页。
②　(元)脱脱：《宋史·河渠志五·河北诸水》，中华书局1985年版，第2372页。
③　(元)脱脱：《宋史·程师孟传》，中华书局1985年版，第10661页。
④　(元)脱脱：《宋史·程师孟传》，中华书局1985年版，第10661页。
⑤　(元)脱脱：《宋史·河渠志五·河北诸水》，中华书局1985年版，第2373页。
⑥　(元)脱脱：《宋史·河渠志五·河北诸水》，中华书局1985年版，第2373页。
⑦　(元)脱脱：《宋史·河渠志五·河北诸水》，中华书局1985年版，第2373页。

六年六月甲申"条载:"汴水比忽减落,中河绝流,其洼下处才余一二尺许。访闻下流公私重船,初不豫知放水淤田时日,以故减剧不及,类皆阁折损坏,致留滞久,人情不安。"①由于汴河水位突然下降,甚至中间河段几乎断流,低洼处的水流才有一二尺,而且下流的公私船舶都不清楚放水淤田的准确时间,因此有些船舶搁浅损坏,有些船只不得不滞留很久。此外,引浊放淤多在汛期,此时水流量大,水势猛,若稍有疏忽易决口,泛滥成灾。比如《梦溪笔谈·权智》记载:"熙宁中,濉阳界中发汴堤淤田,汴水暴至,堤防颇坏陷将毁,人力不可制。都水丞侯叔献时莅其役,相视其上数十里有一古城,急发汴堤注水入古城中,下流遂涸,急使人治堤陷。次日,古城中水盈,汴流复行,而堤陷已完矣。徐塞古城所决,内外之水,平而不流,瞬息可塞。"②当汴水暴涨,堤防崩坏的时候,人力难以控制,就会造成巨大的经济损失。于是水利专家侯叔献建议,在距离毁坏河道大约数十里的一座古城,发掘出一条通道避免汴河决堤。尽管这次险情得以避免,但是引浊放淤不当,就会对社会和庶民造成危害性后果。不可否认,事物皆有两面性,引浊放淤可以促使河道畅通与增加农业肥沃良田,但是如果在不适合的季节选择放淤,就会引发难以想象的不良后果。此外,北宋政府在引浊放淤时因决策失误,不但达不到预期效果,往往还劳民伤财。如神宗熙宁七年(1074年),因经办官员没有经过认真审议,"淤田司引河水淤酸枣、阳武县田,已役夫四五十万,后以地下难淤而止"③。又如,"都水监承王孝先献议,于同州朝邑县界畎黄河,淤安昌等处碱地。及放河水,而碱地高原不能及,乃灌注朝邑县长丰乡永丰等十社千九百户秋苗田三百六十余顷"④。这两则事例告诉我们,即使引浊放淤是一件利国利民的水利工程,但如果事先不能有效地控制淤泥流量,很容易造成引浊放淤过多,或者没有完全掩盖住地势较高的盐碱地,依然是劳民伤财、得不偿失。鉴于引浊放淤存在安全隐患,加之妨碍漕运,所以北宋大规模放淤,仅在宋神宗时期较为盛行,其后不得不放弃这项水利工程。

北宋时期在北方主要有三种农田水利工程,其中开发河北淀泊体现在防止辽国入侵的战略目的考量上,也有助于农田灌溉增加粮食产量,这两者相比,前者的重要性更为凸显;在治理古渠旧堰方面,也体现出发展船务运输和浇灌农田两大目的,如果客观分析,这两点都有积极意义,负面影响相对较小;在引浊放淤方面,早期出现很多成功案例,既增加粮食产量又减少河道淤泥,但是随着防淤次数过多,以及调查不严格和疏忽大意,往往造成不可控的不良后果,因此鉴于引浊放淤弊大于利,仅仅维持不足十年便不得不放弃这项水利发展措施。

---

① (宋)李焘:《续资治通鉴长编·神宗》"熙宁六年六月甲申",中华书局1983年版,第5967页。

② (宋)沈括著,胡道静校证:《梦溪笔谈校证·权智》,上海古籍出版社1987年版,第367页。

③ (元)脱脱:《宋史·河渠志五·河北诸水》,中华书局1985年版,第2371页。

④ (元)脱脱:《宋史·河渠志五·河北诸水》,中华书局1985年版,第2371页。

第二节　南方农业水利建设

北宋南部农田水利建设有了空前发展，成就主要在丘陵平原的陂湖灌溉、圩田和东南沿海的捍海石塘方面。由于北宋时期人口膨胀加剧，粮食短缺成为政治问题，人地之间的矛盾凸显以后，开发农田改造耕种环境，增加亩产量改进农具等，成为北宋政权为了增加粮食产量采取的重要政治措施。这时期南方耕地开发既有同北方农业建设的相似之处，也有其独特之处，值得我们从历史发展的角度进行客观借鉴。

一、南方修复古渠旧堰

宋神宗即位以后，在颁布《农田水利约束》的背景下①，南方的诸多古渠旧堰相继被修复。比如襄阳宜城县境内古有二渠，即战国时期楚国修建的长渠和木渠，长渠在宜城东，木渠在城西，两渠历经战乱至北宋初年几近堙废。有关木渠，神宗熙宁元年（1068 年），襄州宜城令朱纮修治木渠，使其恢复溉田六千顷的功能，数邑民众获得其利，朱纮因修木渠有功，受到宋朝廷褒奖并加官一级。《宋史·食货志上一·农田》记载："神宗熙宁元年（1068 年），襄州宜城令朱纮复修水渠，溉田六千顷，诏迁一官。"②这说明修渠发展农业水利，受到上自皇帝下至官员及百姓的格外重视，它关系到庶民们的生活基本保障，也与国家经济发展存在密切联系。但是有关修整木渠的功过是非问题，在宋代存在不同观点。《宋史·河渠志五》记载："神宗即位，志在富国，故以劝农为先。熙宁元年六月，诏诸路监司：'比岁所在陂塘堙没，濒江圩埠浸坏，沃壤不得耕，宜访其可兴者，劝民兴之，具所增田亩税赋以闻。'二年十月，权三司使吴充言：'前宜城令朱纮，治平间修复木渠，不费公家束薪斗粟，而民乐趋之。渠成，溉田六千余顷，数邑蒙其利。'诏迁纮大理寺丞，知比阳县。或云纮之木渠，绕工渡溪以行水，数勤民而终无功。"③也就是说花费很多，召集百姓修缮木渠，最终却没有什么效果。可以肯定，神宗时期重视农业水利建设，朱纮修缮木渠应为客观事实，但这条水渠修缮以后，过了几年又出现淤塞问题，这是人工河无法自身净化导致的。《宋史全文·宋高宗下》记载："襄阳古有二渠，长渠溉田七千顷，木渠溉田千顷。"④可见北宋时期修整木渠，降至南宋时期便出现堵塞，表明运河之类的人工河流的自身净化功能很弱，如果维护不及时，便会出现上述状况。南宋时期为抵御北方金兵南下，在进行水利调查时已经发现这个问题了。实际上，长渠和木渠在历史上都对当地

---

① （元）脱脱：《宋史·神宗纪一》，中华书局 1985 年版，第 272 页。

② （元）脱脱：《宋史·食货志上一·农田》，中华书局 1985 年版，第 4166 页。

③ （元）脱脱：《宋史·河渠志五》，中华书局 1985 年版，第 2366~2367 页。

④ （宋）佚名：《宋史全文·宋高宗下》，中华书局 2016 年版，第 1954 页。

的农业生产发挥过巨大作用，但是鉴于战乱频繁，河道疏于管理，降至南宋时期已经逐渐荒废。

关于长渠的治理历史沿革，《曾巩集·襄州宜城县长渠记》记载："荆及康狼，楚之西山也。水出二山之间，东南而流，春秋之世曰鄢水，左丘明传，鲁桓公十有三年，楚屈瑕伐罗，及鄢，乱次以济是也。其后曰夷水，《水经》所谓汉水又南过宜城县东，夷水注之是也。又其后曰蛮水，郦道元所谓夷水避桓温父名，改曰蛮水是也。秦昭王三十八年，使白起将，攻楚，去鄢百里，立堨，壅是水为渠以灌鄢。鄢，楚都也，遂拔之。秦既得鄢，以为县。汉惠帝三年，改曰宜城。宋孝武帝永初元年，筑宜城之大堤为城，今县治是也。而更谓鄢曰故城。鄢入秦，而白起所为渠因不废。引鄢水以灌田，田皆为沃壤，今长渠是也。"①长渠的历史极为悠久，对农业生产发挥过重要作用，但是降至北宋时期，由于年久失修，河道逐渐狭窄，无法继续作为浇灌农田的水利设施。《曾巩集·襄州宜城县长渠记》记载："长渠至宋至和二年，久隳不治，而田数苦旱，川饮食者无所取，令孙永（曼叔）率民田渠下者，理渠之坏塞，而去其浅隘，遂完故堨，使水还渠中。自二月丙午始作，至三月癸未而毕，田之受渠水者，皆复其旧。曼叔又与民为约束，时其蓄泄，而止其侵争，民皆以为宜也。"②仁宗至和二年（1055年），时任宜城县令的孙永见长渠"久隳不治"，甚至田地干旱，百姓饮水都成问题，遂组织民夫对长渠进行了疏浚河道、修筑拦河坝等一系列大规模整治。此次长渠修治效果显著，长渠的蓄水和灌溉功能得以恢复，且维持了数十年之久，至神宗熙宁八年（1075年）秋，襄阳等地发生了大的旱灾，别处农田因此受灾歉收，唯独长渠之田无害。宜城长渠和木渠的修复，促进了当时襄宜平原农业的兴盛。③

此外，《宋史·食货志上四》记载："（咸平中）襄阳县淳河，旧作堤截水入官渠，溉民田三千顷。"④熙宁变法时期，襄州人对古淳河进行了整治。《宋史·河渠志五·河北诸水》记载："（熙宁四年十月）前知襄州光禄卿史炤言：'开修古淳河一百六里，灌田六千六百余顷，修治陂堰，民已获利，虑州县遽欲增税。'诏三司应兴修水利，垦开荒梗，毋增税。"⑤修建古淳河一百余里，灌溉良田六千多顷，这些数据都充分显示出兴修水利工程对于粮食丰收乃至民生都非常重要。甚至宋神宗还强调兴修水利之后也"毋增税"。上述兴修水利以发展农业生产的政治措施，充分显示出北宋政权的治国理念，也就是要想发展农业生产，最重要的就是兴修水利灌溉农田。因此可见北宋能够获得经济全面发展，社会出现繁荣富足景象，是由多方面因素构成的，农业水利建设是不可缺少的重要环节之一。

---

① （宋）曾巩：《曾巩集·襄州宜城县长渠记》，中华书局1984年版，第309~310页。
② （宋）曾巩：《曾巩集·襄州宜城县长渠记》，中华书局1984年版，第309~310页。
③ 汪家伦、张芳：《中国农田水利史》，农业出版社1990年版，第301~303页。
④ （元）脱脱：《宋史·食货志上四》，中华书局1985年版，第4265页。
⑤ （元）脱脱：《宋史·河渠志五·河北诸水》，中华书局1985年版，第2369页。

二、捍海堰堤

中国东南沿海的农田，自古以来就时常受海潮侵袭，北宋政府为保护沿海农田，十分重视这些区域捍海堰堤的修筑工程。其中，范公堤和浙江沿海石塘的修筑是北宋与海滩争地的成功范例。《宋史·河渠志七》记载："（长江北岸的）通州、泰州沿海旧有捍海堰，东距大海，北接盐城，袤一百四十里，始自唐黜陟使李承实所建，遮护农田，屏蔽盐灶，其功甚大。历时既久，颓圮不存。"[1]《宋史·河渠志七》记载："风潮泛溢，淹没田产，毁坏亭灶。"[2]宋仁宗天圣年间，时任泰州西溪盐官的范仲淹，鉴于通州、泰州沿海海水多次侵袭农田，甚至毁坏房屋建筑这一情况，上疏朝廷，请调夫修整，获得朝廷批准。于是范仲淹承办，组织役夫大约 4 万余人，历时 30 多天，对堰堤进行了修缮，《宋史·河渠志七》记载："遂使海濒沮洳泻卤之地，化为良田，民得奠居。"[3]宋时期通州、泰州沿海的捍海堰堤，因为是在范仲淹率领下修筑的，所以当时称之为范公堤。

浙江濒临大海，常受海潮侵袭。此前在临海多修筑土塘，然而在潮水的昼夜冲刷下，极易坍塌造成次生灾害。五代后梁开平年间（907—911 年），在候潮门外开始大规模修建石塘，《宋史·河渠志七》记载："造竹器，积巨石，植以大木。堤岸既固，民居乃奠。"[4]但是由于年久失修，大量水利工程已经遭到海水侵蚀，如果不及时维修很容易造成巨大灾难。宋真宗大中祥符五年（1012 年），"浙江击西北岸益坏，稍逼州城，居民危之"[5]。政府派杭州知州戚纶和转运使陈尧佐率兵加固，因为此次加固采用传统的土筑法，效果并不明显。大中祥符七年（1014 年），发运使李溥和内供奉官卢守勤经过考察，建议采用五代后梁开平年间修石塘的方法，《宋史·河渠志七》记载："请复用钱氏旧法，实石于竹笼，倚叠为岸，固以椿木，环亘可七里。斩材役工，凡数百万，逾年乃成。而钩末壁立，以捍潮势，虽湍涌数丈，不能为害。"[6]可见这个工程耗费了巨大的人力和物力，也使用了巨额资金。降至景祐年间，"浙江石塘积久不治，人患垫溺"[7]。在北宋政权的派遣下，工部郎中张夏负责此事。《宋史·河渠志七》记载："专采石修塘，随损随治，众赖以安。"[8]因张夏修浙江石塘有功，获得封侯的重要奖赏。《宋史·河渠志七》记载："邦人为之立祠，朝廷嘉其功，封宁江侯。"[9]可以看出，有效的水利工程不仅利国利民，更能够影响到国家的长治久安，这是备受统治阶级关注的重要政治

---

① （元）脱脱：《宋史·河渠志七》，中华书局 1985 年版，第 2394 页。
② （元）脱脱：《宋史·河渠志七》，中华书局 1985 年版，第 2394 页。
③ （元）脱脱：《宋史·河渠志七》，中华书局 1985 年版，第 2394 页。
④ （元）脱脱：《宋史·河渠志七》，中华书局 1985 年版，第 2396 页。
⑤ （元）脱脱：《宋史·河渠志七》，中华书局 1985 年版，第 2396 页。
⑥ （元）脱脱：《宋史·河渠志七》，中华书局 1985 年版，第 2396 页。
⑦ （元）脱脱：《宋史·河渠志七》，中华书局 1985 年版，第 2396 页。
⑧ （元）脱脱：《宋史·河渠志七》，中华书局 1985 年版，第 2396 页。
⑨ （元）脱脱：《宋史·河渠志七》，中华书局 1985 年版，第 2396 页。

问题，也关系到庶民的基本生活。

木兰陂位于今福建省莆田县的木兰溪下游，是北宋时期修建的一座集引、蓄、灌、排为一体的大型农田水利工程，也是中国目前保存最完整的古代水利工程之一，迄今依然发挥着积极作用。木兰溪发源于福建德化县，由福田县入海，全长116公里，流经面积1300多平方公里。木兰陂修建之前，海潮常朔流至今陂址上游3公里处的樟林村，溪海咸淡不分，因此陂址上游附近的农田，无法利用木兰溪水灌溉。原木兰溪南岸大片围垦的农田，仅依靠6个容量有限的水塘储水灌溉，抗旱涝能力低下，常有歉收之年，在灾荒之年，百姓多流离失所。北宋年间木兰陂经三次修建，从治平元年（1064年）第一次修建到最终修成获益，前后历时二十余年。前两次因选址不科学，加之坝基不牢，所修之陂皆被洪水冲垮。神宗熙宁八年（1075年），候官县李宏（李长者）应诏修筑木兰陂。他在具有水利工程技术知识的僧人冯智日的协助下，吸取了前两次失败的教训，在实地细致勘察后，在河面宽阔、溪流较为平缓的地段选址筑陂。至元丰六年（1083年），历时八年，木兰陂修筑完成。

图 3-1 木兰陂陂首工程①

木兰陂程东南西北走向，占地面积583平方米，陂身长110米，高7.25米，陂墩39个，陂门38个，冲沙闸一个，南北护陂堤、南北进水闸门各一个，大小沟、渠道113米，沿渠配套工程一百多座。在工程结构、砌筑技术方面都具有独特之处。② 木兰陂修成以后，可灌溉木兰溪南面的南洋田万顷之多。木兰陂自北宋修筑成功至今近千年之久，虽然经历无数次洪潮的冲击，现在仍然继续发挥水利工程的积极作用。

① 福建省莆田县文化馆：《北宋的水利工程木兰陂》，载《文物》1978年第1期，第85页。
② 福建省莆田县文化馆：《北宋的水利工程木兰陂》，载《文物》1978年第1期，第82~87页。

第三节　水文知识进步

北宋时期运河水系比较发达，观测各条运河与自然河流的变化，关系到漕运及大宗物资运输，甚至在与南亚诸国发展海上贸易时，如何衔接海运与河运都需要观测水文变化。特别是这时期为了发展农业生产，在引浊放淤和加固海防堤坝等方面，都需要掌握各种水文知识。那么北宋时期是如何观测黄河水文变化，又是如何观测海洋潮汐的水文变化的，下面就围绕这两点展开讨论。

一、黄河水文观测

北宋时期在长期的引浊放淤过程中，人们对水流和河水沉积物，产生了客观性的、规律性的科学认识。当时，人们对黄河的周期性的水流变化特点已经有了较为细致的发现，《宋史·河渠志一·黄河上》记载："说者以黄河随时涨落，故举物候为水势之名：自立春之后，东风解冻，河边人候水，初至凡一寸，则夏秋当至一尺，颇为信验，故谓之'信水'。二月、三月桃华始开，冰泮雨积，川流猥集，波澜盛长，谓之'桃华水'。春末芜青华开，谓之'菜华水'。四月末垄麦结秀，擢芒变色，谓之'麦黄水'。五月瓜实延蔓，谓之'瓜蔓水'。朔野之地，深山穷谷，固阴冱寒，冰坚晚泮，逮乎盛夏，消释方尽，而沃荡山石，水带矾腥，并流于河，故六月中旬后，谓之'矾山水'。七月菽豆方秀，谓之'豆华水'。八月炎飙华，谓之'荻苗水'。九月以重阳纪节，谓之'登高水'。十月水落安流，复其故道，谓之'复槽水'。十一月、十二月断冰杂流，乘寒复结，谓之'蹙凌水'。水信有常，率以为准。非时暴涨，谓之'客水'。"①可见北宋时期，已经把黄河水文与物候变迁紧密地结合在了一起，它客观地反映出这时期的水利科学知识已经达到非常高的程度，这是黄河文明的重要标志之一。比如"河边人候水"的"候"字，是一个表示等待的词语，但是这个"候"字还有观测的含义。《说文·人部》载："候，伺望。"②便具有"守望"或者"查看"的意思。因此立春时观察黄河水涨落为一寸，夏秋季节为一尺，所以被认为是"信水"，也就是具有水文信息的水。二月、三月桃花盛开时分，寒冰已经消融、春雨来临，这时候黄河水被称为"桃花水"，表现出桃花开放时节具有的水文特点。春天即将结束时被称为"菜华水"，黄河水变化与菜花盛开相联系，两者都结合了物候变化，这里面包含植物学、水文学和物候学等知识。四月末冬小麦已经逐渐发黄，这个时节的黄河水被称为"麦黄水"，这是把小麦生长的颜色变化与黄河水的时节变化相结合。五月瓜的果实顺着藤蔓生长，这个时节的黄河水被看作"瓜蔓水"。六月中旬以后，黄河水冲刷矾山，因此把这个时节的黄河水看作"矾山水"。

---

① （元）脱脱：《宋史·河渠志一·黄河上》，中华书局1985年版，第2264~2265页。
② （清）段玉裁：《说文解字注·人部》，上海古籍出版社1988年版，第374页。

七月各种豆类农作物开始逐渐饱满，因此这个时候的黄河水被称为"豆华水"。八月一种"菼"（即"荻"，为多年生长植物，类似北方水塘、河边生长的芦苇）已经开花，因此这个时候的黄河水被称为"荻苗水"。九月为重阳节，此时有登高怀远的民俗传统，因此这个时候的黄河水被称为"登高水"。十月黄河水逐渐减少，这个时候的黄河水被称为"复槽水"。十一月、十二月黄河水逐渐结冰，因此这个时候的黄河水被称为"蹙凌水"。黄河水突然暴涨被看作"客水"。此外，北宋的人们已经认识到黄河水因季节不同，其中的沉积物可分为胶土、黄灰土、白灰土和沙四类。《宋史·河渠志一·黄河上》记载："（夏季）水猛骤移，其将澄处，望之明白，谓之'拽白'，亦谓之'明滩'。湍怒略渟，势稍汩起，行舟值之多溺，渭之'荇浪水'。水退淤淀，夏则胶土肥腴，初秋则黄灭土，颇为疏壤，深秋则白灭土，霜降后皆沙也。"①基于上述认识，北宋在利用黄河水引浊放淤的时间上，一般选择一年中的四月至八月之间，这是北宋引浊放淤的一个技术性突破。

北宋不仅对河湖水位有所观测，而且还树立水尺，依据水尺的具体数据以记录和判断水位。《宋史·河渠志五·岷江》记载，北宋时期人们为了便于观测都江堰水位，便在都江堰离堆石崖上刻有水尺，此水尺以一尺为一刻度，共十个刻度。《宋史·河渠志五·岷江》记载："离堆之趾，旧镌石为水则，则盈一尺，至十尺则止。水及六则，流始足用，过则从侍郎堰减水河泄而归于江。……准水则第四以为高下之度。"②在长期观测水位的基础上，北宋提出了防洪警戒水位的新观念。③ 大中祥符八年（1015年）六月，"诏：自今后汴水添涨及七尺五寸，即遣禁兵三千，沿河防护。"④这是对汴河水位的实地观测，此后成为定制。《宋史·河渠志三·汴河》记载："旧制，水增七尺五寸，则京师集禁兵、八作、排岸兵，负土列河上以防河。"⑤可见北宋时期，当汴河水位涨到"七尺五寸"时，就要派兵和集聚防洪物资于汴河以防河决。这里的"七尺五寸"水位就是现在水文站通称的"警戒水位"。

由于北宋时期大力发展漕运，而且这时期人口逐渐增多需要开拓农田，这就需要观察黄河水文以此确保漕运畅通以及引浊放淤工程的顺利进行。但是黄河水位每个季节都有变化，这就需要在不同的时间观测黄河的水文，从而才能确保两岸农田顺利丰收，也为北宋时期的漕运发展做好水文测量的相应工作。此外，针对汴河和岷江，也有非常细致的科学观测。这些都说明北宋时期围绕自然河流或者运河，都产生了近代的水文科学意识。特别是在观测的过程中，往往结合植物变化、物候变化等，这种植物学或者物候学与水文相结合的方式，能够使人更加客观地掌握各条河流的水文情况。

① （元）脱脱：《宋史·河渠志一·黄河上》，中华书局1985年版，第2265页。
② （元）脱脱：《宋史·河渠志五·岷江》，中华书局1985年版，第2376页。
③ 白寿彝：《中国通史·五代辽宋夏金时期》（下册），上海人民出版社2004年版，第2224页。
④ （元）脱脱：《宋史·河渠志三·汴河》，中华书局1985年版，第2321页。
⑤ （元）脱脱：《宋史·河渠志三·汴河》，中华书局1985年版，第2322页。

二、海潮水文观测

为了确保农业生产顺利进行，在观察海洋潮汐的过程中，北宋逐步掌握了一些规律，不仅在与海争田、修建捍海堰提等方面卓有成效，而且在海洋潮汐理论方面也有了进一步发展。李约瑟对中国北宋时期潮汐理论有过评价："在十一世纪中，即在文艺复兴时期以前，他们在潮汐理论方面一直比欧洲人先进很多。"①目前围绕北宋潮汐问题，已经有一些学者进行了研究，本书围绕这个问题继续进行更为深入的分析。

关于潮汐问题，唐代已经有学者进行过深入研究，但是唐代的科学技术尚显薄弱，仅仅停留在较为传统的理论层面进行直观的分析，缺少客观实践的深层认识。宋代王应麟《玉海》引唐代窦叔蒙《海涛志》载："潮附于日依于月盈，于朔望消。"②唐代窦叔蒙很早就发现潮汐与日月的引力关系，他还制定了人类历史上最早的潮汐表，③北宋张君房修正了窦叔蒙的一些错误观点。《海潮辑说·潮源》引张君房《潮说》："潮之为体也，父天母地，依阴附阳，其本则系属于月焉。何以言之，夫月之经天，若水之涨海，以缠次子河汉，犹奔激于川流。月之循环，不离于关海之潮汐，亦常在海，此其大旨也。石月之行运者天之十二宫分，潮之泛历者，地之十二辰位。月周于次舍，惟三百六十五度，潮澳于昼夜，乃计一百刻之间，此又其世所共见突。夫天休西转，而日月东行，阴阳之经也，地势东倾，而潮涛西上，往还之道也。日迟月速，二十九日差半，而潮一复位。以此筱彼，候月知潮，又羹辽哉。凡周天则及于日，日月会同，谓之合朔，合朔则敌体，敌体则气交，气交则阳生，阳生则阴盛，阴盛则朔日之潮大也石自此而后，月渐之东，一十五日，与日相望，相望则光偶，光偶则致感，致感则阴融，阴融则海溢，海溢则望日之潮犹朔之大也。斯又体于自然也。月以迟疾而爽度，或并于数也。潮以往来而差期，或后于时也。今循窦氏之法，以图列之，月则分宫布度，潮则著辰定刻，各为其说。行天者以十二宫为准，泛地者以百刻为法，月右天以东行，会诸阴也。潮循地而西转，木诸阳也石月有盈虚胸眺，潮有浮袄奔冲，形诸地也，若有侧破，运行诸刻，略无毫厘之差耳。"④张君房为北宋时期人，精通道教思想，对潮汐有过非常细致的观察。他在研究潮汐问题时，把潮汐状况看作日月的引力作用，在潮汐成因理论上，张君房认为潮汐是月亮和太阳共同作用的结果，并指出月球在潮汐的起因方面处于主导作用。而且这段话还涉及地球绕日周期规律，以及月球绕地周期规律，甚至月球自身的朔望与地球关系等，具有科学的前沿性思想。⑤北宋时期绝不仅仅有张君房研究潮汐问题，由于这

---

① [英]李约瑟：《中国科学技术史》(中译本)第4卷，科学出版社1975年版，第757页。

② (宋)王应麟：《玉海·地理·地理书》，广陵书社2007年版，第294页。

③ 徐瑜：《世界最早的潮汐表》，载《海洋湖沼通报》1982年第3期，第58页。

④ (清)俞思谦辑：《海潮辑说·潮源》，上海商务印书馆1937年版，第3~4页。

⑤ 李文涓、徐瑜：《北宋张君房〈潮说〉与"月迟算潮法"》，载《山东海洋学院学报》1979年第2期，第106~112页。

时期统治者高度关注农业生产，特别是沿海一带时常受到海潮侵袭，对于农业生产造成一定的破坏作用，因此还有多位学者参与海潮问题研究，北宋沈括《梦溪笔谈·补笔谈·潮汐》记载："卢肇论海潮，以谓日出没所激而成，此极无理。若因日出没，当每日有常，安得复有早晚？予常考其行节，每至月正临子、午，则潮生，候之万万无差。月正午而生者为潮，则正子而生者为汐，正子而生者为潮，则正午而生者为汐。"①卢肇为唐代人，这时期的潮汐认识尚不成熟，北宋沈括对他的潮汐观点进行否定，也说明北宋时期对于海潮问题已经拥有深刻的经验认识。北宋燕肃在《海潮论》中强调了潮汐变化和月亮在时间上的对应关系，白寿彝先生就认为燕肃在潮汐学方面有重大贡献，不但在推算潮汐时间上有了进步，还提出了暴涨潮与河口水下地形相关的理论。② 这说明北宋时期的潮汐研究已经基本摆脱了此前的阴阳思想，乃至主观的经验判断具有了相当程度的科学性。

尽管北宋时期在研究黄河水文和潮汐方面还远不及当代的自然科学手段研究这些问题先进，但是在古代社会科学技术不发达的年代里，学者们能够逐步推演发现黄河水文规律，乃至潮汐与日月周期规律，特别是潮汐与月球变化规律，都说明宋代科学技术已经向近代的科学思想迈进。

小　结

北宋时期在农田水利建设方面，主要体现出三大特点。首先，在北方农田水利建设方面，有河北淀泊的水利开发、整治古渠旧堰和引浊放淤三大工程。其次，在南方的水利建设方面，主要采取修整古渠旧堰、捍海堰堤防止潮汐浸透农田的手段。最后，在针对黄河等河流的水文观测方面、观测海潮水文方面都取得了重大成就。北宋时期的土地开发与农田水利建设发展十分迅速，其主要目的是解决日益严重的人地矛盾和农田的灌溉问题，统治者为此实施了很多奖励政策。③ 比如身处战争前线的山西地区，兴修水利、拓荒开田等举措使这个地区的粮食获得增收，为前线部队提供了一定程度的粮食保障。④ 北方地区土地的垦复与屯田，南方山地丘陵之上梯田的修造，低地滨水地区的各类土地利用方式，都在不同程度上增加了耕地面积，提高了粮食产量。在北宋中后期的宋夏战争的过程中，西北地区的屯田发展拥有地区性差异，具体表现为北宋与西夏的西

---

① （宋）沈括著，胡道静校证：《梦溪笔谈·补笔谈·潮汐》，上海古籍出版社1987年版，第393页。

② 白寿彝：《中国通史·五代辽宋夏金时期》（下册），上海人民出版社2004年版，第2224～2225页。

③ 张俊飞：《北宋官员的奖惩与治水的关系》，载《中国水利》2012年第13期，第56～58页。

④ 孙金玲：《北宋山西地区的农业发展状况》，载《山西档案》2013年第1期，第92～95页。

南边界屯田比东北边界发展得更为顺利。① 当然任何一项措施都有利弊两面，这些土地开发的方式都存在一些负面影响。统治者需要做的就是及时调整政策，充分利用这些新开辟的土地，以实现增产增收、安抚庶民的目的，同时降低这些土地开发方式所带来的负面影响，才能趋利避害，真正达到长治久安的目的。北宋时期在农田水利方面的整体措施，主要是在遵循古人遗迹的基础之上进行新的建设。其水利工程发展之快，除了与官府政策支持有莫大关系之外，还与当时的农业发展水平密切相关。当农业生产达到一定程度之后，民间就会对更先进、更便捷的水利工程有迫切需求，这是北宋时期水利工程大发展的动力所在。总之，北宋时期的土地开发和农田水利建设都在一定程度上促进了当时农业生产快速发展，并且对于我们今天在相关领域的决策与建设，都具有重要的历史借鉴意义。

---

① 程龙：《北宋西北沿边屯田的空间分布与发展差异》，载《中国农史》2007 年第 3 期，第 57～69 页。

第四章 北宋农业种植结构与技术发展

中国古代社会以农业立国，历代统治者都十分重视对农业技术的总结与应用。北宋时期农业生产规模逐渐扩大，宋神宗元丰年间的土地耕种面积达到7.2亿亩。① 这与农业种植结构和农业生产技术进步有着密不可分的关系，主要体现在农作物耕种变化，以及新型农具的推广和普及上。中国北方传统的农作物，主要是耐旱耐寒的粟、麦和粱等。北魏贾思勰《齐民要术》中，就对北方小麦之类的农作物耕种情况有极为细致的描述。② 降至北宋时期，水稻的种植逐渐在北方发展起来，南方部分山地丘陵也开始栽种小麦。但总体耕种情况依然是南方主要种植水稻，北方主要种植小麦及高粱，黍类农作物也有一定的耕种面积。《宋史·食货志上一》记载："言者谓江北之民杂植诸谷，江南专种粳稻，虽土风各有所宜，至于参植以防水旱，亦古之制。于是诏江南、两浙、荆湖、岭南、福建诸州长吏，劝民益种诸谷，民乏粟、麦、黍、豆种者，于淮北州郡给之；江北诸州，亦令就水广种粳稻，并免其租。"③由于南方地区河湖众多水资源丰富，十分适合种植稻类农作物，而且北宋政权在南方兴修水利工程，促使水稻在长江以南得到大面积推广。因此，水稻占据农作物比例大幅攀升，一跃成为庶民主要粮食品种。随着北方人口的逐步南迁，小麦不再停留在淮河以北种植，也为南方带去了种植技术和饮食习惯，不仅丰富了江南地区的文化生活，也改变了他们传统的单一的依赖稻米为主食的饮食结构。至此北宋时期的粮食种植样式，逐渐形成以南稻北麦为主，稻麦种植区域交叉的农业生产特点。

农业发展离不开农具的技术革新，在新式农具的推广与普及方面，北宋时期形成了以官方为主导，民间协作的时代特点。新型农具对于生产力提高具有巨大帮助，例如秧马、粪耧、钢刃农具和筒车便是其中的代表。发明或者改进这些新型农具，也是北宋科学技术进步的重要体现。比如秧马减轻了农民插秧、拔秧时，频繁弯腰带来的痛苦，自由操作性较强。宋代大文豪苏轼就曾经赞扬秧马，并极力在民间进行推广。这时期钢刃熟铁农具韧性较高，且更加锋利、经久耐磨，在耕地和收割的过程中，极大地提高了生产效率。翻车和筒车的普及更是农业技术的一大进步。干旱时汲取低处水源灌溉，洪灾时又能有效排水泄洪，减少农田水患之扰，粮食产量自然得到大幅提高。在农业技术快速发展的基础上，北宋时期很多文人都进行过客观总结，这些客观的经验认识，对于我

---

① 漆侠：《宋代经济史》，中华书局2009年版，第59页。

② （北魏）贾思勰著，石声汉校释：《齐民要术·耕田第一》，中华书局2009年版，第17页。

③ （元）脱脱：《宋史·食货志上一》，中华书局1985年版，第4159页。

国当代的农业生产同样具有重要的历史借鉴意义。

本章主要从调整水稻的种植结构、调整小麦的种植结构和农业生产工具的创制、改进和普及三方面展开考察。希望在分析北宋农业问题的同时，给予我国农业生产，乃至粮食安全问题提供有价值的历史经验。

第一节　调整水稻的种植结构

北宋时期的农业生产，主要包括农作物种植、蚕桑养殖、畜牧业、经济作物(如麻布、茶叶、药材、蔬菜)等方面，但是其中最重要的内容，仍然是粮食作物种植和纤维原料生产。《后汉书·王充传》记载："一夫不耕，天下受其饥；一妇不织，天下受其寒。"[1]这是华夏民众对于农耕与纺织的客观认识。元代的王祯同样认为："一夫耕，百人食之；一妇桑，百人衣之。"[2]可见农耕社会只有衣食无忧，才是社会繁荣和国家富足的真切体现，也是经济发展的重要基础。北宋时期人口数量庞大，粮食成为稳定政权的重要根基。所以大面积从事农业生产，既是统治者高度关注的政治问题，也是必须深层关切的民生问题。宋代陈旉《陈旉农书》认为："列圣相继，惟在务农桑，足衣食，此礼义之所以起，孝弟之所以生，教化之所以成，人情之所以固也。"[3]先哲先贤们提倡的礼仪教化，是以农桑之业的发展为基础的。陈旉的农学思想，也是北宋重视农业的鲜明反映。只有在百姓衣食无忧的情况下，才能出现国家强盛和社会繁华景象。

北宋政权建立以后，宋太祖制定出了重视农业的基本政策。《宋史·食货志上一》记载："削平诸国，除藩镇留州之法，而粟帛钱币咸聚王畿。严守令劝农之条，而稻粱桑枲务尽地力。"[4]这个国策以重农、劝农为本，很快就使得五代以来凋敝的农业经济生产恢复起来了。水稻虽然名列五谷之一，但是唐代以前一直没有得到大范围推广。安史之乱以后，中原人口大量南迁，给南方带去了先进的农业生产技术，改变了过去刀耕火种较为原始的农业种植方式。而且南方水资源充足，给水稻的种植提供了天然优势和前提条件。南方地区的水稻种植普及以后，亩产量获得了大幅度提升，于是开始出现了"南粮北运"的现象。[5] 北宋时期水稻的种植技术不断提高，单位面积产量也有了很大突破。太湖流域的水稻亩产量达到了两石五斗左右，大约合现在的450斤，然而唐代这一区域的水稻亩产量还不足三百斤。如果计算宋代水稻单位面积产量，增长了大约63%。[6] 所

①　(南朝)范晔：《后汉书·王充传》，中华书局1965年版，第1633页。

②　(元)王祯著，王毓瑚校注：《王祯农书·劝助篇第十》，农业出版社1981年版，第45页。

③　(宋)陈旉著，万国鼎校注：《陈旉农书校注·自序》，农业出版社1965年版，第21页。

④　(元)脱脱：《宋史·食货志上一》，中华书局1985年版，第4156页。

⑤　(宋)欧阳修、宋祁等：《新唐书·食货志三》，中华书局1975年版，第1366~1367页。

⑥　闵宗殿：《宋明清时期太湖地区水稻亩产量的探讨》，载《中国农史》1984年第3期，第37~52页。

以高斯得《耻唐存稿》记载："苏湖熟，天下足。"①苏州、湖州一带的粮食产量，可以供应全国人口的消耗，这是水稻给南方带去的巨大经济利益。自此以后，水稻在主要粮食作物中的地位也得到了完全确立。自西汉以降，北方小麦的种植在不断地发展并向南方传播。由于小麦适应环境的能力较强且产量较高，遂在种植规模上逐渐取代了粟。于是降至北宋时期，以粟、麦为主的粮食种植结构渐渐演变成以稻、麦为主，北宋的粮食作物种植结构基本确立。

一、南方稻作的逐步发展

宋代以前的水稻种植并不广泛，只是在一定区域内进行小规模种植。这是因为水稻对于自然环境的要求较高，需要充足的水资源、肥沃土地和充足的日光照射。北宋时期水稻在粮食作物中地位逐步获得提高，甚至一跃成为养育半数民众的主要粮食作物，这与官府的大力推广有密切关系。北宋政权建立在五代十国的战乱基础上，建国之初民生凋敝，农业生产更是处于停滞状态。宋太祖为了恢复生产安定民心，不遗余力地推广水稻种植，他认为五谷交叉种植能够防止水旱灾害。宋太宗在上述政策的基础上，为种植水稻的江北民众免除赋税，这在很大程度上促进了稻作种植的普及和发展。②

宋代著名的占城稻，就对北宋稻作种植结构的改变产生过很大的推动作用。③占城稻是一种品质优良的早稻，宋真宗时期官府曾经进行过大力推广。《宋史·食货志上一》记载："大中祥符四年(1011年)……帝以江、淮、两浙稍旱即水田不登，遣使就福建取占城稻三万斛，分给三路为种，择民田高仰者莳之，盖早稻也。"④在江淮、两浙地区，占城稻的广泛种植与此有着很大联系。《宋史·真宗纪三》记载："(大中祥符五年)五月辛未，江、淮、两浙旱，给占城稻种，教民种之。"⑤官府派遣精通农业的官员教授占城稻的种植方法，无疑会加快这种稻作的普及。而且宋真宗甚至还在皇宫中，开垦了一块实验田研究占城稻的种植情况，这对汴梁附近的稻作发展起到了很好的示范作用。《宋史·真宗纪三》记载："(大中祥符六年九月)丁酉，出玉宸殿种占城稻示百官。……冬十月庚子，御玉宸殿，召近臣观刈占城稻，遂宴安福殿。"⑥宋真宗能够亲身研究占城稻的耕作细节，必然为推广种植稻作起到带头作用，特别是皇帝亲力亲为研究农业生产，给官员们提供了效仿模板。上行下效成为占城稻获得推广的历史机遇，也是北宋真宗时期农业获得快速发展的原因之一。占城稻的逐步推广对于我国长江流域长期单季耕

---

① （宋）高斯得：《耻唐存稿·宁国府劝农文》，《四库全书》，上海古籍出版社1991年版，第88页。
② （元）脱脱：《宋史·食货志上一》，中华书局1985年版，第4156页。
③ 吴远鹏：《占城稻的传入及其对晋江的影响略考》，载《农业考古》2017年第3期，第41~45页。
④ （元）脱脱：《宋史·食货志上一》，中华书局1985年版，第4162页。
⑤ （元）脱脱：《宋史·真宗纪三》，中华书局1985年版，第151页。
⑥ （元）脱脱：《宋史·真宗纪三》，中华书局1985年版，第154页、第166页。

种产生了很大影响，复种制和双季制逐渐替代了传统的播种方式，极大地缓解了人口上涨带来的粮食压力。① 皇帝亲自在试验田尝试研究，并直接委派官吏到地方督办，直至地方百姓能够大力推广耕作，这些政治举措非常务实，减少了很多中间环节，带动了整个北宋重视农业的风气。

北方农民不擅长种植稻类作物，为此统治者专门采取措施加以教导，例如招募一些南方农民到北方，向当地民众传播种植技术。《续资治通鉴长编·神宗》"熙宁六年冬十月丁丑"条载："诏布衣李复、王谌听往川峡募人分耕畿县荒田，以为稻田。"②招募精通稻田耕作的农民，赴川陕等地教授水稻种植，特别是在荒田种植。能够有效利用荒田种植水稻，应该是北宋政权进入基层努力调查的政治表现。《续资治通鉴长编·神宗》"元丰元年冬十月乙卯"条载："司农寺言，进士李复、王谌踏视府界官荒地，募诱闽、蜀民种稻有劳，乞推恩。诏李复、王谌并与广南路摄官。"③由于元丰年间稻田种植颇有成效，宋神宗对招募农民有功的官员进行升赏。从这些卓有成效的政治举措中，能够看出统治者对于稻田种植的重视程度。特别是在王安石变法期间，更是由官府组织南方农民大规模向北方移民。这些农民来到北方以后，将很多水稻种植经验与技术进行传播，促进了北方水稻种植业的发展。宋人张邦基《墨庄漫录·仲舅吴悦图善治家瘁家事》记载："治田于黄、玉二陂，遂以多资闻。"④因其兴修水利和推广种稻有功，不但家资巨万，而且受到了朝廷的表彰。钱塘人沈括在熙宁年间奉使镇定，对当时镇定的长官薛师政提出建议，将镇定的大池塘"海子"开垦为稻田。薛师政接受了他的建议，《梦溪笔谈·杂志一》记载："悉为稻田，引新河水注之，清波弥漫数里，颇类江乡矣。"⑤据《续资治通鉴长编·神宗》"熙宁八年五月乙酉"条，大臣杨琰上奏曰："开封、陈留、咸平三县种稻，乞于陈留县界旧汴河下口，因新旧二堤之间修筑水塘，取汴河清水入塘灌溉。"⑥这个建议得到了宋神宗的采纳，修筑的水塘为京畿一带的稻作种植提供了极大的便利，又兼汴河连接首都，水资源又非常丰富，为农业生产提供了前提条件。

《宋史》记载，宋太宗端拱年间，何承矩建议在河北筑堤屯田种植水稻。正逢福建人黄懋任职沧州临津的县令，他向皇帝上书道："闽地惟种水田，缘山导泉，倍费功

---

① 谷跃东：《试论宋代占城稻在我国的推广与影响》，载《怀化学院学报》2015年第4期，第32~34页。

② （宋）李焘：《续资治通鉴长编·神宗》"熙宁六年冬十月丁丑"，中华书局1983年版，第6021页。

③ （宋）李焘：《续资治通鉴长编·神宗》"元丰元年冬十月乙卯"，中华书局1983年版，第7152页。

④ （宋）张邦基：《墨庄漫录·仲舅吴悦图善治家瘁家事》，《唐宋史料笔记丛刊》，中华书局2002年版，第139页。

⑤ （宋）沈括著，胡道静校证：《梦溪笔谈校证·杂志一》，上海古籍出版社1987年版，第779页。

⑥ （宋）李焘：《续资治通鉴长编·神宗》"熙宁八年五月乙酉"，中华书局1983年版，第6478页。

力。今河北州军多陂塘，引水溉田，省功易就，五三年间，公私必大获其利。"①他根据过去在福建的所见所闻总结出，在河北推广水稻种植具有天然优势，一定可以获得成功。他的建议与何承矩的观点不谋而合，于是两人开始通力合作，在河北进行屯田种植水稻。朝廷也表示对两人进行支持，《宋史·食货志上四》记载："以承矩为制置河北沿边屯田使，懋为大理寺丞充判官，发诸州镇兵一万八千人给其役。凡雄莫霸州、平戎顺安等军兴堰六百里，置斗门，引淀水灌溉。"②这是一项十分巨大的农业工程，最初有很多人表示不理解，边镇的武将也认为应该多练习攻战，为屯田营务感到羞耻。黄懋和何承矩第一年种植水稻，没有考虑到北方霜降早而地气迟，收成很差。如此一来原本颇有微词的人更是对此大加指责，这一利国利民的农事工程差点因此而告终。但是他们二人没有沮丧，而是不断总结经验，运来江南稻种进行种植，最终获得了丰收。河北之民多赖其力，一个原本战乱影响下农业落后的地区，农业经济得到了很大改观。汝州鲁山县令江翱原本是建安(今福建)人，他在任时发现鲁山县土地荒废，连年干旱使农民生活十分艰难。于是他从建安引进一种旱稻进行推广种植。这种旱稻品种适合当地环境。江少虞《宋朝事实类苑·官政治绩》记载："耐旱，繁实可久蓄，宜高原，至今邑人多种之，岁岁足食。"③江翱引进的建安稻，即使至清代依然得到学者肯定。王祖畲《太仓州志·物产》记载："种法大率如种麦，治地毕，豫浸一宿，然后打潭下子，用稻草灰和水浇之，每锄草一次，浇粪水一次，至于三，即秀矣。"④这种种植方法能够克服很多环境限制，使得一些不适宜种植水稻的区域也可以发展水稻耕作。福建人陈襄在就任河阳知县时，也教授庶民种稻，使得当地粮食产量有所提升。陈襄和同游士子浙东张公谔"以百金僦田两夫，募农师引沃水灌为稻畦，种以糯谷，比其耕插耘耨收刈也，必躬莅之，而其往来皆用盛乐招集其民，但观稼穑之法，酒材既足，民胥效之，瘠卤之地，遂为膏腴，温造故迹，复生秔稻矣，迄今仰焉"⑤。他们优待种稻的农师和民众，大力发展农业生产，使得原本贫瘠的土地成为膏腴之田。稻类作物被引进到北方，对于提升粮食产量、改善庶民生活具有重要意义。

唐代南方的农业生产逐步获得发展，特别是安史之乱以后，由于南方较少被战乱波及，生产环境相对稳定，朝廷每年都需要从南方征运大量稻谷，解决北方粮食不足的问题。在五代十国割据的 50 余年之后，北方的农业生产更是一蹶不振。但东南地区的小国，如钱氏吴越国和王氏闽国，却因为地处偏僻得以幸免。相对稳定的农业环境，促进了东南沿海的水稻生产。

北宋时期统治者更加重视兴修水利，大力推广水稻种植。根据游修龄先生《稻作史论集》统计，唐代北方陕、晋、豫、冀四省之地兴修水利工程共计 99 个，南方江、浙、

① (元)脱脱：《宋史·食货志上四》，中华书局 1985 年版，第 4264 页。
② (元)脱脱：《宋史·食货志上四》，中华书局 1985 年版，第 4264 页。
③ (宋)江少虞：《宋朝事实类苑·官政治绩》，上海古籍出版社 1981 年版，283 页。
④ (清)王祖畲等撰：《太仓州志·物产》，成文出版社 1919 年版，第 119 页。
⑤ (宋)陈襄：《古灵先生文集·陈先生祠堂记》，书目文献出版社 1998 年版，第 20 页。

闽、赣一带则兴修水利工程 210 个，这时期南方的农业发展已经出现超过北方的趋势。北宋时期，北方四省的水利工程共计 64 个，而南方四省共有 256 个，其中仅浙江一省就有 86 个，超过了北方四省的总和。① 水稻的种植离不开充足的水资源，南方修建众多的水利工程，保证了水稻种植业的可持续性发展。除了生产环境的相对稳定，中原的政治和文化等，也逐渐向南方渗透，在一定程度上促进了南方的农业经济发展。虽然在秦汉之际，南方的众多少数民族地区已经被纳入中原版图，但是他们的政治和文化在很大程度上仍然保持着独立。唐代以后，中原王朝在南方少数民族地区设州立县，进行了文化传播。根据《宋史·蛮夷传》记载，宋神宗熙宁五年（1072 年），派遣章惇"开梅山，籍其民，得主、客万四千八百九户，万九千八十九丁。田二十六万四百三十六亩"②。这些行为同样促进了南方稻作农业生产的发展。在北宋以前，南方少数民族的农耕方式主要是刀耕火种的畲田方式，以种植旱地作物为主，如粟、豆、麦等，即使种植稻谷也是一些旱稻。中原王朝征服这些区域的同时，也将先进的稻作技术传播过去，对于这些地区农业生产力的提升有很大帮助。北宋章惇在开辟梅山之后，作了一首《梅山歌》。诗中记载梅山原来的农业生产方式是"火烧碛确多畲田"，在官府耕地开辟之后，将此处的少数民族编入户籍，成为纳税的编户齐民。自此以后，这一方民众"给牛贷种使开垦，植桑种稻输缗钱"③。官府提供一些农业扶持政策，极大地提升了本地区的生产力。如《宋史·李周传》记载，李周在担任施州通判时，考虑到此地"州界群獠，不习服牛之利"，于是"为辟田数千亩，选谪戍知田者，市牛使耕，军食赖以足"④。虽然施州的农耕发展十分落后，但是在李周等人的努力下，很快达到了自给自足的程度。施、黔等州因为地处偏僻，中原农耕技术输入得相对缓慢，所以生产力较低。《续资治通鉴长编·真宗》记载，北宋真宗景德二年（1005 年）九月丁卯，"夔州路转运使薛颜，募民垦施、黔等州荒田。戊辰，薛颜奏今岁获粟万余担"⑤。夔州路的转运使薛颜招募庶民开垦荒地，当年就收获万余担粟粮，这个丘陵山地构成的地理环境能够获得这些粮食收获，说明官员们在南方任职期间心系农事，注重农作物的推广种植，最终达到了田野辟、户口增、赋役平的政治目的。由于南方地区得天独厚的自然条件，以及统治者的大力推广，农业发展得十分迅速。

二、北方稻作的逐步发展

由于北方地区降雨量较少，稻类作物的种植没有先天的自然条件，必须要借助人力

---

① 　游修龄：《宋代的水稻生产》，《稻作史论集》，中国农业出版社 1993 年版，第 260 页。

② 　(元)脱脱：《宋史·蛮夷传》，中华书局 1985 年版，第 14197 页。

③ 　(宋)厉鹗：《宋诗纪事·梅山歌》，上海古籍出版社 1983 年版，第 545 页。

④ 　(元)脱脱：《宋史·李周传》，中华书局 1985 年版，第 10934 页。

⑤ 　(宋)李焘：《续资治通鉴长编·真宗》"景德二年九月丁卯"，中华书局 1983 年版，第 1368 页。

的灌溉才能促进农业发展。再加上北方寒冷，稻谷生长期较短，很多南方优良的品种难以引进。这些复杂的原因相互叠加，使得稻作种植在北方地区难以像南方一样得到大范围推广。但正是因为北方的自然条件恶劣，所以水稻的种植才显得更有意义，这种环境下总结出的耕作经验与方法才更具有普遍性。从技术层面上来说，北方的人工灌溉技术和创造的各种适宜水稻生长的条件，是北宋农业技术不断发展的重要体现。下面将按照北宋时期北方各路的区域划分，围绕农业生产问题进行讨论。

其一，是汴京周围的京畿路和京西路。中原地区广袤富饶的大平原，自古以来就是主要粮食产地，官府的财政税收大半份额由此而来。北宋文学家苏辙《栾城集·御试制策》记载："自京以西，近自许、郑，而远至唐、邓，凡数千里，列郡数十，土皆膏腴，古之赋输大半出于此。"[1]由于唐、邓等州与南方毗邻，所以水稻的种植有一定的历史基础。游修龄先生指出，洛阳地区自古以来就是一个水稻种植较为发达的地区。[2]然而经历了唐末五代的战乱之后，中原地区农业生产停滞，水稻种植受到了很大影响，甚至连赋税都难以缴齐。这说明战争对于农业生产造成的破坏性影响十分巨大，五代时期战争频繁，这个现象没有得到改变，北宋政权建立以后，在上至中央下至地方各级州县的扶持下，农业生产才逐步恢复，随着北宋历代皇帝的重视，农业生产规模呈现扩大发展的趋势。

北宋政权将首都建在汴京开封，洛阳作为西京陪都，统治者对于京畿路、京西路的农业恢复与发展必然十分关注。朝廷为了增加财政收入，采取了迁徙民众、引进劳动力垦荒等一系列措施，京西路劳力不足的局面得到一定缓解。另外，大型水利工程的开发与兴建对于稻作农业的发展也有很大的推动作用。据李焘《续资治通鉴长编·太宗》"至道元年正月丙辰"条载，宋太宗至道元年（995年），度支判官陈尧叟等上书言道："自汉魏晋唐以来，于陈、许、邓、颍暨蔡、宿、亳，至于寿春，用水利垦田，陈迹具在。望选稽古通方之士，分为诸州长吏，兼管农事，大开公田，以通水利。发江淮下军散卒，及募民以充役，每千人，人给牛一头，治田五万亩。"[3]事实上官府确实对陈、许、邓、颍等州境内的河渠做过许多疏导修复工作，这些地区的稻作种植也因此得到了一定程度的发展。而且耕牛分配落实到每个农民身上能够极大地提高生产力，对于北宋日益增加的人口数量带来的粮食压力有一定程度的缓解作用。发展稻作生产，需要大量水源灌溉农田。北宋时期，淮河流域成为主要粮食生产基地，与北宋政权大力扶持有重要关系。另一方面，也依赖于淮河中下游水资源发达的自然环境，由此才能够造就一个极具规模的大粮仓。

京畿汴梁一带的水稻种植是围绕汴河流域为中心区域进行种植。因为汴河水资源丰

---

①　（宋）苏辙：《栾城集·御试制策》，上海古籍出版社1987年版，第1716页。

②　游修龄：《历史上的中国北方稻作》，《稻作史论集》，中国农业出版社1993年版，第288~289页。

③　（宋）李焘：《续资治通鉴长编·太宗》"至道元年正月丙辰"，中华书局1983年版，第806~807页。

富，适宜灌溉大面积稻田。汴梁是北宋时期的都城，所以皇帝对于本地区的稻作种植十分关心。北宋的皇家御苑中有一座玉津园，是皇帝用来种稻、观稻的地方。北宋历代皇帝为了表达重视农业的政治主张，每年都会在稻谷播种的时节亲临玉津园观稻。如《宋史·仁宗纪》记载，庆历四年（1044 年）五月壬申，"幸玉津园观种稻"①。嘉祐二年（1057 年），刘原父有幸能够跟随仁宗皇帝在苑中观看种稻，并写诗留作纪念。他的好友欧阳修和诗曰："禁籞皇居接，香畦镂槛边，分渠自灵诏，种稻满潋田，六谷名居首，三农政所先。"②这表明了统治者对于水稻栽培耕作的极大重视，并成为重视农业生产的政治表率，表现出统治者关心农业生产的教化目的。宋神宗时期，开封地区的水稻种植得以快速发展。熙宁二年（1069 年），秘书丞侯叔献和提举开封府界常平等事林英，提出将汴河沿岸的淤田开垦种稻，并且供给军需的建议，得到了宋神宗的采纳。③ 为了吸引农民开垦淤田种植水稻，熙宁三年四月皇帝下诏："今来创新修到渠堰，引水溉田，种到粳稻，并只令依旧管税，更不增添水税名额。"④统治者如此大力支持水稻的种植，必然在全国范围内掀起了种植水稻的热潮。熙宁七年（1074 年），桂州知州刘彝上疏请求皇帝，允许他招募乡民开辟荒地，中书户房提出建议："开封府界方召人开种稻田，及新置沅州，有屯田之法，与广西事体相类。"⑤中书户房将开封府的种稻经验给广西作为借鉴，可见此时中原地区的水稻种植已经较为成熟了，并且把农业生产经验，特别是水稻种植经验，向周边地区推广。宋徽宗时期在京城东北方建造的艮岳中，也种植了一些水稻，作为重视农业生产的象征。据宋徽宗赵佶的《艮岳记》记载，园中的西庄就是专门设计的田园风情农庄，其中"禾麻菽麦黍豆秔秫，筑室若农家"⑥。这表明北宋后期开封的水稻品种十分丰富，不但有秔（籼稻），还有秫（糯稻）。京城的稻作发展给其他地区起到了示范作用。

洛阳作为北宋政权的西京，其水稻生产规模也在一定程度上得到了恢复与发展。宋人朱弁《曲洧旧闻·和尚稻》记载："洛下稻田亦多，土人以稻之无芒者为和尚，亦犹浙中人呼为'师婆粳'，其实一也。"⑦洛阳种植水稻很多，但分为有芒和无芒两种，无芒者称为"和尚稻"。开封府向南的陈州附近有一条蔡河，该河流域附近的稻田面积广大。官府对于蔡河的疏浚，不仅使通向京师的漕运变得方便，更使两岸稻田获利不少。据《续资治通鉴长编·真宗》"景德四年八月壬戌"条载，真宗景德四年（1007 年）八月，

---

① （元）脱脱：《宋史·仁宗本纪三》，中华书局 1985 年版，第 218 页。
② （宋）欧阳修：《欧阳修全集·居士外集·和刘原父从幸后苑观稻呈讲筵诸公》，中华书局 2001 年版，第 817 页。
③ （清）徐松：《宋会要辑稿·食货七》，中华书局 1957 年版，第 4915 页。
④ （清）徐松：《宋会要辑稿·食货七》，中华书局 1957 年版，第 4915~4916 页。
⑤ （宋）李焘：《续资治通鉴长编·神宗》"熙宁七年九月丁酉"，中华书局 1983 年版，第 6247 页。
⑥ （宋）赵佶：《艮岳记》，《丛书集成初编》，商务印书馆 1935 年版，第 2 页。
⑦ （宋）朱弁：《曲洧旧闻·和尚稻》，中华书局 2002 年版，127 页。

在完成对蔡河的疏浚工作以后，"是月诸路皆言大稔，淮蔡间麦斗十钱，粳米斛钱二百"①。所谓"大稔"，就是大丰收的意思。淮河与蔡河之间收获的小麦每斗值十钱，粳米每斛（10斗）才二百钱，如此低廉价格已经能够让百姓完全填饱肚子了，这是北宋社会繁荣的表现。由于水患频发，北宋年间对蔡河的疏浚工作一直在进行，直到北宋末期，陈州知州霍端友"请益开二百里，彻于淮"②，贯通了蔡河和淮河的水系，从此一举解决了蔡河水患问题。蔡河流域"数百里地复为稻田"③，对于本地的农业生产和经济发展有着深刻的意义。

北宋时期中原地区水稻种植业的发展也有一个不断变化的过程。宋真宗咸平年间，大理寺丞黄宗旦上奏："请募民耕颍州陂塘荒地凡千五百顷。部民应募者三百余户，诏令未出租税，免其徭役。然无助于功利。"④可见在北宋前期，颍州地区的水稻种植还不甚发达。但是到了北宋中期以后，这一局面就有了很大的改观。欧阳修在书简《与吴正献公》中称赞颍州"肥鱼美稻，不异江湖之富"⑤。宋人苏颂在文集中记载："汝阴，地濒淮、颍，厥土良沃，水泉鱼稻之美，甲于近旬。言卜居者，莫不先之。故自庆历以来，贤士大夫往往经营其处，以为闲燕之地。"⑥富饶的颍州俨然成了鱼米之乡，水稻也被当地民众看作最重要的作物之一。但是颍州的水稻种植也并非一帆风顺，苏轼在奏章《奏淮南闭籴状》中说："右臣窃见近年诸路监司，每遇米贵，多是违条立赏闭籴，惊动人户，激成灾伤之势。熙宁中，张能、沈起首行此事，至浙中饿死百余万人。"⑦遇到了干旱年景，稻苗枯死，农民只能去淮南籴种再次种植，但却遭到各方势力阻拦，地方官不得不出面周旋，才能保障农业生产的正常进行。

京畿路的西南是许州。许州境内最大的河流是颍水，此外还有潩水、澧水等水系。许州人原本不善于种植水稻，北宋时由于官府的着力推广，许州的稻作才逐渐发展起来。根据《宋会要辑稿·食货七》记载，宋神宗熙宁三年（1070年）十二月京西转运司建议，将州内大片生长牧草的牧地开垦为稻田，"决邢山、潩河、石限等水，溉种稻田"⑧。这个建议得到了宋神宗的采纳。有了充足的水源和先进的灌溉方法，潩水沿岸的农田发展成为高产量的稻作区。苏辙曾经写诗赞叹道："何必潩上田，幸此足粳秫。"⑨又作诗道："颍潩旧乏水，粳糯贵如珠。今年利陂堨，碓声喧里间。"⑩这反映出

①　（宋）李焘：《续资治通鉴长编·真宗》"景德四年八月壬戌"，中华书局1983年版，第1487页。

②　（元）脱脱：《宋史·霍端友传》，中华书局1985年版，第11169页。

③　（清）徐松：《宋会要辑稿·食货七》，中华书局1957年版，第4916页。

④　（元）脱脱：《宋史·食货志》，中华书局1985年版，第4265页。

⑤　（宋）欧阳修：《欧阳修全集·书简·与吴正献公》，中华书局2001年版，第2377页。

⑥　（宋）苏颂：《苏魏公文集·少府监致仕王君墓志铭》，中华书局1988年版，第935页。

⑦　（宋）苏轼：《苏东坡文集·奏淮南闭籴状》，北京燕山出版社2009年版，第944~945页。

⑧　（清）徐松：《宋会要辑稿·食货七》，中华书局1957年版，第4917页。

⑨　（宋）苏辙：《栾城后集·迁居汝南》，上海古籍出版社1987年版，第1149页。

⑩　（宋）苏辙：《栾城后集·戏作家酿》，上海古籍出版社1987年版，第1176页。

稻作生产和丰收在望的美好景象，也体现出北宋社会重视农业生产，因地制宜积极发展稻作从而获得了大丰收。北宋时期许州的水稻生产十分发达。京西北路的孟州河阳县也是入宋后才发展起来的，原本孟州人不懂得如何种稻，宋仁宗皇祐年间，陈襄任河阳知县时教民种稻，获得了大丰收，给河阳百姓带去了福利。[1]

许州的西面是汝州，北宋初期在此设置了洛阳南稻田务。稻田务是专门管理水稻种植事务的机构，雍熙年间，毕士安就担任过汝州稻田务的总监。[2] 但是在宋初，稻田务的作用并不大。一直到宋真宗咸平二年（999 年），才显现出它的作用。清代毕沅《续资治通鉴·宋纪二十》"咸平二年夏四月丙子"条载："于是从台符之请，复募民二百余户，自备耕牛，就置团长，京朝官专掌之，垦六百顷，导汝水浇溉，岁收二万三千石。"[3]在长达百余年的时间里，稻田务这一机构时废时复。其管辖范围很大，不仅仅限于汝州，《宋史·食货志上二》记载："南暨襄、唐、西及渑池，北逾大河。"[4]稻田务对于稻作农业发展的作用很大，虽然没能令水稻种植在上述地区全面覆盖，但是在这些地区确实实现了水稻与其他谷物的交叉种植。这种因地制宜交叉耕种农作物的方法，使各块田地的实际效用得到了充分发挥。

相比较京西北路的发展情况，京西南路的稻作种植也毫不逊色。襄州是今天的湖北襄樊，此地的水资源非常丰富，但北宋初年土地一度荒废。真宗咸平二年（999 年），襄州知州耿望提出建议，将原本荒废的 300 余顷屯田恢复营田。真宗皇帝认为这是劝农的好事，所以命令耿望全权负责此事。《续资治通鉴·宋纪二十》"咸平二年夏四月丙子"条载："是岁，种稻三百余顷。"[5]襄州的水利开发与稻作农业的发展，使之成了风景秀美、土肥肥沃的富饶地区。宋人王象之《舆地纪胜》记载："襄阳左右，田土肥良，桑梓野泽，处处而有。"[6]这里处处体现出富饶景象。同样属于京西南路的唐州，虽然稻作农业的发展没有襄州发达，但也取得了一定的农业成就。在经过知州赵尚宽、高赋，民间王令夫妇等人的大力推广后，唐州农民从不知粳稻为何物到逐渐接受并种植。苏轼诗曰："嗟唐之人，始识杭稌。"[7]唐州也从一个农业生产十分落后的地区，一跃成为粮食实现自给自足的鱼米之乡。

其二，京东路的稻作生产情况。京东诸州的水稻种植也具有一定的规模。济南号称"泉城"，以泉水众多而闻名。北宋时期济南的民众利用泉水灌溉稻田，效果十分显著。苏辙的一首诗《栾城集·寄济南守李公择》记载："岱阴皆平田，济南附山麓。山穷水泉见，发越遍溪谷。分流绕涂巷，暖气烝草木。下田满粳稻，秋成比禾菽。池塘浸余润，

① （宋）陈襄：《古灵先生文集·先生行状》，书目文献出版社 1998 年版，第 4 页。
② （元）脱脱：《宋史·毕士安传》，中华书局 1985 年版，第 9518 页。
③ （清）毕沅：《续资治通鉴·宋纪》，中华书局 1957 年版，第 479 页。
④ （元）脱脱：《宋史·食货志上二》，中华书局 1985 年版，第 4212 页。
⑤ （清）毕沅：《续资治通鉴·宋纪二十》，中华书局 1957 年版，第 479 页。
⑥ （宋）王象之：《舆地纪胜·襄阳府》，中华书局 1992 年版，第 2649 页。
⑦ （宋）苏轼：《苏轼全集·新渠诗并叙》，北京燕山出版社 2009 年版，第 38 页。

菱芡亦云足。"①所谓"下田满粳稻"，即来到田里，看到的满是水稻丰收的景象。这首诗中描绘的济南，自然环境十分适宜水稻的种植，稻作农业生产也是河东路的代表。苏辙《栾城集·和子瞻自徐移湖将过宋都途中见寄五首(之四)》记载："欲买汝家田，归种三顷稻，因营山前宅，遂作泗滨老。"②其诗中提到的泗水，在今天的江苏安徽两省交界处，北宋时期属于京东东路。这些诗句中描绘的种稻场景，都说明了京东路水稻种植的普及情况。

　　其三，河北路的稻作耕种情况。河北路的稻田耕作具有悠久的历史传统，例如卫州(今河南汲县)的稻作农业就被北宋大诗人梅尧臣记述过。《卫州通判赵中舍》记载："我久在河内，颇知卫风俗。沙田多种稻，野饭殊脱粟。"③可见卫州的沙田种稻十分普遍，而该州的水稻种植中，又以共城县最具代表性。正是因为当地生产水稻，人们吃粟的次数减少了。因为小米的口感远不及水稻优越，通过大面积耕作水稻，能够改变人们的饮食习惯，使庶民们的生活获得普遍改善。共城县西北五里处还有一个百门陂，《太平寰宇记·卫州》记载："方五百步许，百姓引之以溉稻田，此米明白香洁，异于他稻，魏齐以来，常以荐飨。"④荐飨就是供品的意思。共城贡米仍然占据皇家大米的主要比例，宋仁宗时期，贾昌龄等人将其稻作生产进行了大范围推广。⑤ 为了保障稻田得到有效灌溉，官府诏令"诸创置水硙碾硙妨灌溉民田者，以违制论"⑥。这就使民田可以充分利用水资源，为北宋稻作农业的基础设施提供了制度保护。河北北部的稻田种植开发，除了解决边镇粮食需求之外，其意义还在于蓄水阻挡契丹铁骑的南侵。《宋史·食货志上四》记载："(稻田)在河北者，虽有其实，而岁入无几，利在蓄水以限戎马而已。"⑦不过统治者对于北部边镇的屯田还是比较关心的。大中祥符五年(1012年)九月，宋真宗命令高尹按月份上报边镇稻田的开垦状况，并且下令要求枢密院增加参与种植稻田的士兵人数。⑧ 据《宋会要辑稿·食货六三》记载，天禧四年(1020年)四月"保州屯田务自来逐年耕种水陆田八十顷，三年开展至百余顷，岁收粳糯稻万八千或二万石"⑨。除了供应军需之外，河北路生产的稻米也成为边境榷场贸易的重要商品。由于辽国禁止民众在南京(今属于北京市附近)地区种植水稻，⑩ 所以北宋生产的稻米在边境上很受欢迎。

　　① (宋)苏辙：《栾城集·寄济南守李公择》，上海古籍出版社1987年版，第167页。
　　② (宋)苏辙：《栾城集·和子瞻自徐移湖将过宋都途中见寄五首》，上海古籍出版社1987年版，第199页。
　　③ (宋)梅尧臣：《卫州通判赵中舍》，《全宋诗》，北京大学出版社1996年版，第2881页。
　　④ (宋)乐史：《太平寰宇记·卫州》，中华书局2007年版，第1158页。
　　⑤ 李勇先点校：《范仲淹全集·太常少卿直昭文馆知广州军州事贾公(昌龄)墓志铭》，四川大学出版社2007年版，第342页。
　　⑥ (元)脱脱：《宋史·河渠志》，中华书局1985年版，第2370页。
　　⑦ (元)脱脱：《宋史·食货志上四》，中华书局1985年版，第4266页。
　　⑧ (清)徐松：《宋会要辑稿·食货七》，中华书局1957年版，第4908页。
　　⑨ (清)徐松：《宋会要辑稿·食货六三》，中华书局1957年版，第6007页。
　　⑩ 谭其骧：《中国历史地图集》(第六册)，中国地图出版社1982年版，第3~4页。

其四，秦凤路的稻作耕种情况。秦凤路即陕西关中地区，自秦汉以来就不断得到开发，拥有许多著名的水利工程，这为稻作农业生产发展提供了良好的灌溉条件。八百里秦川沃野，是北方著名的水稻产区。北宋政权建立以后，由于对西夏战争的需要，统治者更注重陕西的农业开发。苏轼兄弟经过凤翔府时，留下了许多记录该地水稻种植情况的诗句。如苏东坡在从磻溪到阳平镇的路上，在青峰寺下院的翠麓亭中小憩时，留下了著名的"共看山下稻，凉叶晚翻翻"。①"共看"体现出水稻丰盈饱满的秋收景象，这是诗人对于美好生活的无限向往，也是北宋农业经济生产的鲜明反映。苏轼与好友张呆之在凤翔府南溪泛舟时，曾经留宿于溪堂，并作诗曰："平湖种稻如西蜀，高阁连云似渚宫。"②这里面反映出平湖稻作竟能与因水稻种植久负盛名的西蜀比肩，至少说明稻作生产具有很大规模。其弟苏辙在凤翔府时，见到了"高原种菽粟，陂泽满粳稻"③的农业场景。这里的"高原"应指海拔略高的地区，主要与下联的"陂泽"对仗。在"陂泽"种植水稻确实能够反映出北宋因地制宜的农业生产形式。换言之，不论山地还是陂泽，都能够反映出北宋时期在农业生产方面，水稻种植结构的鲜明特点。陕西关中地区在种植水稻以后，出现良田丰硕宛如江南水乡的美好景象。《续资治通鉴长编·哲宗》"元符二年闰九月甲戌"条描述了樊川地区"鱼稻如江乡"的盛况④。北宋名相寇准对樊川的稻田丰收美景念念不忘，他曾经作诗《忆樊川》："高秋最忆樊川景，稻穗初黄柿叶红。"⑤可见此地已经普及了水稻种植，"稻穗"的初黄时节，正是迎来丰收喜庆的日子。特别是稻穗的"黄"与柿叶的"红"，这两种秋天的色彩形成鲜明对比，在相互依托、相互映衬的浓郁氛围里，既是大自然赋予樊川人们的生活气息，也具有美学浓厚的色彩韵味。可以说丰收喜庆之美，与大自然景物之美，以及热爱生活憧憬未来的人们内心的美，逐渐地融为一体。毫无疑问，"美"已经把这个丰收喜悦的无限情感，由自然美景转移到诗人的诗句中，又在诗人富有情感的笔下，撰写出美轮美奂的诗歌作品。陇州的吴山县，在今陕西省宝鸡市北千阳县以南，北宋时期也曾出现"种稻连荆泊，风物似江乡"⑥的富饶景象。这些都是稻作生产获得丰收的鲜明写照。

其五，河东路稻作的耕种情况。河东路位于今山西一带，毗邻太行山脉，地势较高，气候寒冷，水资源较为稀缺。河东路发展稻作农业并没有什么天然优势，但是在一些水源充足的地区，水稻种植情况也相当可观。并州(今太原)的晋祠就是这样一个具

---

①　(宋)苏轼：《苏轼全集·是日自磻溪将往阳平憩于麻田青峰寺之下院翠麓亭》，北京燕山出版社 2009 年版，第 84 页。

②　(宋)苏轼：《苏轼全集·溪堂留题》，北京燕山出版社 2009 年版，第 90 页。

③　(宋)苏辙：《栾城集·和子瞻凤翔八观八首·李氏园》，上海古籍出版社 1987 年版，第 32 页。

④　(宋)李焘：《续资治通鉴长编·哲宗》"元符二年闰九月甲戌"，中华书局 1983 年版，第 12269 页。

⑤　(宋)寇准：《忆樊川》，《全宋诗》，北京大学出版社 1996 年版，第 1037 页。

⑥　(清)武树善撰：《陕西金石志·宋吴山县志诗》，《历代碑志丛书》，江苏古籍出版社 1998 年版，第 323 页。

有代表性的地方。范仲淹在一首诗中描述:

> 神哉叔虞庙,地胜出嘉泉。
> 一源其澄静,数步忽潺湲。
> 此异孰可穷,观者增恭虔。
> 锦鳞无敢钓,长生同水仙。
> 千家溉禾稻,满目江乡田。
> 我来动所思,致主愧前贤。
> 大道果能行,时雨宜不愆。
> 皆如恶祠下,生民无旱年。①

晋祠泉的存在为并州的水稻种植提供了丰富的水源保障,在看到晋祠泉出色的灌溉能力,附近的稻田收获颇丰后,地方也加大了开发的力度。宋仁宗嘉祐五年(1060年),并州官府组织过对晋祠泉的开发利用,泉水增多后,原本只有近百顷的灌溉能力,很快增加至三百余顷。据《宋史·河渠志五》记载,宋神宗熙宁八年(1075年),"太原府草泽史守一,修晋祠水利,溉田六百余顷"②。自此之后晋祠泉的灌溉能力大大增加,这一地区的水稻种植也得到了充分发展。欧阳修在他的诗中描绘的"晋水今入并州里,稻花漠漠浇平田"③的场景,这正是晋祠泉的功劳,也是当地百姓战胜自然勇于耕作的体现。

其六,西北之地的稻作耕种情况,包括宁夏、甘肃、青海等地。北宋初年曾经在这里设置屯田以备边需,还有负责稻田种植事务的官方机构"稻务"。《续资治通鉴长编·真宗》"大中祥符五年正月癸未"条载,宋真宗下诏"令保安军稻务旬具垦殖功状以闻"④。统治者对边地水稻事宜非常关注,一方面出于生产需要,另一方面也是为了稳定边防。据《宋会要辑稿·食货七》记载:"自今犯罪当配者,皆徙相州,教百姓水种大莳之利。"⑤在犯罪应当刺配的人当中,挑选擅长种植水稻的,令他们教边地民众如何进行稻作种植。《续资治通鉴长编·神宗》"熙宁五年十月甲辰"条载:"淮南、两浙、江南、荆湖、成都府、梓州路,如有谙晓耕种稻田农民犯罪该刺配者,并刺配熙州,候及三百人止。"⑥这些熟悉水稻种植的罪犯来到边疆之地后,给当地农民传授种植经验,推广耕作技术,确实对此地的稻作农业发展有一定的贡献。《续资治通鉴长编·神宗》"熙

---

① (宋)范仲淹:《范文正公文集·晋祠泉》,中华书局1985年版,第53页。
② (元)脱脱:《宋史·河渠志五·河北诸水》,中华书局1985年版,第2372页。
③ (宋)欧阳修:《欧阳修全集·晋祠》,中华书局2001年版,第27页。
④ (宋)李焘:《续资治通鉴长编·真宗》"大中祥符五年正月癸未",中华书局1983年版,第1750页。
⑤ (清)徐松:《宋会要辑稿·食货七》之九,中华书局1957年版,第4910页。
⑥ (宋)李焘:《续资治通鉴长编·神宗》"熙宁五年十月甲辰",中华书局1983年版,第5822页。

宁五年十月甲辰"条载："（王韶语）近洮可为稻田，欲得善种稻者。"①王韶认为，种植水稻能够获得成功，前提条件是要有精通种植水稻的专业人才。

北宋农业经济发展过程中，稻作的生产规模呈现逐步扩大趋势。其主要原因有如下几方面：其一，引入新的水稻品种，适合于北方的自然环境。其二，派遣由农学经验的官员到地方教授水稻种植技术。其三，北宋皇帝亲自进入试验田，研究水稻种植情况，以此向适合稻作生产的地区推广。其四，在北方不缺水地区，鼓励种植水稻增加粮食产量。其五，在一些获罪的犯人中，发掘有水稻种植技术者，到北方缺乏稻作栽培经验地区指导农业生产。

第二节　调整小麦的种植结构

一、北方人南迁与南方小麦种植

中国北方地区自古以来就是小麦的主要产区，农民赖以生存的粮食作物以麦、粟、菽等为主。南方地区的小麦种植业，在北宋以前发展得十分缓慢，只是区域性小范围种植。据《岭南科学技术史》记载，北宋末年广东已经成功学会种植小麦。② 然而由于气候因素、地理环境，特别是小麦种植技术和农耕技术并不成熟，这个地区的小麦种植业并没有获得发展。汉唐之际许多人认为，小麦有毒，不宜过多食用，比如北宋著名医学家唐慎微《证类本草·小麦》引《图经》说："大、小麦，地暖处亦可春种之，至夏便收。然比秋种者，四气不足，故有毒。小麦性寒，作面则温而有毒，作曲则平胃止利。"③尽管小麦有毒是一种误解，但这种错误的观点一直被延续。由于五代十国连年战乱，农民往往食不果腹，而小麦以较高的产量和稳定的收成吸引了庶民们的广泛注意。北宋时期人们对小麦的看法有了很大改变，开始慢慢接受并喜爱这种麦类作物。

宋人苏颂在其《图经本草》中记载："麦秋种冬长，春秀夏实，具四时中和之气，故为五谷之贵。"④这是对小麦很高的评价，可见饮食观念的改变，对小麦种植业的影响也不容小觑。饮食习惯同样影响小麦种植业的发展。北方人习惯面食，当部分北方人到南方生活时，会因为经常吃不到面食而感到苦恼，宋人张耒在其诗作《雪中狂言五首》中，就曾明确表达过这一想法。据《张耒集》记载："我家中州食嗜面，长罗如船砲如电。烂银白璧照中厨，膳夫调和随百变。江乡种麦几数粒，强进腥鱼蒸粝饭。雪深麦好定丰

---

① （宋）李焘：《续资治通鉴长编·神宗》"熙宁五年十月甲辰"，中华书局 1983 年版，第 5822 页。

② 颜泽贤、黄世瑞：《岭南科学技术史》，广东人民出版社 2002 年版，第 390 页。

③ （宋）唐慎微：《证类本草·小麦》，中国医药科技出版社 2011 年版，第 681 页。

④ （宋）苏颂：《图经本草》，福建科学技术出版社 1988 年版，第 533 页。

登，明年一饱偿吾愿。"①北宋时期大量北方人南迁之后，江南地区对于小麦的需求量激增，也在很大程度上刺激了小麦种植业的发展。另外，北方民众善于种植小麦，他们迁徙到南方以后，将耕作经验与技术进行传播，也促进了南方小麦种植业的逐步发展。再加上南方的天然环境优势，官府进行推广之后发展得十分迅速。南方的农民从北方人那里学到了先进的耕作技术，再因地制宜地加以改良，使得小麦不仅在长江流域得到种植，就连在气候炎热的珠江流域也有一定程度的发展。北宋以后伴随北人南迁，很多先进的农业生产技术传到岭南地区。对此，宋太祖赵匡胤曾经下发诏书，《宋史·食货志上一》记载："言者谓江北之民杂植诸谷，江南专种粳稻，虽土风各有所宜，至于参植以防水旱，亦古之制。于是诏江南、两浙、荆湖、岭南、福建诸州长吏，劝民益种诸谷，民乏粟、麦、黍、豆种者，于淮北州郡给之。"②官府在政策上支持小麦在南方发展。宋代郑侠《西塘集·惠州太守陈文惠公祠》记载："南民大率不以种艺为事，若两麦（大麦和荞麦）之类，盖民不知也。公始于南津间地，教民种麦，是岁大获，于是惠民种麦者众矣！"③陈偁在担任惠州知州的时间里，非常关注民生，重视水利工程，劝导庶民发展农业生产。其后来到岭南的苏轼，曾经撰诗赞叹："丰湖有藤菜，似可敌莼羹。小邑浮桥外，青山石岸东。茶枪烧后有，麦浪水前空。万户不禁酒，三年真识翁。结茅来此住，岁晚有谁同。"④麦浪翻滚的自然景观，让苏轼产生了无限感慨，这说明岭南地区小麦耕作已经有很大规模了。

南方地区对小麦需求量的大幅增加，使得麦价暴涨，远远高于稻谷的价格。江南农民认识到种植小麦的获利要高于水稻以后，开始争相种植。另外，官府的大力推广，也对江南麦作生产的发展有很大的影响。南方的自然条件原本不适合种植小麦，因为地势低洼雨水量大，不利于旱地作物的生长。但是在许多山地丘陵地带，地势陡峭难以蓄水种稻，或是遇到了干旱的年份降水量不足，水稻的产量会受到很大影响。由于小麦属于耐旱农作物，丘陵地带陡峭的地形不影响它的生长，在这种情况下小麦的优势就凸显出来了。为了缓解日益激烈的人地矛盾，北宋统治者十分注重在南方推广种植小麦等旱地作物。从农业科学发展的眼光来看，农作物的单一种植结构并不科学。一旦遇到自然灾害或者次生灾害，单一种类的农作物很容易大面积受损而导致农业歉收。为了避免这种情况的发生，北宋时期的农业思想中，就有杂种五谷防止水灾或者旱灾的思考方式。《宋史·食货志上一》记载："江北之民杂植诸谷，江南专种粳稻，虽土风各有所宜，至于参植以防水旱，亦古之制。"⑤江北地区的地理环境以及水资源和气候因素，使此地长期以"杂植诸谷"为农业耕作特点。江南因水资源丰富，气候湿润和地势平缓，适于种

① （宋）张耒：《张耒集·雪中狂言五首（之三）》，中华书局1990年版，第273页。
② （元）脱脱：《宋史·食货志上一》，中华书局1985年版，第4159页。
③ （宋）郑侠：《西塘集·惠州太守陈惠公祠堂记》，《四库全书》，上海古籍出版社1991年版，第393页。
④ （宋）苏轼：《苏轼全集·新年五首》，北京燕山出版社2009年版，第1008页。
⑤ （元）脱脱：《宋史·食货志上一》，中华书局1985年版，第4159页。

植水稻。虽然因地制宜各有所长，但是如果采用农作物兼种方式，不仅可以减少各种灾害带来的经济损失，还可以降低因农作物种类单一带来的风险。宋代官府劝导农业生产，会给农民普及因地制宜地种植农作物的思想，地势较高处种植粟，较低处种豆，靠近水源处种水稻，远离水源处则种小麦，以期达到保证收成的目的。这里可以清楚地看到，北宋在农业种植结构方面，具有极为细腻的思考方式，这是多年经验累积，乃至政治务实带来的农业先进思想。

宋人韩元吉在其《南涧甲乙稿》中，记载建宁府的劝农文："有水者为田，其无水之地可以种粟麦……粟麦所以为食，则或遇水旱之忧，二稻虽捐，不至于冻馁也。"[①]可见南方地区官员大力推广种植粟、麦，很大程度上是为了弥补稻作的不足，防止在干旱的年份水稻歉收，老百姓没有粮食度日。

二、南方推广小麦种植

从农作物本身的特点来讲，种植小麦是南方稻农的一种额外收获。由于冬小麦是秋天播种，夏天收成，可以越冬。水稻秋收之后，土地闲置下来，种植小麦正好充分利用了耕地，第二年夏天青黄不接，农民存粮基本消耗殆尽，这个时候小麦的收获能够解决粮食匮乏问题。所以稻麦的交叉轮作，对于广大农户来说无疑是一种最为合适的方法。而农民将小麦收获后的秸秆等废料，掺杂以蚕砂，可以起到减少虫害的作用。据《王祯农书·百谷谱集之一·大小麦》记载："麦种初收时，旋打旋扬，与蚕沙相和，辟虫伤，资地力，苗又耐旱。"[②]所谓"蚕沙"就是指桑蚕的粪便，它既可以作为肥料，还能起到一定程度的防止虫害的效果。由于种植小麦比种植水稻程序稍微容易，所以北宋时期，南方的小麦种植技术已经发展得较为成熟。根据《王祯农书》记载："惟用撒种，故用种不多；然粪而锄之，人工既到，所收亦厚。"[③]由于社会的普遍需求和种植小麦的诸多好处，这时期江南地区的小麦种植面积呈现逐步扩大的良好趋势，农业也得到了充分的发展。

南方的小麦种植情况各地呈现很大差异。淮南地区距离北方最近，自然条件也比较相似，所以麦作农业的发展最为迅速。江浙一带由于没有食用面食的习惯，所以小麦种植业发展较为缓慢。北宋时期官府对小麦的推广力度很大，小麦不但在长江流域种植，就连远在珠江流域的岭南地区也得到了一些发展。据清人徐松《宋会要辑稿·食货六三》记载，宋太宗淳化四年(993年)，皇帝下诏命令岭南地区的农民杂植诸谷，"令劝民种四种豆及黍、粟、大麦、荞麦，以备水旱，官给种与之，仍免其税。内乏种者，以

---

① （宋）韩元吉：《南涧甲乙稿·建宁府劝农文》，中华书局1985年版，第359页。

② （元）王祯著，王毓瑚校：《王祯农书·百谷谱集之一·大小麦》，农业出版社1981年版，第83页。

③ （元）王祯著，王毓瑚校：《王祯农书·百谷谱集之一·大小麦》，农业出版社1981年版，第84页。

官仓新贮粟、麦、黍、豆贷与之"①。官府贷给农民种子并且免除赋税，这一优惠政策促进了岭南诸县的农业生产。北宋初年陈俌担任惠州知州时，在广东珠江教化民众种植小麦，使得惠州当年的粮食产量大幅提高。宋人郑侠《西塘集》记载："南民大率不以种艺为事，若二麦之类，益民弗知有也。公始于南津闲地，教民种麦，是岁大获，于是惠民种麦者众矣。"②自此之后，惠州的小麦种植不断发展，到北宋中期，此地区已经开辟了大面积的麦田。惠州博罗县外七里处有一座香积寺，大词人苏东坡曾经在此游玩。他看到土地丰美、麦田遍野，不禁称赞道："寺去县七里，三山犬牙，夹道皆美田，麦禾甚茂。寺下溪水可作碓磨，若筑塘百步闸而落之，可转两轮举四杵也。以属县令林抃，使督成之。"③同属岭南地区的桂林等地，也有类似的小麦种植，范成大在桂林时就曾作诗反映当时的粮食种植情况，《石湖居士诗集·宜斋雨中》记载："秀麦一番冷，送梅三日霖。"④这里面反映出小麦的生长状况。

随着南方麦类种植业的发展，小麦在粮食市场中也拥有了举足轻重的地位。南方粮食供应以水稻为主，而小麦则位居第二。在第二年夏季青黄不接之时，稻米消耗殆尽，而这时麦类作物刚好成熟，可以支撑民众食用到秋天稻熟的时节。范成大《夏日田园杂兴》有言："二麦俱秋斗百钱，田家唤作小丰年。饼炉饭甑无饥色，接到西风稻熟天。"⑤南方民众种植了小麦之后，原本青黄不接的时节成了"小丰年"，可见小麦的推广对南方农业发展影响极大，对于农业经济的多样性发展，乃至种植结构的科学化管理，都起到了巨大推动作用。

第三节　农业生产工具的创制、改进和普及

北宋政府除了向各州县宣传农业知识，拓展耕种农作物种类，指导农民因地制宜从事农业生产之外，还非常关注农业生产技术。比如"秧马"和"粪耧"就是新农具之一。秧马是栽种水稻时使用的农具，可以帮助减少劳作时农民反复弯腰造成的病痛，并增加插秧次数，这个发明对于水稻普及具有很大帮助。粪耧是施肥工具，它可以集中施肥，减少劳作时间。钢刃熟铁农具也被民间广泛利用，翻车、筒车等传统水利灌溉工具得以普及。这些新型农具的创制与普及提高了农民的耕作效率，对北宋农业的发展有着不容忽视的作用。

①　(清)徐松：《宋会要辑稿·食货六三》，中华书局1957年版，第6067页。
②　(宋)郑侠：《西塘集·惠州太守陈惠公祠堂记》，《四库全书》，上海古籍出版社1991年版，第393页。
③　(宋)苏轼：《苏轼全集·游博罗香积寺》，北京燕山出版社2009年版，第979~980页。
④　(宋)范成大：《石湖居士诗集·宜斋雨中》，《四库全书》，上海古籍出版社1991年版，第694页。
⑤　(宋)范成大：《石湖居士诗集·夏日田园杂兴之三》，《四库全书》，上海古籍出版社1991年版，第797页。

一、秧马和粪耧的创制

(一)秧马

随着北宋时期的水稻移栽技术的推广和普及，与之相适应的农具被创制出来，秧马就是这方面的一个典型代表。北宋著名文学家苏轼曾对秧马的形制、用途和功效等有详细描述，《秧马歌序》记载："予昔游武昌，见农夫皆骑秧马。以榆枣为腹欲其滑，以楸桐为背欲其轻，腹如小舟，昂其首尾，背如覆瓦，以便两髀雀跃于泥中，系束藁其首以缚秧。日行千畦，较之伛偻而作者，劳佚相绝矣。"[1]秧马作为稻作生产的重要工具，在北宋时期农业发展中发挥不可或缺的重要作用。新型农具秧马激起了苏轼文学创作的兴致，于是他创作了脍炙人口的《秧马歌》一诗：

> 春云濛濛雨凄凄，春秧欲老翠剡齐。
> 嗟我妇子行水泥，朝分一垄暮千畦。
> 腰如箜篌首啄鸡，筋烦骨殆声酸嘶。
> 我有桐马手自提，头尻轩昂腹胁低。
> 背如覆瓦去角圭，以我两足为四蹄。
> 聳踊滑汰如兔鶻，纤纤束藁亦可贵。
> 何用繁缨与月题，揭从畦东走畦西。
> 山城欲闭闻鼓鼙，忽作的卢跃檀溪。
> 归来挂壁从高栖，了无刍秣饥不啼。
> 少壮骑汝逮老鬛，何曾蹒轶防颠隮。
> 锦鞯公子朝金闺，笑我一生蹋牛犁，
> 不知自有木駃騠。[2]

这里面描写了农业耕作场景，反映出秧马在耕作中发挥的实际作用。苏轼不仅赞扬秧马的实际作用，还对秧马农具在民间的推广做出了积极贡献。刘崇德先生认为秧马是一种起秧农具，其优点在于效率较高，而且节省很多人力。农民在水田中耕作时常年弯腰，饱受"腰脊之苦"，而且长时间泡在水里，脚胫处容易疮烂，秧马的出现及时解决了这个问题。因为苏轼曾对这个农具大加赞赏并予以推广，所以秧马在北宋时期曾经一度流行。[3]

关于秧马农具的发明，元代农学家王祯曾经有过考证，《王祯农书·蓑笠门》记载：

---

① (宋)苏轼：《苏轼全集·秧马歌序》，北京燕山出版社2009年，第953页。
② (宋)苏轼：《苏轼全集·秧马歌》，北京燕山出版社2009年，第953页。
③ 刘崇德：《关于秧马的推广及用途》，载《农业考古》1983年第2期，第199~200页。

"橇，泥行具也。史记禹乘四载泥行乘橇，孟康曰橇形如箕摘行泥上，东坡《秧马歌叙》云橇岂秧马之类欤，以康言考之非秧马类也。尝闻向时河水退滩淤地，农人欲就泥裂漫撒麦种，奈泥深恐没故制木板为履，前头及两边高起，如箕中缀毛绳前后系足，底板既阔则举步不陷，今海陵人泥行及刘过苇泊中皆用之。"①在南方滩涂劳作者为了能够在这些湿地工作，避免陷入泥泞湿地，发明了很多种生产工具。北宋时期集中历代经验，最终发明出有助于稻田插秧的秧马。宋神宗元丰年间(1078—1085年)，苏轼谪居淮南西路黄州(今湖北省黄冈市黄州区)，初见水田农人骑秧马劳作的情形，这给他留下了深刻的印象。绍圣元年(1094年)，苏轼贬官广南东路惠州(今广东省惠州市)，南下赴任的途中经过江西西昌(今江西省泰和县)，见宣德郎致仕曾安止所著《禾谱》，苏轼认为该书"文既温雅，事亦详实，惜其有所缺，不谱农器也"②。于是向曾安止介绍了秧马发现的经过及其形制，并作《秧马歌》一首附于《禾谱》之末，用以推广秧马。到达惠州后，苏轼将秧马形制介绍给惠州博罗县令林天和及惠州太守，在惠州加以推广。③此后，广南东路循州龙川县令将上任时，从苏轼处讨得秧马图纸，带往龙川推广。苏轼遇到浙江衢州进士梁君管时，建议他将秧马在浙江推广，又将秧马图纸带给他在江苏吴中的儿子，并嘱咐其在江苏推广。经苏轼的积极宣传和大力推广之后，北宋以后在湖北、江西、江苏、广东、浙江等地，都能见到农民使用秧马进行劳作的场景。④

后世农书对秧马多有记载。元代农学家王祯在其著作《农书》之《农器图谱》"秧马"条，不但收入以上苏轼所述秧马的形制、用途及功效等，还全文收入《秧马歌》，并将秧马绘图予以展示(见图4-1)。⑤明代徐光启的《农政全书》，载有苏轼所记秧马之形制和功用，同时收入《王祯农书》之秧马图。⑥清代农学巨著《授时通考》全文引用《秧马歌序》，并配有秧马图。⑦可以看到，经苏轼宣传和推广以后，秧马这一农具产生了广泛而深远影响。特别是我国水稻面积非常广泛，在没有进入现代科学化之前，完全依赖人工的农业生产的传统模式要想降低生产者的时间成本非常困难。而插秧或者拔秧时期的频繁弯腰动作，都会给百姓造成身体上的巨大痛苦。苏轼推广的秧马工具在一定程度上解决了这些问题，在中国传统稻作农业生产中发挥了重要作用，应该值得历史高度赞扬。

①　(元)王祯著，王毓瑚校：《王祯农书·农器图谱七·蓑笠门》，农业出版社1981年版，第260页。
②　(宋)苏轼：《苏轼全集·秧马歌序》，北京燕山出版社2009年，第953页。
③　曾雄生：《水稻插秧器具莳梧考——兼论秧马》，载《中国农史》2014年第2期，第125~132页。
④　游修龄编著：《中国稻作史》，中国农业出版社1995年版，第156页。
⑤　(元)王祯著，王毓瑚校：《王祯农书·农器图谱集二·耒耜门》，农业出版社1981年版，第215~216页。
⑥　(明)徐光启撰，石声汉校注：《农政全书校注》，上海古籍出版社1979年版，第531~532页。
⑦　马宗申校注：《授时通考校注》，农业出版社1992年版，第251~252页。

北宋以后，元代的《王祯农书》、明代的《农政全书》、清代的《授时通考》都配有秧马图，这三大农书对后世影响巨大。但由于它们所配秧马图不甚精确，加之对苏轼相关描写文意理解的不同，人们对秧马用途的认识产生了分歧。目前，学界对此主要有三种不同观点。即拔秧说、插秧说和综合说，学者们分别站在各自的研究视野分析，应该说都有一定的道理，那么究竟哪种观点更符合客观实际呢？其一，拔秧说。苏轼《秧马歌并序》有"系束藁其首以缚秧"语，江南水稻移栽时，双手拔秧满一把后需用稻草将其捆扎成一束，以备插秧时用，这是拔秧的一个必要程序。② 苏轼《题秧马歌后》云："俯偻秋田，非独腰脊之苦，而农夫例于胫上打洗秧根，积久皆至疮烂。今得秧马，则又于两小颊上打洗，又完其胫矣。"③在小腿上打洗秧根，时间久了小腿会生疮腐烂，有了秧马，在秧马的两小颊上打洗秧根，可以保护小腿，使其免受疮烂之苦。打洗秧根是拔秧的必有环节，证明秧马用于拔秧。清末顾尚伦的《老农笔记》记载："拔秧法：在清水秧拔苗，先放水入秧田，约深三四寸，乃乘秧马拔之。"④其二，插秧说。秧马用于插秧的说法欠妥。依据水田插秧的实际情况而言，人骑乘秧马虽然也可以插秧，但有诸多不便。秧马滑行方便是适应拔秧时灵活移动之需要，真将其滑行的灵活性用于插秧，则会大大降低插秧的速度。不借助秧马，人们在水田中插秧会更快更好。苏轼《秧马歌》是文学作品，夸张成分显而易见，不能仅依据《秧马歌》中"朅从畦东走畦西""忽作的卢跃檀溪"等诗句，就妄加联想秧马具有插秧用途。⑤ 其三，综合说，属于兼顾拔秧

图4-1　《王祯农书》秧马图①

---

① （元）王祯著，王毓瑚校：《王祯农书·农器图谱集二·耒耜门》之"秧马图"，农业出版社1981年版，第216页。

② 持拔秧说者最多，比如王瑞明：《宋代秧马的用途》，载《社会科学战线》1981年第3期，第243页；刘崇德：《关于秧马的推广及用途》，载《农业考古》1983年第2期，第199～200页；李群：《"秧马"不是插秧的农具》，载《中国农史》1984年第1期，第50～53页；章楷：《关于秧马》，载《农业考古》1984年第1期；雷于新等：《中国农业博物馆馆藏中国传统农具》，中国农业出版社，2001年版，第188页；江国宏《"秧马"并未失传》，载《咬文嚼字》2004年第2期，第25～26页；曾雄生：《水稻插秧器具莳梧考——兼论秧马》，载《中国农史》2014年第2期，第125～132页。

③ 石声汉、唐玲玲选注：《苏轼文选》，上海古籍出版社1989年版，第318页。

④ 此三处清代文献转引自游修龄编著的《中国稻作史》，中国农业出版社1995年版，第157～158页。

⑤ 持插秧说者，比如王家琦：《水转连磨、水排和秧马》，载《文物参考资料》1958年第7期，第34～36页；王若昭：《我国古代的插秧工具》，载《农业考古》1981年第2期，第92～94页；郭隽杰：《苏轼与秧马》，载《光明日报》1983年2月26日；漆侠：《宋代经济史》，中华书局2009年版，第112页；罗庆芳：《关于"秧马"的探析》，载《农业考古》2013年第1期，第119～121页；孙振誉：《古诗今译：苏轼"秧马歌"》，载《基层农技推广》2013年第9期，第79页。

说和插秧说两种表达方式。① 王颋、王为华《桐马禾云——宋、元、明农具秧马考》认为，北宋时期的秧马既具有拔秧的作用又具有插秧的功能。文中对北宋出现的秧马的历史发展作了详细介绍，宋代以后劳动者对于秧马进行改进，去掉了头尾的部分零件，秧马才只具有拔秧的功能。但这并不能论定北宋秧马功能的单一性，因此作者认为北宋时期秧马是一种多功能的新式农具。② 实际上每一项生产工具，都是古代劳动人民的伟大发明，他们在生产劳作中，也会根据自然情况利用秧马农具。或许以拔秧为主，但是插秧的作用也不能忽视。

（二）粪楼

曾雄生先生认为，北宋时期发明的粪楼，是对播种农具楼车的重大改进，即在楼车上加装肥料箱，创制出了粪楼这个重要的农业生产工具。③ 农业生产离不开肥料作用，但是如何使土地有效吸收肥料，实际上经过了多年的经验总结。北宋进士韩琦的《祀坟马上》诗云："二茔逢节展松楸，因叹农畴荐不收。高穗有时存蜀黍，善耕犹惜卖吴牛。泉干几处闲机碓，雨过谁家用粪楼。首种渐生还自喜，尚忧难救赤春头。"④此处的"粪楼"即粪楼，乃"下粪楼种"。《王祯农书·农器图谱》载："近有创制下粪楼种，于楼斗后别置筛过细粪，或拌蚕沙，耩时随种而下，覆于种上，尤巧便也。"⑤粪楼属于一种半自动的农业工具，可以把肥料均匀地播撒在田地里。实际上在古代传统的农业社会里，要想促使农地多收获粮食，施肥是必不可少的一项生产内容。但是如何把肥料均匀地放入田间，需要农民们的经验和技术。粪楼经过技术改进以后，在北宋时期也获得一定程度的普及，为农业发展起到很大的促进作用。"细粪"状态应该经过了细致加工，"或拌蚕沙"应该是里面掺杂桑蚕的粪便。因为中国南北两地都栽种大量桑树养蚕，其中桑蚕粪便既可以入药，也可以作为肥料，以此增加粮食收获。关于农业上用"蚕沙"的施肥方法，贾思勰《齐民要术·种瓠》记载："先掘地作坑，方圆，深各三尺。用蚕沙与土相合，令中半，著坑中，足蹑令坚，以水沃之。候水尽即下瓠子十颗复以前粪覆之。"⑥可

---

① 持综合说者认为秧马既用于拔秧又用于插秧，周昕：《中国农具发展史》，山东科学技术出版社 2005 年版，第 648 页；万方：《中国古代日用器物图——秧马》，载《书屋》2007 年第 10 期；陈伟庆：《宋代秧马用途再探》，载《中国农史》2012 年第 4 期，第 118～122 页；王颋等：《桐马禾云——宋、元、明农具秧马考》，载《中国农史》2009 年第 1 期，第 7～15 页；伍晴晴：《秧马》，载《农业技术与装备》2012 年第 9 期，第 57 页；曾雄生：《中国农业通史·宋辽夏金元卷》，中国农业出版社 2014 年版，第 364 页；汪泽宇：《传家宝——秧马》，载《中华家教》2015 年第 6 期；陈建裕：《苏轼诗文所载"秧马"用途说略》，载《平顶山学院学报》2015 年第 6 期，第 93～96 页。

② 王颋、王为华：《桐马禾云——宋、元、明农具秧马考》，载《中国农史》2009 年第 1 期，第 7～15 页。

③ 曾雄生：《下粪楼种发明于宋代》，载《中国科技史杂志》2005 年第 3 期，第 246～248 页。

④ 北京大学古文献研究所编：《全宋诗》，北京大学出版社 1996 年版，第 4111 页。

⑤ （元）王祯著，王毓瑚校：《王祯农书·农器图谱集之二》，农业出版社 1981 年版，第 212 页。

⑥ （北魏）贾思勰著，石声汉校释：《齐民要术·种瓠》，中华书局 2009 年版，第 200 页。

见用蚕沙施肥是一种传统方法。龚光炎先生认为粪楼施肥是庶民固有的施肥方法，也是我国农民挫济用肥的方法之一，在农家肥料不足的时候，更有必要总结与应用粪樱施肥的方法，它在农业生产中发挥着重要的作用。①

二、钢刃熟铁农具的推广与应用

北宋时期农业生产技术较之前代有了巨大的进步，在农具方面突出表现为钢刃熟铁农具的广泛应用，这与当时炼制锻造熟铁和钢技术的进步密不可分。沈括的《梦溪笔谈》对北宋先进的钢铁炼制锻造技术有如下记载："世间锻铁所谓'钢铁'者，用'柔铁'屈盘之，乃以'生铁'陷其间，泥封炼之，锻令相入，谓之'团钢'，亦谓之'灌钢'。此乃伪钢耳，暂假生铁以为坚。二三炼则生铁自熟，仍是柔铁，然而天下莫以为非者，盖未识真钢耳。予出使至磁州锻坊，观炼铁，方识真钢。凡铁之有钢者，如面中有筋，濯尽揉面，则面筋乃见；炼钢亦然，但取精铁锻之百余火，每锻称之，一锻一轻，至累锻而斤两不减，则纯钢也，虽百炼不耗矣。此乃铁之精纯者，其色清明，磨莹之，则暗暗然青且黑，与常铁迥异。亦有炼之至尽而全无钢者，皆系地之所产。"②《梦溪笔谈》详细地记述了百炼钢的工艺及原理，这也是中国传世文献对此记载最为详细者。以现代钢铁锻造技术原理来看，精铁的反复锻打不但可以排除杂质，还可使其成分均匀，增加硬度和韧性，有时亦可使晶粒细化，从而炼出优质的钢材。杨宽先生认为"除了犁铧、犁壁为了坚硬耐磨，仍然使用白口生铁铸造以外，大量使用厚重的钢刃熟铁农具，用来代替过去小型薄壁的韧性铸铁农具"③。因此熟铁农具拥有柔韧和坚硬两种特点，它会提高农业生产效率，在农业生产中发挥积极作用。

北宋铁犁铧或用白口铁铸造，或为钢刃熟铁材质。考古出土有以白口铁铸造的北宋铁犁铧实物，如山东枣庄市渴口乡渴口村出土两件踏犁铧，均为白口铁铸造。④ 考古亦出土有北宋钢刃铁犁铧实物，比如1956年4月，苏北治淮文物工作组曾在江苏扬州凤凰河工地发现了一件北宋时期的铁犁铧，长29.8厘米，宽22.7厘米，厚0.8厘米，刃边均为钢质有光泽，背面有安犁柄的痕迹(见图4-2)。⑤ 它的质地坚硬耐磨，非常适合作用于长期的农业生产。

北宋时期踏犁在技术上获得了改进，因为多以熟铁和钢锻造而成，坚韧锋利，成为重要的垦耕工具。在北宋政府的大力倡导下，踏犁在北宋境内诸多地区不断得到推广。例如北宋初年，踏犁在黄淮平原一些地区逐步得到推广，宋太宗淳化五年(994年)，

---

① 龚光炎：《豫东青砂土区的粪楼施肥》，载《土壤通报》1963年第4期，第50页。
② (宋)沈括著，胡道静校证：《梦溪笔谈校证·辩证一》，上海古籍出版社1987年版，第127页。
③ 杨宽：《我国历史上铁农具的改革及其作用》，载《中国农史》1980年第5期，第89~98页。
④ 李锦山：《北宋利国监造铁农具考》，载《农业考古》1987年第2期，第215~220页。
⑤ 蒋缵初：《江苏扬州附近出土的宋代铁农具》，载《文物》1959年第1期，第19页。

"宋（今河南商丘）、亳（今安徽亳州）数州牛疫，死者过半，官借钱令就江、淮市牛。未至，属时雨沾足，帝虑其耕稼失时，太子中允武允成献踏犁，运以人力，即分命秘书丞、直史馆陈尧叟等，即其州依式制造给民"②。宋真宗时期，政府将淮、楚的踏犁样式向黄河以北地区推广。《宋史·真宗三》记载："（景德二年）取淮、楚间踏犁式颁之河朔。"③淮河流域和湖北地区都流行这种踏犁农具。《宋史·食货志上一》记载："河朔戎寇之后，耕具颇阙，牛多瘠死。二年，内出踏犁式，诏河北转运使询于民间，如可用，则官造给之。"④这说明如果踏犁实用，可以由官方推广。踏犁是介于耜和犁之间的耕地农具，踏犁耕地虽不如牛耕，但较锄耕是很大的进步。踏犁在北宋的大面积推广，并非全因畜力的缺乏，更多是对农具的一种因地制宜的选择。踏犁以其轻便灵活的特点，较好地适应了北宋诸多

图 4-2　北宋钢刃铁犁铧①

地区人多地少、田块狭小、丘陵山地等复杂多样的农业生产状况。

　　铁搭又名铁齿耙，或 4 齿或 6 齿，是北宋时期被广泛使用的人力钢刃熟铁开垦工具。唐代铁搭就是江南农民的农具之一。唐诗云："乳燕入巢笋成竹，谁家二女种新谷。无人无牛不及犁，持刀斫地翻作泥。"⑤此"持刀"之"刀"即铁搭，此诗描述了暮春时节，江南地区两姊妹以铁搭耕地的劳动场景。1956 年在江苏扬州附近的一口废井中，出土了一件保存完整的北宋时期的四齿铁耙（铁搭），长 17.8 厘米、两端齿距 18.1 厘米（见图 4-3）。⑥铁搭在北宋的广泛应用，既有畜力不足的原因，也与人多地少的现状有关，还与耕作技术密不可分。对无牛且只有少量土地的农民而言，铁搭是重要的农具，可一具多用。对于土质黏重的水田而言，犁、耙等大型的农具显得笨重，有诸多不便难以深耕，而用铁搭翻耕比牛耕翻得深，且能随手敲碎土块。也是基于以上诸多因素，铁搭这一农具凭借其旺盛的生命力，得以在历史上流传至今。

　　杨宽先生曾评价唐宋时期钢刃熟铁农具及铁搭、踏犁的广泛运用："总的说来，在我国封建社会发展历史上，铁农具发生三次重大的改革。第一次改革在战国秦汉之际，由于生铁冶炼技术的发展和生铁柔化技术的发明，逐渐推广使用韧性铸铁农具（除了犁

　　①　蒋缵初：《江苏扬州附近出土的宋代铁农具》，载《文物》1959 年第 1 期，第 19 页。
　　②　（元）脱脱：《宋史·食货志上一·农田条》，中华书局 1985 年版，第 4159 页。
　　③　（元）脱脱：《宋史·真宗二》，中华书局 1985 年版，第 127 页。
　　④　（元）脱脱：《宋史·食货志上一·农田条》，中华书局 1985 年版，第 4161~4162 页。
　　⑤　（唐）戴叔伦：《女耕田行》，《唐诗鉴赏辞典》，商务印书馆 2012 年版，第 937 页。
　　⑥　蒋缵初：《江苏扬州附近出土的宋代铁农具》，载《文物》1959 年第 1 期，第 19 页。

图 4-3　北宋铁搭①

铧、犁壁使用白口生铁铸造以外），成为促使农业生产出现第一个高峰的重要因素。第二次改革在唐宋之际，由于'炒钢'技术的发展和'灌钢'冶炼法的进步，逐渐推广使用钢刃熟铁农具。在耕犁上创造了犁刀的装置，手工耕具中出现了铁搭和踏犁，成为促使农业生产出现第二个高峰的重要因素。第三次重大改革是在明清之际，由于'生铁淋口'技术的发明，推广使用'擦生'铁农具。但是这次改革的重要性，比上两次改革的力度相去甚远了。"②

三、翻车、筒车的普及

（一）翻车

翻车又名"龙骨车"。元代《王祯农书》对翻车的形制、操作方法、输水机理等有详细记载："其车之制，除压栏木及列槛椿外，车身用板作槽，长可二丈，阔则不等，或四寸，至七寸，高约一尺。槽中架行道板一条，随槽阔狭，比槽板两头俱短一尺，用置大小轮轴。同行道板上下通周以龙骨板叶。其在上大轴两端，各带拐木四茎，置于岸上木架之间。人凭架上，踏动拐木，则龙骨板随转循环，行道板刮水上岸，此车关楗颇多，必用木匠，可易成造。"③作为我国著名的农业灌溉机械之一的翻车，其发明的时间较早。据传世文献记载，东汉人毕岚作翻车。《后汉书·宦者传附张让传》记载："（汉灵帝中平三年）又使掖庭令毕岚……又作翻车、渴乌，施于桥西，用洒南北郊路，以省

---

① 蒋缵初：《江苏扬州附近出土的宋代铁农具》，载《文物》1959 年第 1 期，图四齿铁耙。
② 杨宽：《我国历史上铁农具的改革及其作用》，载《中国农史》1980 年第 5 期，第 98 页。
③ （元）王祯著，王毓瑚校：《王祯农书·农器图谱集十三·灌溉门》，农业出版社 1981 年版，第 326 页。

百姓洒道之费。"李贤注:"翻车,设机车以引水。"①三国时期魏国人马均对翻车进行了技术改进,使农业生产获得了进步。《三国志·魏书·杜夔传》引裴松之注:"时有扶风马均,巧思过世,傅玄序之曰:'……居京都,城内有地,可以为园,患无水以灌之,乃作翻车,令童儿转之,而灌水自覆,更入更出,其巧百倍于常。'"②由此可知,翻车能提高农业生产效率,特别是在缺水时节,能够发挥出重要作用。而且即使是儿童也可以参与生产,这说明翻车的操作比较简单。根据唐耕耦先生的研究,隋唐时期翻车在中国南方地区的使用逐渐多了起来。③

虽然在北宋以前翻车就已经被发明出来了,但真正开始普及则在北宋。在北宋时期的文献中,有较多关于翻车的记载,甚至诗歌作品中都有对其的描述。比如苏轼的《无锡道中赋水车》记载:"翻翻联联衔尾鸦,荦荦确确蜕骨蛇。分畴翠浪走云阵,刺水绿针抽稻芽。洞庭五月欲飞沙,鼍鸣窟中如打衙。天公不见老农泣,唤取阿香推雷车。"④此"雷车"即翻车。这里描写在没有雨水的季节,庄稼需要灌溉时,便推出翻车浇灌农田。《王祯农书》之《农器图谱》"翻车"条,就以苏轼此诗结尾,并绘有翻车图(图4-4)。⑤

图4-4 《王祯农书》翻车图⑥

---

① (南朝)范晔:《后汉书·宦者传附张让传》,中华书局1965年版,第2537页。

② (晋)陈寿撰,裴松之注:《三国志·魏书·方技传·杜夔传》,中华书局1959年版,第807页。

③ 唐耕耦:《唐代水车的使用和推广》,载《文史哲》1978年第4期,第73~76页。

④ (宋)苏轼:《苏轼全集·无锡道中赋水车》,北京燕山出版社2009年,第271页。

⑤ (元)王祯著,王毓瑚校:《王祯农书·农器图谱集十三·翻车》,农业出版社1981年版,第326~327页。

⑥ (元)王祯著,王毓瑚校:《王祯农书·农器图谱集十三·灌溉门》,农业出版社1981年版,第326页。

北宋诗人梅尧臣（1002—1060 年）《赠张伯益》诗云："风义自足常游遨，醉弹琵琶声嘈嘈。雷车急辊蛟龙号，曲终放拨解紫绦。勇气索笔作小篆，李斯复出秦碑高。不数宣王石鼓文，快健欲敌横磨刀。弈棋丝桐且置之，众善多取精神劳。"①这首诗中的"雷车"与苏轼诗"雷车"同为翻车。北宋诗人张耒（1054—1114 年）《旱谣》诗云："七月不雨井水浑，孤城烈日风扬尘。楚天万里无纤云，旱气塞空日昼昏。土龙蜥蜴竟无神，田中水车声相闻。努力踏车莫厌勤，但忧水势伤禾根。道傍执送者何人，稻塍争水杀厥邻。五湖七泽水不贫，正赖老龙一屈伸。"②此处"水车"即翻车，这里描绘了使用水车的农业生产场景。北宋著名政治家范仲淹（989—1052 年）《水车赋》云："如岁大旱，汝为霖雨。"③可以看出水车用于干旱季节，而且成为了解决旱灾的心理寄托。另外，王安石（1021—1086）《独归》云："钟山独归雨微冥，稻畦夹冈半黄青。疲农心知水未足，看云倚木车不停。悲哉作劳亦已久，暮歌如哭难为听。而我官闲幸无事，北窗枕簟风泠泠。于时荷花拥翠盖，细浪翻雪千娉婷。谁能欹眠共此乐，秋港虽浅可扬舲。"④《山田久欲坼》云："山田久欲坼，秋至尚求雨。妇女喜秋凉，踏车多笑语。朔云卷众水，惨淡吹平楚。横陂与直堑，疑即没洲渚。霍霍反照中，散丝鱼几缕。鸿蒙不可问，且往知何许。欹眠露下厢，侧见星月吐。龙骨已呕哑，田家真作苦。"⑤从中能够看到农民利用翻车进行农业生产的欢乐场景。沈与求（1086—1137 年）《雨不止》诗云："已看城郭半浮楂，水牸联翩接渚涯。天意若知民意切，停鞭且止阿香车。"⑥李根蟠认为此"水牸"即翻车。⑦

除了北宋大量诗歌记载翻车灌溉农田之外，北宋文献还记载翻车的其他用途，如车水济漕、排洪救灾等。《进单锷吴中水利书状》记载："昔熙宁八年（1075 年），是岁大旱，运河皆旱涸，不通舟楫。是时锷自武林过无锡，固见将军堰，既不渡船筏，而开是渎者，古人岂无意乎？因语与邑宰焦千之曰：'今运河不通舟楫，切睹将军堰接运河，去梁溪无百步之远，古人置此堰渎，意欲取梁溪之水以灌运河。'千之始则以锷言为狂，终则然之。遂率民车四十二管，客车梁溪之水以灌运河，五日河水通流，舟楫往来。"⑧此"民车四十二管"即翻车四十二架，用翻车提取邻近将军堰之水"以灌运河"，使干涸的运河恢复了航运功能。使用翻车排洪救灾的事例，如苏轼《韩干马十四匹》诗云："侧手区区未易遮，奔流一瞬卷千家。共疑智伯初围赵，犹有张汤欲漕斜。已坐迁疏来此

① （宋）梅尧臣著，朱东润校注：《梅尧臣集编年校注》，上海古籍出版社 2006 年版，第 846 页。

② （宋）张耒：《张耒集》，中华书局 1990 年版，第 52 页。

③ 四川大学古籍整理研究所编：《全宋文》，巴蜀书社 1990 年版，第 405 页。

④ 唐宋八大家文集编委会编：《唐宋八大家文集·王安石文集》，中央民族大学出版社 2002 年版，第 286 页。

⑤ （宋）王安石：《临川先生文集》，中华书局 1959 年版，第 143 页。

⑥ （宋）沈与求：《龟溪集·雨不止》，浙江古籍出版社 2014 年版，第 45 页。

⑦ 李根蟠：《水车起源和发展丛谈（上辑）》，载《中国农史》2011 年第 2 期，第 11 页。

⑧ （宋）苏轼：《苏轼全集·奏议·进单锷吴中水利书状》，北京燕山出版社 2009 年版，第 2066 页。

地，分将劳苦送生涯。使君下策真堪笑，隐隐惊雷响踏车。"①此"踏车"即翻车。该诗描写的是河水决溢泛滥以后，百姓使用翻车排涝自救的情景。这说明用于农业生产的翻车还起到抗洪防灾的间接作用。

李根蟠认为翻车与筒车相比具有诸多优势，在生产和生活中使用更为广泛，并分析了其中的主要原因，非常具有说服力，下面引用如下："筒车效率高、省人力，这是翻车所不及的。但翻车也具有筒车没有的优点。筒车要有湍急水流作动力，翻车却不受这种限制，无论流水静水、河水塘水，只要临水处都可使用。筒车只能灌溉不能排涝，翻车既能抗旱灌溉，又能排涝救灾，既适用于高田，也适用于低田。筒车要固定安置在一个地方，翻车却可以随时移动。取水的陂塘河湖水位降低了，可以调整车水位置；这里水源枯竭了，可以挪到别的有水处；这里工作完成了，可以转移岗位。如果别的有需要，又可随时调集水车'参战'。翻车的这种灵活性，使它能够适应各种不同的条件，完成多种多样的工作。"②北宋时期的农田水利建设成就卓著，其中对于水资源的有效利用方法更是史不绝书。这时期水车的发展直接提高了土地利用效率，增加了粮食产量，为后世的田间耕作与管理留下了宝贵经验。

(二) 筒车

筒车亦称"水转筒车"，是利用湍急的水流推动车轮，使装在车轮上的水筒自动戽水，将低处之水运至高处的一种提水机具，按照材质分竹筒车和木筒车两种。关于安装筒车的注意事项，以及提水和输水方法和功效等，《王祯农书》记载："筒车、流水筒轮。凡制此车，先视岸之高下，可用轮之大小；须要轮高于岸，筒贮于槽，乃为得法。其车之所在，自上流排作石仓，斜僻水势，急凑筒轮，其轮就轴为毂，轴之两旁，搁于桩柱山口之内。轮辐之间除受水板外，又作木圈缚绕轮上，就系竹筒或木筒(谓小轮则用竹筒，大轮则用木筒)于轮之一周；水激轮转，众筒兜水，次第下倾于岸上所横木槽，谓之'天池'，以灌田稻。日夜不息，绝胜人力，智之事也。"③筒车自动提水功能节约了很多人工成本，降低了农民的劳动强度，至此"人无灌溉之劳，田有常熟之利"④，可见筒车减轻了劳作者的农业生产负担，某种程度上有助于农业收获。

筒车的创制较翻车晚，据文献记载，隋唐时期才开始出现筒车。唐代人陈廷章《水轮赋》云："水能利物，轮乃曲成。升降满农夫之用，低徊随匠氏之程。始崩腾以电散，俄宛转以风生。虽破浪于川湄，善行无迹；既斡流于波面，终夜有声。"⑤北宋时期，筒

---

① (宋)苏轼：《苏轼全集·韩干马十四匹》，北京燕山出版社2009年版，第372页。

② 李根蟠：《水车起源和发展丛谈(中辑)》，载《中国农史》2011年第4期，第42页。

③ (元)王祯著，王毓瑚校：《王祯农书·农器图谱集十三·灌溉门》，农业出版社1981年版，第327~328页。

④ (元)王祯著，王毓瑚校：《王祯农书·农器图谱集十三·灌溉门》，农业出版社1981年版，第328页。

⑤ 周绍良主编：《全唐文新编》，吉林文史出版社2000年版，第12904~12905页。

车广泛见于黄河中下游地区、长江流域及其以南的广大地区。① 当时黄河流域的皇家或贵族园林里就有筒车的身影。《宋史·太祖纪三》记载：开宝九年(976 年)"六月庚子，步至晋王邸，命作机轮，辇金水河注邸中为池"②。此记在北宋首都东京(开封)建造大型筒车，车金水河水入晋王府邸之园林水池之中。北宋范祖禹(1041—1098 年)《游李少师园十题》中有一首《水轮》："崩腾喷雪浪，昼夜无停息。回旋天磨转，运动日卓侧。"该诗描述的是李少师园林里的筒车，北宋时期李少师的园林在西京洛阳。

图 4-5　《王祯农书》筒车图③

北宋时期，在长江流域及其以南地区，筒车是较为常见的农业生产工具。李处权《土贵要予赋水轮》诗曰："吴侬踏车茧盈足，用力多而见功少。江南水轮不假人，智者创物真大巧。一轮十筒挹且注，循环下上无时了。四山开辟中沃壤，万顷秧齐绿云绕。绿云看即变黄云，一岁丰穰百家饱。"④此诗中的"吴侬"指苏州附近的农人，"江南"指淮南和长江下游地区。北宋人梅尧臣《水轮咏》："孤轮运寒水，无乃农者营，随流转自速，居高还复倾。利才畎浍间，功欲霖雨并，不学假混沌，亡机抱瓮罂。"⑤《水车》：

①　李根蟠：《水车起源和发展丛谈(下辑)》，载《中国农史》2012 年第 1 期，第 3~21 页。

②　(元)脱脱：《宋史·太祖纪三》，中华书局 1985 年版，第 47 页。

③　(元)王祯著，王毓瑚校：《王祯农书·农器图谱集十三·灌溉门》，农业出版社 1981 年版，第 327 页。

④　(宋)李处奴：《崧庵集·土贵要予赋水轮》，《四库全书》，上海古籍出版社 1991 年版，第 605~606 页。

⑤　(宋)梅尧臣著，朱东润校注：《梅尧臣集编年校注》，上海古籍出版社 2006 年版，第 100~101 页。

"既如车轮转，又若川虹饮，能移霖雨功，自致禾苗稔。上倾成下流，损少以益甚。汉阴抱瓮人，此理未可念。"①梅尧臣的《水轮咏》是其在景祐四年(1037年)知建德县时所作，建德县在今杭州西南。北宋诗人王令(1032—1059年)有四组"水车"诗，即《水车问龙》："来何必召云，去何必飞天？我名不为龙，何能雨尔田？"《龙答水车》："神龙谢子车，子能未足多。上润虽已然，下竭将奈何？"《水车谢龙》："水车谢神龙，下竭固无奈，旱则我为用，尔龙尚何谓！"《龙谢水车》："神龙谢水车，吾语尔来前：尔虽用于人，我亦用于天；在物固不同，于用岂殊然？水下高田干，尔能俯水取；假人不尔用，尔受田责否？我身虽为龙，动亦天所主；天犹不有命，我安事为雨？"②可见水车在诗人心中的形象。

漆侠先生和李根蟠先生都认为，王令《水车》诗中的水车皆指筒车。③ 王令乃扬州人，在江苏、安徽一带以教书为生，"水车"组诗应是作者在江苏、安徽地区见闻后的创制。苏辙《次韵子瞻栊头》记载："水上有车车自翻，悬雷如线垂前轩。"④该诗是作者于北宋绍圣二年(1095年)被贬筠州期间所作，筠州即今江西省高安市一带。北宋人刘敞(1019—1068年)《同客饮涪州薛使君佚老亭》云："百尺井底泉，激轮乍飞流。潺湲入庭户，宛转如奔虬。"⑤该诗描写的是筒车运转车水的情形，其中"佚老亭"即江西庐山的佚老亭。北宋诗人沈辽(1032—1085年)《水车》载："黄叶渡头春水生，江中水车上下鸣。谁道田间得机事，不如抱瓮可忘情。"⑥该诗是作者寓居湖南永州时观当地筒车后有感而作。这说明筒车在北宋时期非常普及，作为农民的主要生产劳动工具，发挥了节约人工成本、降低劳动强度的重要作用。因此这种看似简单的农业工具，是伴随着历史发展不断得以改进的，也是劳动人民在农业耕作中不断积累的客观经验的体现。

小　结

北宋时期农业技术的不断进步，对于农业发展有不容忽视的作用。首先，这时期农作物种植突破了单一的种植结构。一般情况下，人们往往愿意在已经开垦的土地上从事农业生产，很多山地、陂地等受到自然条件的限制，不能发挥农业生产上的积极作用。北宋政权的各级官吏采取较为务实的政治态度，在北方水源充足之地大面积推广水稻种植，这就使得原本没有被耕作的沼泽或者陂地得到利用，很大程度上缓解了一些北方粮

---

① (宋)梅尧臣著，朱东润校注：《梅尧臣集编年校注》，上海古籍出版社2006年版，第916~917页。

② (宋)王令：《王令集》，上海古籍出版社1980年版，第67~68页。

③ 漆侠：《中国经济通史·宋代经济卷》，经济日报出版社1999年版，第126页；李根蟠：《水车起源和发展丛谈(下辑)》，载《中国农史》2012年第1期，第5页。

④ (宋)苏辙著，陈宏天、高秀芳编：《苏辙集》，中华书局1990年版，第892页。

⑤ (宋)刘敞：《公是集》，中华书局1985年版，第60页。

⑥ 黄仁生、罗建伦校点：《唐宋人寓湘诗文集》，岳麓书社2013年版，第1084页。

食的不足问题，还能够使土地得以充分利用。北方迁往南方的庶民们带去了先进的农业生产技术和小麦耕种方法，使得南方很多山地和丘陵不适合种植水稻的地方能够种植耐旱的小麦，使很多荒地得到有效利用。其次，不同品种的农作物交叉轮作，充分利用了地理条件，增加了粮食产量。从孟元老《东京梦华录》记载的丰富的面食种类中，就可以窥见当时的粮食产量非常高。[1] 这种变化促使宋代日益严重的人地矛盾在很大程度上得到了缓解，民众的生活质量有了明显提高。水稻在北方的种植和小麦在南方的普及，都不同程度地改变了当地民众的饮食习惯，从而推动了经济和文化的快速发展，政治意义十分重大。最后，新式农具的创制与推广方面，同样推动了北宋农业进步，其中秧马、粪耧、钢刃熟铁农具、翻车、筒车等，都是劳动人民在生产生活中智慧的结晶，这些农具不仅提升了北宋时期的农业生产力，还改善了广大民众的生活条件，提高了古代社会的生活水平，在中国古代农业发展史上，留下了浓墨重彩的一笔。

---

[1]　(宋)孟元老：《东京梦华录笺注·饼店》，中华书局 2006 年版，第 443 页。

第五章 北宋农业基本政策

北宋时期在劝导农业的过程中，出台了很多有利于农业发展的基本政策，这对于宏观上奖励农民积极参加农业生产非常重要。比如鼓励开荒、设置劝农使、检田均税、农业科技推广等，都具有政策导向的积极作用。此外，北宋中期的王安石变法中，涉及很多农业新政策，这也是北宋农业经济中值得关注的农业政策问题。

那么北宋时期的农业政策，具有哪些重要特点呢？《建隆劝农诏》载："建隆三年正月甲戌，诏曰生民在勤，所宝惟谷，先王明训也，阳和在辰播种，资始宜行，劝诱广务耕耘。"[①]这里面反映出三点含义，主要是"生民在勤""所宝惟谷"和"广务耕耘"，都阐明了发展农业生产的基本政策。北宋统治者极为务实，鼓励开荒并设立劝农使官职，通过检田均税收取农业税，还大力推广农业科技，这就使得北宋农业在多种政策的实施下，得到了进一步的发展。但是，随着北宋时期的土地兼并问题日益加剧，以及各种农业问题逐渐凸显，宋神宗时期为了缓解北宋社会存在的各种矛盾，开始了熙宁变法。其中围绕农业政策问题，主要有青苗法、农田水利法、募役法、捕蝗法、检田均税法等措施，在短时间内，这些农业政策为北宋社会发展产生了积极作用。但是王安石变法毕竟还有很多弊端，特别是遭到诸多思想保守的大臣反对，很多庶民利益也受到不同程度的侵害，最后因神宗皇帝驾崩，这场轰轰烈烈的改革失败了，很多农业政策变得更加混乱，百姓的生活陷入了更深的凄苦。由此可见北宋的农业政策存在很多变化，这既有助于解决很多农业问题，同时还存在很多政治弊端。

本章主要以北宋时期的劝农政策，以及王安石变法中涉及的一些农业政策问题进行文献考察，期待寻找北宋农业政策与农业发展的关联性。

第一节 北宋劝农政策

北宋时期的统治者都非常重视农业生产，通过多种形式鼓励农民耕作田地。根据目前文献考察，大致有三种方法：其一，亲自"观稼"，宋太宗、真宗、仁宗等在玉津园、瑞圣园等皇家园囿种植大量的麦、桑、稻等农作物，每年收获季节他们常率领大臣于此"观稼"，[②]这是重视农业生产的重要表现。其二，以文学创作形式关注农业，宋真宗

---

①　(宋)王应麟：《玉海·礼仪·建隆劝农诏》，广陵书社2007年版，第1422页。

②　(清)徐松：《宋会要辑稿·方域三》，中华书局1957年版，第7348~7349页。

曾作《贵粟食吟》《念农歌》《轸田夫吟》《悯农歌》等，① 以示关注农业生产和关心农民生活。其三，两度行"籍田礼"。《宋史·食货志上一·农田》记载："端拱初，亲耕籍田，以劝农事。"②《续资治通鉴长编·太宗》同载，端拱元年(988 年)正月乙亥，宋太宗于东郊祭先农，行籍田礼;③ 宋仁宗明道二年(1033 年)行亲耕籍田礼。④ 此外，北宋初年政府还制定了有利于恢复农业生产，以及逐步发展农事的一系列政策。

一、鼓励垦荒

北宋结束了五代军事纷争以后，国家开始走向和平，但有很多土地已经荒芜，恢复农业生产是迫在眉睫的政治大事。《宋史·食货志上一》记载："京畿周环二十三州，幅员数千里，地之垦者十才二三。"⑤对于这些荒闲土地，北宋政府采取鼓励无地或少地农民垦荒的政策，明确规定无田业的客户与无地、少地的主户，可以根据实际情况开荒耕作。为此宋太宗、宋真宗还数次召集群臣，议论开发京畿、京西地区荒废土地的问题，并派人进行实地考察。北宋初年还成立了营田务，以营田、屯田等方式组织军民垦荒，这种最为务实的农业政策为北宋时期走向社会稳定，乃至社会繁荣奠定了物质基础。

表 5-1　北宋前期鼓励垦荒诏令

时　间	诏令内容	文献出处
宋太祖建隆三年(962年)正月	永念农桑之业，是为衣食之源，今者阳和在辰，播种资始，虑彼乡闾之内，苟春作之不勤，则岁功之何望，卿任居守土，职在颁条。一方之尤寄非轻，万世之蒸黎是赖，宜行劝诱，广务耕耘。	(宋)司义祖:《宋大诏令集·政事三十五·田农·赐郡国长吏劝农诏》
宋太祖乾德四年(966年)闰八月	庶畿畎亩之间，各务耕耘之业，宜令所在，明加告谕，有能广植桑枣、开垦荒田者，并只纳旧租，永不通检。令佐能招复逋逃、劝课栽植，岁减一选者，加一阶。	(宋)司义祖:《宋大诏令集·劝栽植开垦诏》

① (宋)李焘:《续资治通鉴长编·真宗》"大中祥符三年三月丁酉"，中华书局 1983 年版，第 1659 页。

② (元)脱脱:《宋史·食货志上一》，中华书局 1985 年版，第 4158 页。

③ (宋)李焘:《续资治通鉴长编·太宗》"端拱元年正月乙亥"，中华书局 1983 年版，第 646 页。

④ (宋)李焘:《续资治通鉴长编·仁宗》"明道二年二月丁未"，中华书局 1983 年版，第 2605 页。

⑤ (元)脱脱:《宋史·食货志上一》，中华书局 1985 年版，第 4160 页。

续表

时　间	诏令内容	文献出处
宋太宗开宝六年(973年)九月	诸州今年四月已前逃移人户，特许归业，只据见佃桑土输税，限五年内却纳元额。四月已后逃移者，永不得归业，田土许人请射。	(清)徐松：《宋会要辑稿·食货六九》
宋太宗开宝九年(976年)	先是流民归业者，止输所佃之税，俟五岁乃复故额，以是及五岁辄逃。	(宋)李焘：《续资治通鉴长编》卷一七
宋太宗太平兴国七年(982年)	宜令本府设法招诱，并令复业，只计每岁所垦田亩桑枣输税，至五年复旧，旧所逋欠，悉从除免。限诏到百日，许令归复。违者桑土许他人承佃为永业，岁输税调亦如复业之制。仍于要害处粉壁揭诏书而示之。	(清)徐松：《宋会要辑稿·食货一》
宋太宗淳化五年(994年)	凡州县旷土，许民请佃为永业，蠲三岁租，三岁外，输三分之一。	(元)脱脱：《宋史·食货志上一》
宋太宗至道元年(995年)六月	应诸州管内旷土，许民请佃，便为永业，仍免三年租调，三年外输税十之三。应州县官吏劝课居民垦田多少，并书印纸，以示旌赏。	(清)徐松：《宋会要辑稿·食货一》
宋太宗至道三年(997年)七月	应天下荒田，许人户经官请射开耕，不许(计)岁年，未议科税，直候人户开耕事力胜任起税，即于十分之内定二分，永远为额。	(清)徐松：《宋会要辑稿·食货六三》
宋真宗咸平二年(999年)二月	前许民户请佃荒田，未定税赋，如闻抛弃本业，一向请射荒田。宜令两京、诸路榜壁晓示，应从来无田税者，方许请射系官荒土及远年落业荒田，俟及五年，宫中依前敕于十分内定税二分，永远为额。如见在庄田土窄，愿于侧近请射，及旧有庄产，后来逃移，已被别人请佃，碍敕无路归业者，亦许请射。……其宫中放收要用土地及系帐逃户庄园、有主荒田，不得误有给付。	(清)徐松：《宋会要辑稿·食货一》
宋真宗天禧三年(1019年)八月	凡在田地增植桑柘，更不增税。所在书壁告谕。	(清)徐松：《宋会要辑稿·食货七〇》

续表

时　　间	诏令内容	文献出处
宋仁宗天圣初（1023年）	民流积十年者，其田听人耕，三年而后收赋，减旧额之半。后又诏：流民能自复者，赋亦如之。	（元）马端临：《文献通考·田赋考四》
宋仁宗天圣三年（1025年）九月	应系（官）田及系官荒田，经三年以上者，许挑段请射。	（清）徐松：《宋会要辑稿·食货一》
宋仁宗天圣七年（1029年）十一月	州县逃田经十年已上，无人归业，见今荒闲者，令出榜晓示，限百日令本主归业，限满不来，许人请射耕佃。	（清）徐松：《宋会要辑稿·食货六三》
宋仁宗至和元年（1054年）三月	京西民饥，宜令所在，劝富人纳粟以赈之，其荒田，如人占耕，及七年起税二分；逃田及五年，减旧税三分；因灾伤逃而复业者，免支移折变二年；非因灾伤者免一年。	（清）徐松：《宋会要辑稿·食货一》
宋英宗治平四年（1067年）	诸路逃田三十年者除其税十四，四十年以上十五，五十年以上六分，百年以上七分；佃及十年输五分，二十年输七分，着为令。	（元）脱脱：《宋史》卷一七三《食货志》

根据上表数据能够看出，北宋建国百年以来，自宋太祖历经太宗、真宗、仁宗和英宗各朝，鼓励垦荒的政策从未间断过。虽然北宋统治者鼓励垦荒的诏令在实际执行中未必完全达到原初目的，尤其是关于垦荒不另起租税，或从轻定税的承诺后来较少兑现，对农民垦荒的积极性有所影响，但北宋政府始终坚持鼓励逃户归业、鼓励无地和少地农民回归本乡务农生产，并经一定年限后可以成为"永业"的基本政策，这在很大程度上提高了官民开辟荒田的积极性，从北宋一代垦荒面积增加数量来看，当时鼓励垦荒政策的实际效果非常显著。

二、设立农师和劝农使制度

北宋政权沿袭了重视农业的优良传统，先后设立农师和劝农使的重要政治制度。关于"农师"，历朝历代皆有设置。《史记·周本纪》记载："帝尧闻之，举弃为农师，天下得其利，有功。"[1]相传周朝始祖弃发明农业生产有功，被帝尧举荐为农师。《艺文类

---

[1]　（汉）司马迁：《史记·周本纪》，中华书局1959年版，第112页。

聚·产业部上·田》引东汉末年王粲《务本论》载："古者之理国也，以本为务，八政之于民也，以食为首。是以黎民时雍降福孔皆也。故仰司星辰以审其时，俯耕籍田以率其力，封祀农稷以神其事，祈谷报年以宠其功，设农师以监之置田。"①农师承担着监管农业生产的重要职责。《宋史·食货志上一》记载："太宗太平兴国中，两京、诸路许民共推练土地之宜，明树艺之法者一人，县补为农师。"②这是说宋太宗时期补设了农师职务。鉴于北宋初年出现大量田地荒芜与惰民众多的消极现象，统治者开始着手解决这些问题。《宋会要辑稿·食货一》记载："近年以来，蝗旱相继，流民甚众，旷土颇多。"③由于连续几年出现蝗灾和旱灾，众多流民生活困苦，荒废的土地大量出现。这就需要统治者及地方官吏采取相应对策，既要消除蝗灾，也要确保农业生产。另据《宋大诏令集·政事三十五》"使民惇本从俭诏"条记载："如闻南亩之地，污莱尚多，比屋之民，游惰斯众。"④百姓不愿意务农导致社会上游民增加，统治者认为出现这种现象的原因，除了自然灾害之外，主要在于官吏失于管理。《宋会要辑稿·食货一》记载："盖为吏者失于抚绥，使至于是。"⑤为了打破这种困局，妥善处理农民和田地等诸多问题，"敕命便下诸州，俾置农师，犹谓劝人复本"⑥，即设置农师劝导农民回归农业本职工作。宋太宗在太平兴国七年（982年）闰十二月庚戌颁布《置农师诏》说："诸州置农师。"⑦这是把农师作为农业管理的重要职务，在北宋的各个州设立。按照《宋大诏令集·政事三十五》"置农师诏"条记载："宜令诸道州府，应部民有乏种及耕具人丁，许众共推择一人，练土地之宜，明种树之法，补为农师。"⑧不论是农民们自己选择的农师，还是上面委派的有经验者，均需由县里任命并登记在册，这就是前文所载的"县补为农师"，国家对农师每年皆有考核，这是强化农业管理的重要机制。因此农师不仅要精通农业生产技术，还是督导地方农业生产的重要官职，起到连接中央与地方农业管理的作用。设置农师的重要性，还在于农师能把地方上存在的农业问题及时向地方政府或中央奏报，这对于管理地方农业生产具有积极意义。

但是如果农师无法担任这项重要职务，便会被取而代之，这是确保农业发展的重要管理方法，也是自上而下阶梯式管理制度的重要体现。如《宋会要辑稿·食货一》记载："官司每岁较量所课种植功绩，如农师有不能劝力者，代之。"⑨所以如果归纳上述观点，农师主要有以下重要职责：其一，协调农业生产要素之间的关系，推广农业生产技术，比如《宋大诏令集·政事三十五》"置农师诏"条载："令农师与本村里正、村耆相

---

① （唐）欧阳询：《艺文类聚·产业部上·田》，上海古籍出版社1999年版，第1158页。
② （元）脱脱：《宋史·食货志上一》，中华书局1985年版，第4158页。
③ （清）徐松：《宋会要辑稿·食货一》，中华书局1957年版，第4809页。
④ （宋）司义祖：《宋大诏令集·政事三十五》，中华书局1962年版，第659页。
⑤ （清）徐松：《宋会要辑稿·食货一》，中华书局1957年版，第4809页。
⑥ （宋）赵汝愚：《宋朝诸臣奏议·财赋门》，上海古籍出版社1999年版，第1123页。
⑦ （元）脱脱：《宋史·太宗本纪》，中华书局1985年版，第69页。
⑧ （宋）司义祖：《宋大诏令集·政事三十五》，中华书局1962年版，第659页。
⑨ （清）徐松：《宋会要辑稿·食货一》，中华书局1957年版，第4809页。

度，具述土地所宜。"①指导农民适当地种植谷、麦、麻、豆、桑、枣、果实、蔬菜之类，组织协调人丁、种子和耕牛的配置，保证农田得到及时、有效的耕种，"但堪济人，可以转教众多者"②。其二，组织开垦荒田，积极督导农业生产。如《宋大诏令集·政事三十五》"置农师诏"条载："即令乡三老、里胥，与农师共劝民，分于旷土种莳。……民家有嗜酒蒱博，怠于农务者，俾农师谨察之，闻于州县，真其罪，以警游惰焉。……俟岁熟共取其利，为农师者，常税外，免其他役。"③"三老"，主要是指地方上德高望重的下级官吏，在古代社会，郡、县和乡都有设置。三老、里胥与农师，共同劝导民众从事农业生产，乡里若有民众酗酒怠于农事者，会上报到州县治罪。而且朝廷一般会免除担任农师者的税费和其他杂役。如《宋大诏令集·政事三十五》"置农师诏"条载："州县给帖，补为农师，除二税外，并免诸杂差徭。"④但是，北宋农师的设立并未取得预想的效果，于是在设立一年零六个月之后，即太平兴国九年（984年）五月辛亥，不得不"罢诸州农师"⑤。通过上述史料能够看出，北宋对于农业非常重视，甚至在很多细节的问题上有所思考，这无疑有助于农业经济的健康发展。但是在农师的实际督导过程中，仍然存在很多弊端，因此只能放弃原有的很多设想。

在继承唐代设置劝农职官的基础上，北宋劝农职官的设置有了重大改革，劝农官由唐代的中央派出官员改为地方官员且为正式职务，这样的固定方式有利于完善基层组织，能够及时促进农业经济发展。宋朝劝农使成为正式职务，各级地方长官均兼辖地劝农官，并且一度辟设了劝农使办事机关，凸显了各级地方政府的农业管理职能。⑥ 时任太常博士、直史馆的陈靖，于宋太宗至道二年（996年）八月辛酉日向太宗上言请行劝农，获太宗赞赏。受此鼓励，陈靖进一步提出了较为详细的劝农对策，后经宰相和盐铁使等商议决定。根据《玉海·至道劝农使》记载："乃以靖为京西劝农使，按行陈、许、蔡、颍、襄、邓、唐、汝等州，劝民垦田，以大理寺丞皇甫选、光禄寺丞何亮副之。"⑦陈靖成为北宋第一任劝农使。景德三年（1006年）二月丙子，权三司使丁谓等上奏，《续资治通鉴长编·真宗》"景德三年二月丙子"记载："诸州长吏，职当劝农，乃请少卿监、刺史、合门使以上知州者，并兼管内劝农使，余及通判并兼劝农事，诏诸路转运使、副并兼本路劝农使。"⑧天禧四年（1020年）正月改成诸路提点刑狱为劝农使，副使兼提点刑狱公事。给诸路提点刑狱加上"劝农"职衔，"所至取民籍，视其差等，有不如式者惩

① （宋）司义祖：《宋大诏令集·政事三十五》，中华书局1962年版，第659页。
② （清）徐松：《宋会要辑稿·食货一》，中华书局1957年版，第4809页。
③ （宋）司义祖：《宋大诏令集·政事三十五》，中华书局1962年版，第659页。
④ （清）徐松：《宋会要辑稿·食货一》，中华书局1957年版，第4809页。
⑤ （元）脱脱：《宋史·太宗本纪》，中华书局1985年版，第69页。
⑥ 王勇：《中国古代农官制度》，中国三峡出版社2009年版，第228页。
⑦ （宋）王应麟：《玉海·至道劝农使》，广陵书社2007年版，第3269页。
⑧ （宋）李焘：《续资治通鉴长编·真宗》"景德三年二月丙子"，中华书局1983年版，第1386页。

革之。劝恤农民以时耕垦，招集逃散，检括陷税，凡农田事悉领焉"①。天圣四年(1026年)，"诸路转运提点刑狱，皆别置劝农司，文移取索，颇为烦扰。……罢诸路劝农司，转运司、提点刑狱仍令领劝农使如故"②。明道二年(1033年)十一月庚寅，"诏知开封、河南、应天府自今并兼畿内劝农使"③。耿元丽先生考证认为，劝农使的职责是教化民众，变其风俗；以时耕垦，不误稼穑；察举官员，处理田讼；推广农业先进技术。④ 历经30余年的不断改革，各级地方长官均兼一地之劝农使，北宋时期相因不改，其后被南宋沿用。

三、农业科技推广

农业技术推广对于古代社会尤为重要，特别是很多庶民长期采用落后方式从事农业生产，在选种和育种等方面不能适应当地的土壤和气候，因此北宋政权很多有识之士积极推广农业耕作技术，在很多地区取得一定的经济效果。

其一，农作物种类交流。在政府的倡导下多地响应，并取得较好的成效。比如宋真宗咸平(998—1003年)年间，李允则任职谭州(今湖南长沙)时引导当地农民种粟。《宋史·李允则传》记载："湖湘多山田，可以艺粟，而民惰不耕，乃下令月所给马刍，皆输本色，繇是山田悉垦。"⑤再如仁宗时期，惠州(广东惠州市)人不懂得种植小麦的技术，时任惠州知州的陈尧佐就曾经教授庶民种麦，《西塘先生文集·惠州太守陈文惠公祠堂记》记载："教民种麦，是岁大获。于是惠民种麦者众矣。"⑥降至北宋中期，惠州已经能够出产小麦，苏轼曾经对该地区生产小麦等情况进行过描述。《苏轼诗集·游博罗香积寺》记载："夹道皆美田，麦禾甚茂。"⑦可以看出农作物推广在这时期取得良好成效，对于北宋经济发展和百姓生活具有重要意义。宋仁宗景祐元年(1034年)，曾经派遣尚书职方员外郎沈厚载教授庶民种植水田，丰富了当地的农业种植种类，对于地方农业经济发展具有极为客观的科学意义。《宋史·食货志上一》记载："在怀、卫、磁、相、邢、洺、镇、赵等州，教民种水田。"⑧宋仁宗皇祐年间(1049—1053年)，时任河阳(今河南孟县)知县的陈襄曾经教授庶民种植水稻。⑨ 宋真宗大中祥符五年(1012年)，

---

① (元)脱脱：《宋史·食货志上一》，中华书局1985年版，第4163页。

② (宋)李焘：《续资治通鉴长编·仁宗》"天圣四年三月甲申"，中华书局1983年版，第2403页。

③ (宋)李焘：《续资治通鉴长编·仁宗》"明道二年十一月庚寅"，中华书局1983年版，第2645页。

④ 耿元丽：《宋代劝农职衔研究》，载《中国社会经济史研究》2007年第1期，第17~26页。

⑤ (元)脱脱：《宋史·李允则传》，中华书局1985年版，第10479页。

⑥ (宋)郑侠：《西塘先生文集·惠州太守陈文惠公祠堂记》，线装书局2004年版，第526页。

⑦ (宋)苏轼：《苏轼诗集·游博罗香积寺》，中华书局1982年版，第2112页。

⑧ (元)脱脱：《宋史·食货志上一》，中华书局1985年版，第4164页。

⑨ (元)脱脱：《宋史·陈襄传》，中华书局1985年版，第10420页。

江、淮、两浙地区大旱，稻米歉收。真宗命人从福建调运占城稻三万斛，分于遭受旱灾的三路帮助农民躲避天灾。根据《宋史·食货志上一》记载："择民田之高仰者莳之。"① 因此北宋农业在某种程度上，特别是在物种推广上取得了一定的经济成效，对于当地百姓的生活改善也拥有积极意义。

其二，推广农具。北宋政府在进行农作物交流时，还积极开展农具的推广。宋太宗淳化五年（994年），宋、亳、陈、颍等州牛力不足，当地农民自相挽犁而耕，政府于江浙购牛亦不能满足需求，乃命直史馆陈尧叟搜访踏犁，铸造之，下发给当地百姓。因踏犁的生产效率为镢耕之倍，景德二年（1005年），政府犹出面推广。② 大中祥符二年（1009年）六月，河东转运杜梦证上子詹所撰《农器图》，宋真宗下诏予以褒奖。大中祥符六年（1013年）七月，宋真宗准许吕夷简免除农器税的奏请，自此北宋农器不再征税。

其三，保护耕牛。针对耕牛不足的情况，政府立法加强保护耕牛，并重判杀牛者的罪行。《宋刑统》规定："诸故杀官私马牛者，徒一年半。……主自杀马牛者，徒一年。"③开宝二年（969年）七月宋太祖下诏："自今祀天地用太牢，余当用牛者代以羊豕。"④景德三年（1006年）六月宋真宗下诏："诏渭州、镇戎军，向以收获蕃牛犒设，自今用羊豕易之，蕃牛悉送内地给农民。"⑤大中祥符九年（1016年）八月宋真宗下诏："薮牧之畜，农耕所资，盗杀之禁素严，阜蕃之期是望。或罹宰割，深可悯伤。自今屠耕牛及盗杀牛，罪不致死者，并系狱以闻，当从重断。"⑥针对个别官员子弟依仗荫免特权屡犯屠牛罪的情况，庆历六年（1046年）宋仁宗下诏："诏臣僚子孙恃荫无赖，尝被真刑者，如再犯私罪，更毋得以赎论。"⑦可以看出北宋时期保护耕牛的意识非常强烈，并出台很多相关法律支持农业生产。

其四，印发农书。北宋政府重视农书的编写，希望以此促进农业技术的应用和推广。景德年间（1004—1007年）宋真宗命权三司使丁谓等人编写农书，《续资治通鉴长编·真宗》"景德二年十月己卯"记载："取户税条目及臣民所陈农田利害编为书。"⑧此书遂颁行天下，该书为农政资料汇编性质的农书，其颁布施行对北宋农业技术的普及有

---

① （元）脱脱：《宋史·食货志上一》，中华书局1985年版，第4162页。

② （清）徐松：《宋会要辑稿·食货志一》，中华书局1957年版，第4810页。

③ 薛梅卿点校：《宋刑统·厩库律》，法律出版社1999年版，第267页。

④ （宋）李焘：《续资治通鉴长编·太祖》"开宝二年七月戊辰"，中华书局1983年版，第230页。

⑤ （宋）李焘：《续资治通鉴长编·真宗》"景德三年六月庚戌"，中华书局1983年版，第1411页。

⑥ （宋）李焘：《续资治通鉴长编·真宗》"大中祥符九年八月癸未"，中华书局1983年版，第2005页。

⑦ （宋）李焘：《续资治通鉴长编·仁宗》"庆历六年八月乙未"，中华书局1983年版，第3843页。

⑧ （宋）李焘：《续资治通鉴长编·真宗》"景德二年十月己卯"，中华书局1983年版，第1369页。

促进作用。天禧四年（1020年）正月还设置劝农使督导农业，"诏诸路提点刑狱为劝农使、副使兼提点刑狱公事"①。同年，在利州路转运使李昉的奏请下，北宋政府雕印了一些当时存世的农学名著，如北魏贾思勰的《齐民要术》、唐末五代初韩谔的《四时纂要》等，以此促进农业生产。

其五，保障农时。北宋王朝多次强调农业生产要毋失农时，禁止农忙时节征发农民服役。景德四年（1007年）五月，因修皇后陵园，官吏征发京城至永安沿路州县农民修道，宋真宗得知后及时制止，《续资治通鉴长编·真宗》"景德四年五月戊午"记载："属兹盛暑，且夺农功，宜速令放散，至时量以军士给役。"②大中祥符二年（1009年）二月，"（宋真宗）诏河北诸州强壮，自今每岁十月至正月以旬休日召集校阅，免夺农时"③。天禧元年（1017年）二月，宰臣王旦曰："缘路州县调夫治道，臣以方春农事初起，悉已罢遣。"④庆历二年（1042年）八月，宋仁宗诏令："河北诸路州军，自修城籍强壮、刺义勇，颇妨农时，应见役去处，并令放免。"⑤治平四年（1067年）诏："岁比不登，今春时雨，农民桑蚕、谷麦，众作勤劳，一岁之功，并在此时。其委安抚、转运司敕戒州县吏，省事息民，无夺其时。"⑥这些诏书或建议都非常有利于农业生产，对于保障农民按时耕作有积极意义。

第二节 检田均税与北宋中期的农业改革

北宋自太祖建国之日起，施行的"不抑兼并"的土地政策，就存在赋税不平均的严重问题，随着时代发展，土地兼并问题日趋严重，宋政府不得不重新测量土地划分税额。由于北宋时期的自然灾害不断，水灾和旱灾对于农田的生产建设，造成很大程度负面影响，在这种情况下，到州县进行检田的官员如果依然按照此前的田地数量进行征税，就会导致农民破产或者是逃离家园。因为在自然灾害频发的情况下，如果依然收取高额税费，对于农民的正常生活将会是沉重打击。因此检田主要体现出两种功能，其一，是检测田地收取租税；其二，是对于自然灾害进行客观调查，适当减免农民租税，

---

① （宋）李焘：《续资治通鉴长编·真宗》"天禧四年正月丙子"，中华书局1983年版，第2179页。

② （宋）李焘：《续资治通鉴长编·真宗》"景德四年五月戊午"，中华书局1983年版，第1457页。

③ （宋）李焘：《续资治通鉴长编·真宗》"大中祥符二年二月乙未"，中华书局1983年版，第1594页。

④ （宋）李焘：《续资治通鉴长编·真宗》"天禧元年年二月乙未"，中华书局1983年版，第2045~2046页。

⑤ （宋）李焘：《续资治通鉴长编·仁宗》"庆历二年八月乙酉"，中华书局1983年版，第3288页。

⑥ （元）脱脱：《宋史·食货志上·农田》，中华书局1985年版，第4166页。

帮助他们恢复农业生产。

一、检田均税

《宋会要辑稿·食货一》"检田"条载："太祖建隆二年四月，大名府上言，馆陶县民郭赟诉，去冬所检田各有隐漏田亩。诏本县令程迪杖脊除名，配沙门岛；元检官给事中常准夺两任官。"[1]北宋建国初期，有馆陶县的乡民提出诉讼，去年冬天在检田的过程中，有很多遗漏的田地没有登记造册。朝廷对于相关的检田官吏给予了相当严格的惩处。由于这是北宋建国的第二年，在农地测量时就出现遗漏未检的现象，应该并非个案。这会影响到其后赋税征收，加重偷漏税款问题。如果全国这种漏检现象过于严重，将会动摇北宋政权的长久统治。针对赋税不均的严重问题，北宋政府采取检田均税的政策。宋太祖曾制定二税版籍来核实税源，《续资治通鉴长编·太祖》"乾德元年十月庚申"条载："（乾德元年十月，太祖诏令）诸州版籍、户帖、户钞，委本州岛判官、录事掌之，旧无者创造。"[2]可见这样的户籍普查对于掌握农业耕作人口非常有利。在北宋政权初创时期，不仅关心检田问题，甚至因为干旱秧苗生长状况是否影响到秋天的粮食收获，都要专门派遣官员去调查。《宋会要辑稿·食货一》"检田"条载："（乾德）三年七月，诏以魏、郓、冀、贝、滑、卫、磁、相、邢、洺等州，自夏少雨，秋稼不登，命给事中刘载等十人分检见苗。"[3]由于上述十个州干旱少雨，对于依赖水源的秧苗无疑造成极大影响，甚至秋天无法收获粮食。宋太祖赵匡胤派遣给事中刘载等十人，分赴上述十州去查看旱情。这里面能够体现出两个重要方面：其一，赵匡胤非常关心上述各州的旱情，动员政府力量降低旱灾带来的经济损失；其二，充分了解旱灾带来的农业损失，秋天征收税金时需要把旱灾问题考虑进去。因此"检田"的目的还在于掌握农业发展情况。《宋会要辑稿·食货一》"检田"条载："乾德三年四月诏曰，自春徂夏时，雨常愆，深念黎元失于播殖，所宜优恤俾获昭苏，应诸道所催，今年夏租委在处长吏，检视民田，无见苗者，上闻并与除放。"[4]乾德三年遇到旱情时，太祖赵匡胤念及旱情严重，派遣官吏到民田中查验，如果没有长出秧苗，需要解除近年的赋税。

《宋会要辑稿·食货一》"检田"条载："太宗太平兴国八年九月，诏：'自来水旱灾伤，画时差官检括，救其艰苦，惟恐后时。颇闻差出使臣迟留不进，州县之吏日行鞭朴，惧收赋之违限，罹有司之殿罚，且令耕者改种失期，甚无谓么。自今应差检田使臣，宜令中书量地里远近及公事大小，责与往来日限，违者科罪。'（太平兴国）九年正月，诏曰：'朕每恤盖民，务均舆赋，或有灾沴，即与蠲除。盖欲惠贫下之民，岂复以

---

① （清）徐松：《宋会要辑稿·食货一》，中华书局1957年版，第4802页。
② （宋）李焘：《续资治通鉴长编·太祖》"乾德元年十月庚申"，中华书局1983年版，第106页。
③ （清）徐松：《宋会要辑稿·食货一》，中华书局1957年版，第4802页。
④ （清）徐松：《宋会要辑稿·食货一》，中华书局1957年版，第4802页。

多少为限 自今诸州民诉水旱二十亩以下者，仍令检勘。'先是，澶州言，民诉水旱二十亩已下，请不在检视之限。太宗以贫民当恤之，故有是诏。"①宋太宗太平兴国八年九月时，水灾旱灾不断，朝廷派出官员检查田地情况，拯救灾民于水火。但有些官员行动迟缓；某些州县官吏鞭挞庶民，他们担心违反赋税期限，惹上官司；还有官员强令改种，但农时有季节期限。于是太宗派遣检田官员测量土地，责令期限违者论罪。很多官员并不履行职责，当太宗听闻此事之后，强令官员用心丈量田地。太平兴国九年正月，宋太宗下诏对于遇到各种灾情者，要给予相应的蠲免。太宗特别关心贫穷者，认为应该对他们进行一定程度的抚恤，帮助灾民渡过难关。

《宋会要辑稿·食货一》"检田"条载："淳化四年十月二十七日，诏：'封府管内人户，近为雨水害及田苗已分遣朝臣、使臣与令、佐体量通检，虑人户未得尽知，及有迟滞，宜令差去京朝官使臣及令、佐等详前降敕命，疾速通检，具分数以闻，当议特与除放。'（淳化）五年正月，知郑州何昌龄上言：'逃民，非实流亡，皆规免租税，与邻里相囊橐为奸尔，愿一切检责之。'诏从其请，仍令先按郑、怀及磁、相等数郡。昌龄所至，凡民十家为保，一室逃，即均其税于九家；二室、三室逃，亦均其税，乡里不得诉，州县不得蠲其租。民被其害，皆逃去，无敢言者。既毕，昌龄又请按他部。时当中春，帝以农事方兴，重为劳扰，罢之。遣昌龄还里所。九月，命大理寺丞许洞等八人分诣宋、亳、陈、颍、泗、寿、邓、蔡等州按行民田，有被水潦为害，及种莳不及处，并蠲其租。至道元年九月，遣殿中丞王用和等十四人，分诣开封府诸县检勘逃户田土诸。二年四月，开封府诸县民诉旱，命开封府判官给事中杨徽之等三人、刑部郎中直昭文餐韩授等五人，分路体量。六月，帝谓宰相曰：'今开封府诸路检田，当选京朝官干事者，勿复差本府官属。'"②太宗淳化四年发生水灾，于是派遣各级官员查看秧苗情况，又担心很多民户不知情，特派遣京城官员前去查验灾情。淳化五年还遇到逃民问题，但何昌龄上奏认为，出现逃民的原因是躲避租税，如果有一个家庭出现逃税，就会让其他家庭补交税款。而且百姓到乡里得不到诉讼机会，州县又不免除他们的租税，因此他们承受不了如此沉重的税款，只能外逃他乡躲避严重赋税。太宗至道元年和二年，分别派遣官员到州县巡视旱灾情况。其后的宋太宗也多次下诏检田均税，也是对这项税收的高度重视。《华阳集·程坦神道碑》记载："在兴化招流庸自占者数千家……在禹城又招流庸数千家，括隐田万五千亩。"③宋太宗于至道元年(995年)六月，令州县重新修造二税版籍，并将其统一格式颁行天下。④

《宋会要辑稿·食货一》"检田"条载："真宗天禧二年十月，诏：'自今差官检勘逃户并灾伤民田，令三司写造奏帐式二本，一付检校田官，一送诸道州、府、军、监。'

---

① （清）徐松：《宋会要辑稿·食货一》，中华书局1957年版，第4802页。
② （清）徐松：《宋会要辑稿·食货一》，中华书局1957年版，第4802页。
③ （宋）王珪：《华阳集·程坦神道碑》，中华书局1985年版，第448页。
④ （宋）李焘：《续资治通鉴长编·太宗》"至道元年六月己卯"，中华书局1983年版，第817页。

四年八月，诏：'京东、西、河北诸州军经水田苗蠲减税赋，更不覆检。'乾兴元年二月，开封府言：'开封等十六县逃移人户甚多，近得雨泽，日望耕种，欲于邻近县分差令、佐更互覆检。'诏特免覆检，今后不得为例。"①宋真宗天禧二年，派遣国官员到地方查验套户和灾民情况，而且要求相关官吏如实呈报奏章，并准备两套副本分别交给检校田官和诸道州县军监等官员。天禧四年下诏蠲免京东路、京西路及河北诸州的税款。宋真宗乾兴元年有很多人逃离开封等十六个县，由于近来有雨可以耕作，但诏令要求不再重复检验田地，这等于放宽了政策，避免复检时增加百姓负担。《续资治通鉴长编·真宗》"大中祥符六年六月甲子"条载："今天下税赋不均，富者地广租轻，贫者地蹙租重。由是富者益富，贫者益贫。兹大弊也。"②由于天下的赋税不平均，富人土地日益增多但租税很少，贫穷者土地日益减少税金却在逐渐增多，由此导致富贵者日渐富贵，贫穷者日渐贫穷，这就必然导致农业生产走向消极。

《宋会要辑稿·食货一》"检田"条载："仁宗景祐二年十月十三日，中书门下言：'编敕人户披诉灾伤，田段各留苗色，根槎未经检覆，不得耕改种。虑妨人户及时耕种，今后人户诉灾伤，只于逐段田头留三两步苗色根槎准备检覆，任便改种。故作弊幸州县，检覆官严切觉察，不在检放之限。'先是，诉灾者未得改耕，待官检定，方听耕耨。民苦种莳失时，重以失所，故诏革之。至和三年六月，诏京东、西、荆湖等路被水灾处，速差官体量减放，税赋或倚阁，更不覆检。"③宋仁宗景祐二年，很多编户人口受到灾情影响，朝廷要求负责官员不要硬性规定农户改种其他农作物而加收税款，因为如果重新栽种其他农作物，会违背农时无法顺利收获，官员过于压榨必然迫使农户逃亡。降至至和三年，京东路、京西路和荆湖路发生水灾，朝廷速派官员查看灾情蠲免租税。庆历三年(1043年)，郭谘、孙琳创制了清丈田亩、检查漏税的"千步方田法"，④鉴于北宋方田均税政策时断时续，执行效果非常有限，这对于国家税收产生了很大的负面影响。

《宋会要辑稿·食货一》"检田"条载："神宗熙宁二年六月十二日，诏定诸请买荒废地土，已经开垦并增修池塘、堤岸之类堤，却有诸般词讼但合断归后人者，并官为检计用过功价，酬还前人，其增盖舍屋、栽种竹木之类，亦偿其直，愿拆伐者听。三年三月，同管勾秦凤路经略司机宜文字王韶言，渭城下至秦州缘河有良田万顷，乞钱兴治。言者谓其不实，夺韶一官。既而委本路按验，言有四千余顷，乃还其官，而并从其所请。五月二十八日，诏：'访闻恩、冀、莫、雄、沧州、永静军、信安、保定、干宁军自夏灾伤，其令本路转运副使王广廉、勾当公事孔嗣宗分行体量检放田税，仍多方赈济

---

①　(清)徐松：《宋会要辑稿·食货一》，中华书局1957年版，第4802页。

②　(宋)李焘：《续资治通鉴长编·真宗》"大中祥符六年六月甲子"，中华书局1983年版，第1827~1828页。

③　(清)徐松：《宋会要辑稿·食货一》，中华书局1957年版，第4802~4803页。

④　(宋)李焘：《续资治通鉴长编·仁宗》"庆历三年十月丁未"，中华书局1983年版，第3482页。

饥民，无令失所。'六年七月十九日，枢密都承旨曾孝宽言：'乞下河北监牧司差官点定牧地佃户被水灾者田，蠲其租。'诏令转运、监牧司各选官一员牧，同依公检放。十年十一月，新差知蔡州高赋言：'体问得本州岛有系官并人户功占无税荒闲田土不少，兼有水利可兴，欲望详臣到任后，依唐州例，晓谕人户，渐行检括。'从之。元丰元年八月六日，诏：'河北转运司体量被水户，灾伤及七分，蠲其税；不及七分者，并检覆。'四年七月七日，前河北转运判官吕大忠言：'天下二税，有司检放灾伤，执守谬例，每岁侥幸而免者无虑三二百万，其余水旱蠲、阁，类多失实。民披诉灾伤状披，多不依公式，诸县不点检，所差官不依编敕起离月日程限，托故辞避。乞详定立法。'中书户房言：'《熙宁编敕》约束详尽，欲申明行下。'从之。"①神宗时期同样发生检田与税赋之间的矛盾问题。熙宁二年下诏允许百姓购买废弃荒田，或者已经开垦的池塘、堤岸等，甚至要对以前的开垦者给予一定的补偿。熙宁三年，王韶言，渭城附近兴修了万里良田，但言官认为他的话言过其实，因此剥夺了王韶的官职。熙宁五年，河北多个州县出现灾情，朝廷命令王广廉和孔嗣宗分赴灾区，查明详情蠲免田税，不要让灾民失去住所。熙宁六年曾孝宽建言，河北地区的一些佃户被水灾困扰，应该蠲免其租税。元丰元年河北发生水灾，朝廷认为，如果灾情造成七分损失，则要完全蠲免田税，如果不及七分还要再度检验。元丰四年河北转运判官吕大忠建言，某县官员在考检农田时，仅仅固守此前定下的税收政策，而不能根据新问题进行变通，对于庶民来说，有些检田政策存在不公正问题。

《宋会要辑稿·食货一》"检田"条载："哲宗元祐元年四月四日，三省言：'开封府、诸路灾伤，转运提点刑狱官并据本路灾伤州县分定，亲诣检校。'从之。六年七月二十二日，诏：'两浙路钤辖、转运、提刑及苏湖等五州，令各具逐州水灾所及与高田无水、及水退可耕之地各几何，具实以闻。'从殿中侍御史杨畏请。绍圣二年十月十九日，侍御史翟思言：'酸枣、封丘两县民诣台陈诉，户下田旱，诣县乞行检放，县不为受理，反决妄诉。请下府界选官同本县官长周行检视，如民田实荒，即当蠲放。'诏府界提点司选差官体量以闻。"②宋哲宗元祐元年，开封路等诸路灾情严重，朝廷派官员前去检校。哲宗元祐六年，两浙等地发生水灾，田地高处又出现无水的旱灾情况，朝廷又是派遣官员详细调查。哲宗绍圣二年酸枣县和封丘县出现旱情，但负责官员不予理睬，其他官员前来检视蠲免税款。

《宋会要辑稿·食货一》"检田"条载："徽宗大观三年九月六日，诏：'东南路比闻例有灾伤，斛踊贵。可下诸路监司，仰依实检放秋苗分数，仍依条赈济。'政和元年十二月二十七日，前权提举河北西路常平王靓奏常：'河北郡县地形倾注，诸水所经如滹沱、漳塘，类皆湍猛，不减黄河流势，转易不常。民田咤缘受害，或沙积而淤昧，或波啮而昏垫，昔有者今无，昔肥者今瘠。官司利于租赋，莫肯蠲除；人户苦于催科，不无差误。欲委官悉心体究，凡如上件有帐籍而别无土田，及虽有土田而弗堪耕种者，其

① （清）徐松：《宋会要辑稿·食货一》，中华书局1957年版，第4803页。
② （清）徐松：《宋会要辑稿·食货一》，中华书局1957年版，第4803页。

夏、秋二税依条法开阁破放施行。'诏户部坐条申明行下。八年二月十七日，臣僚言：'民田披诉河涨积水灾伤，虽十分收成，亦妄有破放，并遇非泛旱劳，亦多夹带丰熟地段在内。县不体究其实，一受状申州。州下依条委通判、司录同县令检覆，而差曹(椽)[掾]簿尉前去。所委官亦不依条躬亲检视，止在寺院勾集人户，纵公吏不以有无灾伤，或不曾布种田段，一依仿年例，约度分数除破。亏损豹计，最为大害。欲令转运司下所属，绘逐县诸村地形高下图，遇非时旱涝，专委县令子细体度，具被灾月日、伤谷稿去处，次第申上，以备检察。检覆官先委通判、司录同县令，如实有故，即依差试官法，不支当月请给；不亲至其处，亦重立断罪告赏条法。'诏户、刑部立法处分。宣和元年三月二十六日，权京西路转运判官李佑奏：'奉诏体量灾伤，赈济阙食人民。房州去年七月八日有百姓陈诉灾伤者数百人，知州李愃将状首刘均等科断。'差公人监勒刘均等高声自言：'今后不敢诉灾伤。'遍诣城市号令。兼刘均年七十三岁，咤断得病身死。缘此阻遏，放税不及一厘。'诏李愃先次除名勒停，签书官合干人并勒停，提刑司根勘以闻。"①这些史料体现了宋徽宗时期有关检田均税的各种问题，就是遇到自然灾害时，有些官员想要按照正常年份收税，但是这样会造成庶民无法维系日常生活，最后在徽宗的敦促下，派遣官员再去查验，最终采取蠲免税款的措施，这对于百姓恢复农业生产非常重要。

北宋进入中晚期以后，各种田税问题成为整个社会的重要负担，农民不断被压榨盘剥，直到北宋政权走向覆亡，都无法调解土地、税金和农民三者之间的矛盾问题。

二、王安石的农业改革

北宋中期有两次重要的政治"改革"，其一是"庆历新政"，其二是王安石变法。"庆历新政"时间较短，仅一年有余，涉及的农业政策较少。王安石变法发生在宋神宗在位期间，涉及的农业政策问题较多，其中的青苗法、农田水利法、募役法、捕蝗法、方田均税法等对农业政策有较大影响。下面围绕上述几个农业政策问题进行考辨。

其一，青苗法。宋神宗熙宁二年(1069年)九月，开始推行青苗法。这是为了增加政府财政收入，扩大社会救助的一项措施。比如以广惠仓的一千五百万石钱为本，这些粮谷给与转运司兑换成现钱，以现钱贷给广大乡村民户，有剩余也可以贷给城市坊郭户。民户申请使用时，需要五户或十户结为一保，由上三等户作保，每年正月三十日以前贷请夏料，五月三十日以前贷请秋料，夏料和秋料分别于五月和十月随二税偿还并各收息二分。② 青苗法在初期增加了北宋的财政收入，并且也有利于农民生产生活。但是青苗法在实施过程中，由于地区差异、制度缺陷及官吏腐败，最终农户很难获利甚至深受其害。因此哲宗元祐元年(1086年)二月青苗法被废除。

其二，农田水利法。宋神宗熙宁二年(1069年)十一月十三日颁布《农田水利法》

---

① (清)徐松：《宋会要辑稿·食货一》，中华书局1957年版，第4803~4804页。
② 李金水：《王安石经济变法研究》，福建人民出版社2007年版，第82~83页。

(又称《农田利害条约》《农田水利条约》)，该法以兴修水利为基础，目的是发展农业增加财政收入。农田水利法有力地推动了农田水利建设，这一时期修复和新建了众多的水利工程，《宋史·食货志》记载："兴修水利田，起熙宁三年至九年，府界及诸路凡一万七百九十三处，为田三十六万一千一百七十八顷有奇"①。此外，在北方开展了大规模放淤活动，北宋政权为此设置了专门管理淤田的机构，即都大提举淤田司和总领淤田司，并取得了较好的效果。比如《宋史·河渠志五·河北诸水》记载："累岁淤京东、西碱卤之地，尽成膏腴，为利极大。"②农田水利的大规模实践，推动了该时期的水利学术发展，郏亶和单锷在水利建设中积累了大量的实践经验，并分别著《水利书》和《吴中水利书》流传后世，③ 对于后世的水利研究发挥了积极作用。

其三，募役法。宋代差役由民户按户等轮充，《宋史·食货上五》记载："京西转运使程能，请定诸州户为九等，着于籍，上四等量轻重给役，余五等免之。后有贫富，随时升降，诏加裁定。淳化五年，始令诸县以第一等户为里正，第二等户为户长，勿冒名以给役。……命官形势占田无限，皆得复役。衙前将吏得免里正、户长。而应役之户，困于繁数。"④由于差役不均负担沉重，民间对此早已怨声载道。熙宁四年(1071年)十月正式颁行募役法。该法为州县出钱募人充役之法，各州县预算募役费用按户征收。募役法使得各级政府有了相对稳定的应役人员，维护了其正常运作，《宋史·食货上五》记载："熙宁以前，散从、弓手、手力诸役人常苦逆送，自新法以来，官吏皆请雇钱，役人既便，官亦不至阙事。"⑤同时，募役法很大程度上解决了农民赋役负担不均的问题，保障了农民生产的时间，有利于提高农民生产积极性。

其四，捕蝗法。熙宁七年(1074年)，京东、胶西、淮浙等地发生旱灾，同时并发蝗灾，这时正逢王安石变法期间。熙宁八年(1075年)八月，宋神宗下《灭蝗蝻诏》，该诏乃中国第一部治蝗法规。诏令："有蝗蝻处，委县令佐躬亲打扑，如地里广阔，分差通判、职官、监司、提举，仍募人，得蝻五升，或蝗一斗，给细色谷一升，蝗种一升，给粗色谷二升，给价钱者依中等实直，仍委官烧瘗，监司差官员覆按以闻。即因穿掘打扑损苗种者，除其税，仍计价，官给地主钱，数毋过一顷。"⑥可以看出其中涉及非常细致的捕蝗法规，也可以想象当时蝗灾给百姓和国家造成的经济损失极为严重。捕蝗法实施以后，在某种程度上使蝗灾略有缓解，但是在古代社会科学技术不发达的年代里，只能采取直观式的减缓蝗灾的方法，这样并不能从根本上解决蝗灾问题。

其五，方田均税法。赋税不均是北宋长期存在的问题，对此北宋政府曾多次实行方田均税，但都没有从根本上解决此问题。目前围绕方田均税主要有如下研究。王瑞明

---

①　(元)脱脱：《宋史·食货志》，中华书局1985年版，第4167页。

②　(元)脱脱：《宋史·河渠志五·河北诸水》，中华书局1985年版，第2373页。

③　朱正西：《试论北宋〈农田利害条约〉的内容及影响》，载《山西农业大学学报》2016年第5期，第314页。

④　(元)脱脱：《宋史·食货志上五》，中华书局1985年版，第4295~4296页。

⑤　(元)脱脱：《宋史·食货志上五》，中华书局1985年版，第4316页。

⑥　李文海、夏明方主编：《中国荒政全书》(第一辑)，北京古籍出版社2002年版，第102页。

《宋代的赋税问题——读〈文献通考·田赋考〉》认为："方田均税确实是宋代解除百姓疾苦的有效途径。"①李裕民先生的《北宋前期方田均税考》认为："王安石在熙宁五年颁布的方田均税法，基本上承袭了前人的历史经验。"②上述论文分别从方田均税的实践结果和历史结果两方面进行了考察，下面略微进行文献考辨。王安石在千步方田法的基础上提出方田均税法，熙宁五年（1071 年）八月，司农寺制定《方田均税条约》并颁布实施。该法分"方田"与"均税"两部分。首先在京东路试行，其后向河北、陕西、河东及开封府等地逐步推广，共清丈田地二百四十八万四千三百四十九顷，③ 可以说这是中国古代史上丈量田亩的一次壮举。方田均税法在抑制土地兼并、防止豪强地主漏税、增加国家财政收入等方面有显著成效。但也触动了当时官僚地主的既得利益，引起了以司马光为首的保守派的反对，遂于元丰八年（1085 年）被迫停止，共推行了 14 年。其后虽有所反复，但最终于宋徽宗宣和二年（1120 年）完全废除。世人对王安石变法存有争议，但对其中利于农业生产的农田水利法和募役法多持肯定态度，此两法后来成为北宋的重要农业制度。

北宋的各种农业政策使当时的农业经济发展取得一定的成效，特别是在推广粮食新品种方面，使庶民和国家都有一定的收益。④ 其后的王安石变法，由于本身存在弊端，上面下达政令地方无法彻底执行，很多势力严重阻挠农业改革等，最终变法失败。这种不彻底的农业改革政策，促使农民对土地耕作变得更加消极，而且因为战争，庶民生活非常困苦，最终北宋财政陷入了非常窘迫的境地，这也是北宋政权崩溃的主要原因之一。

小　结

北宋时期为了发展农业生产，出台了很多积极的农业政策。在开垦荒田发展农业方面，多位帝王都发布过诏令，鼓励农民积极垦荒扩大耕地面积，使粮食产量获得稳步增长。北宋还设立农师和劝农使，派遣精通农业生产的官员负责指导农民进行农业生产。在农业科技推广方面，北宋注重农作物种类的交流，积极推广新型农具。北宋还印刷很多农业书籍，为发展农业生产起到辅助作用。北宋时期还施行检田均税，每位皇帝都定期派遣官员到州县农田实地调查，调查田地秧苗生长情况，以及自然灾害对于农业的影响。并根据实际情况，对于税收方面进行客观调整，使得百姓能够在土地上安居乐业。对于一些农户逃离故乡躲避征税，统治者往往采取较为宽宥的政策。但是降至北宋中晚

---

① 　王瑞明：《宋代的赋税问题——读〈文献通考·田赋考〉》，载《江汉论坛》1984 年第 7 期，第 74 页。

② 　李裕民：《北宋前期方田均税考》，载《晋阳学刊》1989 年第 6 期，第 79 页。

③ 　（元）脱脱：《宋史·食货志上二》，中华书局 1985 年版，第 4200 页。

④ 　穆朝庆：《北宋前期农业政策初探》，载《中州学刊》1986 年第 3 期，第 93~97 页。

期以后，检田均税发挥的作用越来越弱化，由于这时候整个社会矛盾重重，政府已经无法做到客观的检田查验。王安石施行变法期间，也涉及很多农业改革措施。比如青苗法是帮助家境贫穷者渡过粮食危机，水利农田法是兴修水利设施，有利于农田灌溉，募役法是不定期招募，每户轮流充役。捕蝗法是按照捕获蝗虫数量给予奖励，方田均税法是在田地数量和征税之间取得平衡，避免税收过高百姓无力承担。王安石变法随着神宗离世走向失败，虽然在某种程度上有利于农业的发展，但是也给农业政策带来了很多混乱。总之，北宋的农业政策，前期比较务实有助于发展农业生产，中后期主要是应对一些农业矛盾，而疲于鼓励积极发展农业了。

第六章　北宋自然灾害与应对措施

北宋时期自然灾害频发，严重影响到人们的正常生活。如何应对这些自然灾害，不仅是统治者必须思考的政治问题，也是涉及民生的基本生活问题。特别是农业自然灾害发生以后，直接关系到庶民们的基本生活，甚至影响到国家经济发展和社会稳定，这就使北宋政权不得不高度关注自然灾害的发生情况。在北宋统治的 167 年间，各种自然灾害不断，其中洪灾发生 315 起，雨涝 55 起，旱灾 172 起。[1] 比如宋仁宗统治期间发生严重干旱时，曾经到寺院和道观祈求上天降雨。《宋史·仁宗一》记载："（仁宗天圣五年）六月甲戌，祈雨于玉清昭应宫、开宝寺。"[2] 宋仁宗采取较为传统的方式，到玉清昭应宫和开宝寺祈雨，希望通过祈祷神灵调节阴阳求得甘露。在科学技术不发达的古代社会里，祈雨是缓解内心压力的方式，也是统治阶级自我反省，避免遭到天谴的一种应对方法，更有宣传统治阶级的儒家教化思想的政治寓意。

由于北宋社会进入和平以后，人口开始逐步增长，为了加快农业生产增收粮食，还制定了劝农使的官职，[3] 以此促进农业生产。然而，发展农业需要大面积开垦土地，很多森林遭到巨大破坏，这时期水土流失非常严重。原本和谐的自然环境失去平衡以后，生态系统自我修复能力已经无法正常维持，于是旱灾、蝗灾、风灾、雹灾和霜灾等自然灾害频繁发生，给整个社会造成巨大的经济损失。由于秋天难以收获到足够粮食，便会在平民中引发饥饿问题，如果冬天遭遇严寒和饥饿，又成为瘟疫流行的巨大隐患。《宋书·仁宗四》记载："至和元年春正月辛未，诏京师大寒，民多冻馁死者，有司其瘗埋之。壬申，碎通天犀，和药以疗民疫。"[4] 由于至和元年（1054 年）遭遇大寒，很多庶民冻饿而死，瘟疫流行给整个社会造成巨大损失。自然环境遭到破坏以后，自然灾害与次生灾害迭出，因此大雨过后发生大旱，大旱之后又有蝗灾，等等。

本章主要从北宋"自然灾害"和"应对措施"两方面展开考察，期待在北宋时期的各种历史文献记录中获得历史反思和科学借鉴。

---

① 石涛：《北宋时期自然灾害与政府管理体系研究》，社会科学文献出版社 2010 年版，第 46 页。

② （元）脱脱：《宋史·仁宗一》，中华书局 1985 年版，第 183 页。

③ 耿元丽：《宋代劝农职衔研究》，载《中国社会经济史研究》2007 年第 1 期，第 17~26 页。

④ （元）脱脱：《宋书·仁宗四》，中华书局 1985 年版，第 236 页。

第一节　农业自然灾害特点

北宋时期有很多种自然灾害，比如有水灾、旱灾、蝗灾、风灾、雹灾和霜灾等，这些灾害或者频发或者群发，有些灾害交织重叠出现，对整个社会的负面影响极大。较大程度的自然灾害出现以后，往往给农业生产造成不可估量的巨大损失。那么北宋时期的农业自然灾害究竟拥有怎样的时代特点？下面分别从旱灾、水灾、蝗灾、风灾、雹灾和霜灾等几方面开始考察。

一、旱灾

邱云飞先生的《中国灾害通史》（宋代卷）统计，北宋 9 位皇帝在位期间都发生过旱灾，甚至绝大多数皇帝在位期间发生过连年旱灾。① 由于旱灾会导致农作物减产或绝收，而且诱发蝗灾并出现大量饥馑和流民，很多庶民走向死亡。旱灾本身是自然界的多种综合反映，《后汉书·周举传》记载："顷年以来，旱灾屡应，稼穑焦枯，民食困乏。五品不训，王泽未流。"② 可见旱灾会对农业生产及庶民生活造成严重的负面影响。

北宋建国之初就已经旱灾不断，《宋史·五行志四·金条》记载："（太祖建隆三年）京师春夏旱。河北大旱，霸州苗皆焦仆。"③ 宋太祖建隆三年发生了严重旱灾，禾苗都被炽热太阳烤焦，农业生产遭到巨大破坏，庄稼必然颗粒无收。河北原本是农业重要产区，这里发生严重旱灾，意味着有很多百姓陷入饥饿。再如仁宗明道元年（1032 年），发生长时间旱灾，从而严重影响到庄稼生长。《宋史·五行志四·金条》记载："五月，畿县久旱伤苗。"④ 由于发生旱灾很容易出现蝗灾，这会导致灾情更加严重，对于庶民乃至国家都是巨大损失。《续资治通鉴长编·太祖》"建隆三年十二月甲辰"条载："河北、陕西、京东诸州旱、蝗，河北尤甚，悉蠲其租。"⑤ "蠲"即"免除"的意思，由于河北、陕西和京东等地区遭受旱灾和蝗灾，其中河北更加严重，于是朝廷发布诏令免除该年租税。太宗淳化三年（992 年）"夏，旱蝗"⑥。这是太宗淳化三年夏天发生的一次旱灾和蝗灾。面对如此重大灾情，北宋政权原本计划营造的建筑设施都将取消，以此期待获得上天谅解，缓解旱灾和蝗灾带来的社会灾难。真宗大中祥符九年（1016 年）九月，"丁巳，

---

① 邱云飞：《中国灾害通史》（宋代卷），郑州大学出版社 2008 年版，第 127~128 页。

② （南朝）范晔：《后汉书·周举传》，中华书局 1965 年版，第 2025 页。

③ （元）脱脱：《宋史·五行志四·金》，中华书局 1985 年版，第 1438 页。

④ （元）脱脱：《宋史·五行志四·金》，中华书局 1985 年版，第 1440 页。

⑤ （宋）李焘：《续资治通鉴长编·太祖》"建隆三年十二月甲辰"，中华书局 1983 年版，第 77 页。

⑥ （元）脱脱：《宋史·李昉传》，中华书局 1985 年版，第 9137 页。

诏以旱蝗得雨，宜务稼省事及罢诸营造"①。由于出现旱灾和蝗灾，统治者举行祈雨仪式，得到上天眷顾，普降祥雨，因此通过停止建造各种设施的方法，表达对上天的敬畏，也为黎民百姓减轻了负担。当然这是古代社会的天人感应思想，但降雨以后缓解了百姓的赋税负担，这种方式能够反映统治者重视灾异变化的政治态度。

在中国古代如果遇到灾害严重时，统治者往往会通过减少赋税等方法帮助灾民渡过难关。北宋仁宗天圣五年（1027 年），因为发生重大的旱灾和蝗灾，所以减免了灾民的当年税赋。《宋史·五行志一下·水条下》记载："十一月丁酉朔，以陕西旱蝗，减其民租赋。"②此外，仁宗宝元四年（1041 年）"淮南旱蝗"③。旱灾严重导致饥馑，甚至大量人口非正常死亡。宋太祖开宝八年（975 年），"关中饥旱甚。……（太宗端拱二年，989 年）河南，莱登深冀旱甚，民多饥死，诏发仓粟贷之"④。因发生饥荒，百姓大量死亡，政府采取开仓借贷粮食的应急措施，以此缓解旱灾带来的重大灾情。真宗景德元年（1004 年）发生旱灾，从而引发中暑病症。《宋史·五行志四·金条》记载："京师夏旱，人多暍死。"⑤其中的"暍"字，即中暑的意思，《汉书·武帝纪》载："夏大旱，民多暍死。"⑥这说明大旱天气非常炎热，很多庶民中暑而死，再如《淮南子·俶真训》载："是故冻者假兼衣于春，而暍者望冷风于秋。"⑦神宗熙宁七年（1074 年），《宋史·五行志四·金条》记载："九月，诸路复旱。时新复洮河亦旱，羌户多殍死。"⑧旱灾引发流民问题，还有很多庶民因此而死，当地百姓无法继续生存，只能抛弃田地背井离乡，《宋史·五行志四·金条》记载："（徽宗政和四年，1114 年）旱，诏赈德州流民。……（徽宗宣和元年，1119 年）二月，诏汝、颍、陈、蔡州饥民流移。"⑨由于古代庶民生活较为贫穷，家庭几乎很少拥有多余财产，在没有发生天灾的情况下，尚可维持日常生活，一旦遇到较大灾荒便会走向死亡的深渊。正是由于出现人力难以抗拒的大旱或蝗灾，农民无法留在故乡的土地上继续耕作，四处乞讨成为维持生命存活的唯一希望。

当然不论是大旱还是蝗灾都会有结束的时候，北宋统治者为了祈祷灾难早日结束，经常进行祈雨等宗教法事。比如乾德元年（963 年），太祖曾遣使到五岳四渎去祈雨。《宋史·太祖一》记载："五月壬子朔，祷雨京师，甲寅，遣使祷雨岳渎。"⑩太宗淳化元年（990 年）也进行过祈雨的宗教仪式，甚至赵匡义采用素食方法表达愿望。《宋史·五

---

①　（元）脱脱：《宋史·真宗三》，中华书局 1985 年版，第 161 页。

②　（元）脱脱：《宋史·仁宗一》，中华书局 1985 年版，第 184 页。

③　（元）脱脱：《宋史·五行志一下·水条下》，中华书局 1985 年版，第 1356 页。

④　（元）脱脱：《宋史·五行志四·金》，中华书局 1985 年版，第 1439 页。

⑤　（元）脱脱：《宋史·五行志四·金》，中华书局 1985 年版，第 1440 页。

⑥　（汉）班固：《汉书·武帝纪》，中华书局 1962 年版，第 195 页。

⑦　刘文典：《淮南鸿烈集解·俶真训》，中华书局 1989 年版，第 61 页。

⑧　（元）脱脱：《宋史·五行志四·金》，中华书局 1985 年版，第 1441 页。

⑨　（元）脱脱：《宋史·五行志四·金》，中华书局 1985 年版，第 1442 页。

⑩　（元）脱脱：《宋史·太祖一》，中华书局 1985 年版，第 14 页。

行志四·金条》记载："正月至四月，（京师开封）不雨，帝蔬食祈雨。"①这种斋戒素食的方式，既继承传统祈雨宗教文化仪式，也表达皇帝期盼普降甘露农业丰收。《宋史·五行志四·金条》记载："（哲宗元祐元年，1086年）春，诸路旱。正月，帝及太皇太后车驾分日诣寺观祷雨。"②祈雨队伍如此浩大，说明当时的旱情应该极为严重。《宋史·徽宗四》记载："（徽宗宣和四年，1122年）二月丙申，以旱祷于广圣宫，即日雨。"③宋徽宗于广圣宫祈雨得到上天眷顾，很顺利地下起大雨。当然这不能说是皇帝祈雨感动上天，只不过是自然界的客观巧合而已。

比起皇帝本纪中的祈雨次数，《五行志》记载得更为详细。《宋史·五行志四·金条》记载："（仁宗景祐三年，1036年）六月，河北久旱，遣使诣北岳祈雨。……（仁宗庆历元年，1041年）九月丁未朔，遣官祈雨。……（仁宗庆历二年，1042年）六月戊寅，祈雨。……（仁宗庆历三年，1043年）遣使诣岳、渎祈雨。……（仁宗庆历四年，1044年）三月丙寅，遣内侍两浙、淮南、江南祠庙祈雨。……（仁宗庆历五年，1045年）二月，诏，天久不雨，令州县决淹狱，又幸大相国寺、会灵观、天清寺、祥源观祈雨。……（仁宗庆历六年，1046年）四月壬申，遣使祈雨。……（仁宗庆历七年，1047年）二月丙寅，遣官岳、渎祈雨。……三月辛丑，西太乙宫祈雨。"④如此之多的祈雨说明在科学技术不发达的古代社会，面对连年大旱这样的自然灾害只能采用祈祷方式，祈求上天施恩降雨。《宋史·五行志四·金条》记载："（仁宗皇祐元年，1049年）五月丁未，遣官祈雨。……（仁宗皇祐三年，1051年）恩、冀诸州旱。三月，分遣朝臣诣天下名山大川祠庙祈雨……（仁宗至和二年，1055年）四月甲午，遣官祈雨。……（仁宗嘉祐七年，1062年）三月甲子，罢春燕，以久旱故也。辛丑，西太乙宫祈雨。"⑤多次大旱，必然给北宋统治者带来很多负面影响，为了缓解旱情减少经济损失，统治者只能通过向上天祈雨的方式，表达自身的精神诉求，乃至对于民众的关爱之情。而且还有很多皇族参与祭天祈雨，这些宗教仪式依然表现出汉代以来的天人思想。可以说北宋统治者与此前的历代王朝相比，在天人感应的问题上观点基本相同，对于上天依然心存敬畏。

北宋时期为了缓解旱灾，或者制作土龙或者画龙进行祈雨。《宋史·吉礼五·祈禜》记载："诏有司祠雷师、雨师。内出李邕《祈雨法》：以甲乙日择东方地作坛，取土造青龙，长吏斋三日，诣龙所，汲流水，设香案、茗果、糍饵，率群吏、乡老日再至祝酹，不得用音乐、巫觋。雨足，送龙水中。余四方皆如之，饰以方色。大凡日干及建坛取土之里数，器之大小及龙之修广，皆以五行成数焉，诏颁诸路。"⑥这种祈雨方法比较传统，属于中国古代典型的祈祷方式。此外，《宋史·吉礼五·祈禜》记载："景德三年

① （元）脱脱：《宋史·五行志四·金》，中华书局1985年版，第1439页。
② （元）脱脱：《宋史·五行志四·金》，中华书局1985年版，第1441页。
③ （元）脱脱：《宋史·徽宗四》，中华书局1985年版，第409页。
④ （元）脱脱：《宋史·五行志四·金》，中华书局1985年版，第1440页。
⑤ （元）脱脱：《宋史·五行志四·金》，中华书局1985年版，第1441页。
⑥ （元）脱脱：《宋史·吉礼五·祈禜》，中华书局1985年版，第2500页。

(1006年)五月旱,又以《画龙祈雨法》,付有司刊行。其法择潭洞或湫渌林木深邃之所,以庚、辛、壬、癸日,刺史、守令帅耆老斋洁,先以酒脯告社令讫,筑方坛三级,高二尺,阔一丈三尺,坛外二十步,界以白绳。坛上植竹枝,张画龙。其图以缣素,上画黑鱼左顾,环以天鼋十星。中为白龙,吐云黑色。下画水波,有龟左顾,吐黑气如线,和金银朱丹饰龙形。又设皂幡,刏鹅颈血置槃中,杨枝酒水龙上,俟雨足三日,祭以一豭,取画龙投水中。"①可以看出在围绕求雨的祭奠上,统治者确实花费了很多心思,但是这并不能保证每次祈祷上天都会下雨,统治者通过宗教仪式进行的宣传活动实际上无法真正解决旱灾问题。

此外,北宋更有独特的蜥蜴祈雨之法。《宋史·吉礼五·祈禜》记载:"(神宗熙宁十年,1077年)四月,以夏旱,内出《蜥蜴祈雨法》:捕蜥蜴数十纳瓮中,渍之以杂木叶,择童男十三岁下、十岁上者二十八人,分两番,衣青衣,以青饰面及手足,人持柳枝沾水散洒,昼夜环绕,诵咒曰:'蜥蜴蜥蜴,兴云吐雾,雨令滂沱,令汝归去。'雨足。"②虽然这次祈雨看似获得成功,但实际上未必是人为祈雨导致的结果,根据现代科学技术能够判断出,降雨只是自然巧合,与"蜥蜴祈雨法"没有直接关系。

二、水灾

关于各种水患问题。其一,黄河水患。北宋年间黄河曾经决溢89次,平均1.89年发生一次,这是黄河水患极为严重的历史时期。③ 黄河频繁决溢,导致濮阳下段改道两次,形成三条河道。第一次改道发生于景祐元年(1034年)七月,黄河于澶州(今河南省濮阳)横陇埽决溢,由此离开京东故道,由棣州、滨州以北入海,形成一条新河,史称"横陇故道"。仁宗庆历八年(1048年)六月黄河第二次改道,黄河自澶渊商胡决堤,向北穿过今河南南乐县,河北大名、馆陶、故城,经河北献县以南向东,至今河北沧州再向北,沿今河北青县、静海县,向东北由天津附近入海。此河道《宋史》称为"北流"。嘉祐五年(1060年),北流黄河于大名府魏州第六埽(今河南南乐县西)决口,分出一条支流,又称"二股河",为北宋黄河的东派。④ 其后黄河于北流、东派间摆动,淤塞海河以南的河道和湖泊,改变了华北平原的水系分布,使当地水灾频发,农业经济损失巨大。⑤

由于黄河连年水患,对于北宋主要粮食产区的河北也产生很严重的影响。⑥ 黄河决

---

① (元)脱脱:《宋史·吉礼五·祈禜》,中华书局1985年版,第2500页。
② (元)脱脱:《宋史·吉礼五·祈禜》,中华书局1985年版,第2502页。
③ 邱云飞:《中国灾害通史》(宋代卷),郑州大学出版社2008年版,第87页。
④ 邱云飞:《中国灾害通史》(宋代卷),郑州大学出版社2008年版,第87页。
⑤ 郭志安:《论北宋河患对农业生产的破坏与政府应对——以黄河中下游地区为例》,载《中国农史》2009年第1期,第16~21页。
⑥ 郭志安、李京龙:《北宋黄河水患与河北农业生产条件的恶化》,载《保定学院学报》2009年第6期,第71~73页。

堤直接导致大量田地损毁。《宋史·河渠志二》记载："是岁（1077年）七月，河复溢卫州王供及汲县上下埽、怀州黄沁、滑州韩村。己丑，遂大决于澶州曹村，澶渊北流断绝，河道南徙，东汇于梁山、张泽泺，分为二派，一合南清河入于淮，一合北清河入于海，凡灌郡县四十五，而濮、齐、郓、徐尤甚，坏田逾三十万顷。"①此外，黄河决堤使肥沃田地淤积大量泥沙，地力明显下降，对于农业生产更是沉重的打击。如《宋会要辑稿·食货一》记载："河北郡县地形倾注，诸水所经如滹沱、漳塘，类皆湍猛，不减黄河流势，转易不常。民田因缘受害，或沙积而淤昧，或波啮而昏垫，昔有者今无，昔肥者今瘠。"②受黄河水涝影响，大量农田被抛弃，曾经肥沃的土地变成无人问津的荒地，严重影响了北宋的农业生产和粮食收获。《宋会要辑稿·食货六十一》记载："以养种不得，无由复业。"③黄河水患致使田地贫瘠乃至无法耕种，加之河役沉重导致沿河居民大量外迁，皇祐元年（1049年）包拯曾言："近年黄河决溢，水灾尤甚……而农亩荒废，流亡未复。"④这说明水灾导致大量农田毁坏，给国家和庶民带来了巨大的经济损失，很多灾民背井离乡无家可归。⑤

北宋政府为治理黄河水患耗费了大量的人力、物力和财力，《宋史·河渠志三》记载："自古竭天下之力以事河者，莫如本朝。"⑥《宋史·河渠志一》记载："仁宗天圣元年（1023年），以滑州决河未塞，诏募京东、河北、陕西、淮南民输薪刍，调兵伐濒河榆柳，赒溺死之家。二年，遣使诣滑、卫行视河势。五年，发丁夫三万八千，卒二万一千，缗钱五十万，塞决河。"⑦宋仁宗天圣五年（1027）滑州黄河决口，为堵塞缺口兴师动众，征发丁夫及官兵38000人，耗费"缗钱五十万"。可以看出整个北宋时期治理黄河水患耗费巨大，征调大量工匠也间接对农业生产造成了严重的负面影响。因此曾肇曾经上疏："数年以来，河北、京东、淮南灾伤，今岁河北并边稍熟，而近南州军皆旱，京东西、淮南饥殍疮痍。若来年虽未大兴河役，止令修治旧堤，开减水河，亦须调发丁夫。本路不足，则及邻路，邻路不足，则及淮南，民力果何以堪？民力未堪，则虽有回河之策，及梢草先具，将安施乎？"⑧可以看出在治理黄河方面，北宋政府费尽心力，负担越来越重，庶民生活也因此无法得到真正保障。

其二，海潮灾害。北宋时期气候总体较为温暖，东中部地区冬季平均气温高于现

---

① （元）脱脱：《宋史·河渠志二》，中华书局1985年版，第2284页。
② （清）徐松：《宋会要辑稿·食货一》，中华书局1957年版，第4803页。
③ （清）徐松：《宋会要辑稿·食货六十一》，中华书局1957年版，第5903页。
④ （宋）李焘：《续资治通鉴长编·仁宗》"皇祐元年三月庚子"，中华书局1983年版，第3992页。
⑤ 郭志安、张春生：《略论黄河水患影响下北宋河北地区的人口迁移》，载《赤峰学院学报》2010年第2期，第12~15页。
⑥ （元）脱脱：《宋史·河渠志三》，中华书局1985年版，第2310页。
⑦ （元）脱脱：《宋史·河渠志一》，中华书局1985年版，第2266页。
⑧ （元）脱脱：《宋史·河渠志二》，中华书局1985年版，第2294页。

今。受温暖气候影响,这时期我国东南沿海海面显著上升。[1] 这就导致潮汐灾害多发。例如《宋史·循吏传·张纶传》记载:"泰州有捍海堰,延袤百五十里,久废不治,岁患海涛冒民田。"[2]这说明海潮上涨影响到附近民田,当时泰州知州张纶曾总结当地潮灾:"涛之患十九,而潦之患十一。"[3]可知灾害对于当地的影响甚为严重。北宋天圣年间通州和楚州沿海也曾经发生过大潮倒灌,多次毁坏农田,《宋史·河渠志七》记载:"风潮泛溢,淹没田产,毁坏亭灶。"[4]潮灾不但损毁田地,海水倒灌还使滨海地区土壤盐碱化,导致地力下降无法继续耕作,给国家和百姓造成无法估量的经济损失。

第三,内湖水患。10世纪至11世纪初是中国河流、湖泊的扩展期。这时期洞庭湖水面比唐代扩展了近100平方公里,根据葛全胜先生研究,太湖流域先后涌现了澄湖、马腾湖、来苏湖、淀山湖等众多新湖泊,受气候温暖及海平面上升影响,东部沿海地区河水排泄不畅,许多低洼地区积水成泽。[5] 范仲淹在景祐二年(1035年)有过相关描述:"姑苏四郊略平,窊而为湖者,十之二三。西南之泽尤大,谓之太湖,纳数郡之水。湖东一派,浚入于海,谓之松江。积雨之时,湖溢而江壅,横没诸邑。虽北压扬子江而东抵巨浸,河渠至多,堙塞已久,莫能分其势矣。惟松江退落,漫流始下。或一岁之水,久而未耗,来年暑雨,复为沴焉,人必荐饥,可不经画?"[6]苏轼在元祐六年(1091年)七月曾经上奏:"臣到吴中二年,虽为多雨,亦未至过甚,而苏、湖、常三州,皆大水害稼,至十七八,今年虽为淫雨过常,三州之水,遂合为一,太湖、松江,与海渺然无辨者。盖因二年不退之水,非今年积雨所能独致也。父老皆言,此患所从来未远,不过四五十年耳,而近岁特甚。"[7]范仲淹和苏轼对于内湖水患的诸多言论,皆为北宋时期低洼地区的水域扩大,殃及到居民和农田的客观反映。

表6-1 北宋水灾统计表

时间	地点(今地点)	灾情	资料出处
太祖建隆四年(963年)九月	徐州(江苏徐州)	水损田	(元)脱脱:《宋史·五行志一上·水条上》
太祖乾德二年(964年)四月	广陵(江苏扬州)、扬子(江苏仪征)等县	潮水害民田	(元)脱脱:《宋史·五行志一上·水条上》

---

[1] 葛全胜:《中国历朝气候变化》,科学出版社2011年版,第408~409页。
[2] (元)脱脱:《宋史·循吏传·张纶传》,中华书局1985年版,第12695页。
[3] (元)脱脱:《宋史·循吏传·张纶传》,中华书局1985年版,第12695页。
[4] (元)脱脱:《宋史·河渠志七》,中华书局1985年版,第2394页。
[5] 葛全胜:《中国历朝气候变化》,科学出版社2011年版,第410页。
[6] (宋)范仲淹:《范文正公文集》,中华书局1985年版,第39页。
[7] (宋)苏轼:《苏轼全集·进单锷吴中水利书状》,北京燕山出版社2009年版,第916页。

时间	地点(今地点)	灾情	资料出处
太祖乾德三年(965年)七月	郓州(山东东平)、泰州(江苏泰州)、邹平(山东邹平县北)、高苑县(山东高青县东南)	河坏堤石,又溢于郓州,坏民田。泰州潮水损盐城县民田。淄州、济州并河溢,害邹平、高苑县民田	(元)脱脱:《宋史·五行志一上·水条上》
太祖乾德三年(965年)八月	郓州(山东东平)	己未,郓州河水溢,没田	(元)脱脱:《宋史·太祖二》
太祖开宝元年(968年)六月	州府二十三	州府二十三大雨水,江河泛滥,坏民田、庐舍	(元)脱脱:《宋史·五行志一上·水条上》
太祖开宝元年(968年)七月	泰州(江苏泰州)	泰州潮水害稼	(元)脱脱:《宋史·五行志一上·水条上》
太祖开宝二年(969年)	青(山东青州)、蔡(河南汝南)、宿(山东宿县)、淄(山东淄博南)、宋(河南商丘)、真定(河北正定)、澶(河南濮阳)、滑(河南滑县)、博(山东聊城)、洺(河北永年县)、齐(山东济南)、颍(安徽阜阳)、蔡(河南汝南县)、陈(河南淮阳)、亳(安徽亳县)、宿(安徽宿县)、许(河南许昌)	是岁,青、蔡、宿、淄、宋诸州水,真定、澶、滑、博、洺、齐、颍、蔡、陈、亳、宿、许州水,害秋苗	(元)脱脱:《宋史·五行志一上·水条上》
太祖开宝三年(970年)	郑(河南郑州)、澶(河南濮阳)、郓(山东东平)、淄(山东淄博市南)、济(山东巨野)、虢(河南灵宝东)、蔡(河南汝南县)、解(山西运城解州镇)、徐(江苏徐州)、岳(湖南岳阳)	郑、澶、郓、淄、济、虢、蔡、解、徐、岳州水灾,害民田	(元)脱脱:《宋史·五行志一上·水条上》
太祖开宝四年(971年)六月	蔡州(河南汝南县)	蔡州淮及白露、舒、汝、庐、颍五水并涨,坏庐舍、民田	(元)脱脱:《宋史·五行志一上·水条上》

时间	地点(今地点)	灾情	资料出处
太祖开宝四年(971年)七月	青(山东青州)、齐(山东济南)	青、齐州水伤田	(元)脱脱:《宋史·五行志一上·水条上》
太祖开宝六年(973年)	颍州(安徽阜阳)	颍州淮、淠水溢,浸民舍、田畴甚众	(元)脱脱:《宋史·五行志一上·水条上》
太祖开宝六年(973年)秋	大名府(河北大名县)、宋(河南商丘)、亳(安徽亳县)、淄(山东淄博南)、青(山东青州市)、汝(河南林汝)、澶(河南濮阳)、滑(河南滑县)	是秋,大名府、宋、亳、淄、青、汝、澶、滑诸州并水伤田	(元)脱脱:《宋史·五行志一上·水条上》
太祖开宝八年(975年)六月	沂州(山东临沂)	沂州大雨,入城,坏居舍、田苗	(元)脱脱:《宋史·五行志一上·水条上》
太祖开宝九年(976年)三月	淄州(山东淄博南)	淄州水害田	(元)脱脱:《宋史·五行志一上·水条上》
太宗太平兴国二年(977年)七月	复州(湖北天门)	复州蜀、汉江涨,坏城及民田、庐舍	(元)脱脱:《宋史·五行志一上·水条上》
太宗太平兴国二年(977年)闰七月	开封(河南开封)	己酉,河溢开封等八县,害稼	(元)脱脱:《宋史·太宗一》
太宗太平兴国四年(979年)三月	泰州(江苏泰州)	泰州雨水害稼	(元)脱脱:《宋史·五行志一上·水条上》
太宗太平兴国四年(979年)九月	东阿县(山东东阿县南)、沔阳县(湖北沔阳县西南)	郓州清、汶二水涨,坏东阿县民田。复州沔阳县湖皛涨,坏民舍、田稼	(元)脱脱:《宋史·五行志一上·水条上》
太宗太平兴国七年(982年)四月	耀(陕西耀县)、密(山东诸城)、博(山东聊城)、卫(河南卫辉)、常(江苏常州)、润(江苏镇江)	耀、密、博、卫、常、润诸州水害稼	(元)脱脱:《宋史·五行志一上·水条上》

续表

时间	地点(今地点)	灾情	资料出处
太宗太平兴国八年(983年)九月	睢河	睢溢,浸田六十里	(元)脱脱:《宋史·太宗一》
太宗太平兴国八年(983年)夏秋	开封(河南开封)、浚仪(河南开封境)、酸枣(河南延津县西)、阳武(河南原阳县)、封丘(河南封丘县)、长垣(河南长垣县)、中牟(河南中牟县)、尉氏(河南尉氏县)、襄邑(河南睢县)、雍丘(河南杞县)	开封、浚仪、酸枣、阳武、封丘、长垣、中牟、尉氏、襄邑、雍丘等县河水害民田	(元)脱脱:《宋史·五行志一上·水条上》
太宗雍熙元年(984年)八月	淄州(山东淄博南)、孟州(河南孟州市)	淄州霖雨,孝妇河涨溢,坏官寺、民田。孟州河涨,坏浮梁,损民田	(元)脱脱:《宋史·五行志一上·水条上》
太宗雍熙二年(985年)七月	朗江	朗江溢,害稼	(元)脱脱:《宋史·五行志一上·水条上》
太宗端拱元年(988年)二月	博州(山东聊城)	博州水害民田	(元)脱脱:《宋史·五行志一上·水条上》
太宗端拱元年(988年)五月	英州(广东英德)	英州江水涨五张,坏民田及庐舍数百区	(元)脱脱:《宋史·五行志一上·水条上》
太宗淳化元年(990年)六月	吉州(江西吉安)、黄梅县(湖北黄梅县西北)	吉州大雨,江涨,漂坏民田、庐舍。黄梅县堀口湖水涨,坏民田、庐舍皆尽,江水涨二丈八尺	(元)脱脱:《宋史·五行志一上·水条上》
太宗淳化二年(991年)六月	亳州(安徽亳县)	亳州河溢,东流泛民田、庐舍	(元)脱脱:《宋史·五行志一上·水条上》

续表

时间	地点(今地点)	灾情	资料出处
太宗淳化二年(991年)七月	复州(湖北天门)、泗州(江苏盱眙北)	复州蜀、汉二江水涨,坏民田、庐舍。泗州超信县大雨,山河涨,漂浸民田、庐舍,死者二十一人	(元)脱脱:《宋史·五行志一上·水条上》
太宗淳化二年(991年)八月	藤州(广西藤县)	藤州江水涨十余丈,入州城,坏官署、民田	(元)脱脱:《宋史·五行志一上·水条上》
太宗淳化二年(991年)秋	荆湖北路(湖北)	是秋,荆湖北路江水注溢,浸田亩甚众	(元)脱脱:《宋史·五行志一上·水条上》
太宗淳化四年(993年)秋	陈(河南淮阳)、颍(安徽阜阳)、宋(河南商丘)、亳(安徽亳县)、许(河南许昌)、蔡(河南汝南县)、徐(江苏徐州)、濮(山东甄诚北)、澶(河南濮阳)、博(山东聊城)	是秋,陈、颍、宋、亳、许、蔡、徐、濮、澶、博诸州霖雨,秋稼多败	(元)脱脱:《宋史·五行志三·木条》
太宗淳化五年(994年)秋	开封府(河南开封)、宋(河南商丘)、亳(安徽亳县)、陈(河南淮阳)、颍(安徽阜阳)、泗(江苏盱眙北)、寿(安徽寿县)、邓(河南邓县)、蔡(河南汝南县)、润(江苏镇江)	开封府、宋、亳、陈、颍、泗、寿、邓、蔡、润诸州雨水害稼	(元)脱脱:《宋史·五行志三·木条》
真宗咸平元年(998年)五月	昭州(广西平乐)	昭州大霖雨,害民田,溺死者百五十七人	(元)脱脱:《宋史·五行志三·木条》
真宗咸平元年(998年)七月	齐州(山东济南)	齐州清、黄河泛滥,坏田庐	(元)脱脱:《宋史·五行志三·木条》
真宗咸平五年(1002年)二月	雄(河北雄县)、霸(河北霸县)、瀛(河北河间)、莫(河北任丘)、深(河北深县西南)、沧(河北沧县)、乾宁军(河北青县)	雄、霸、瀛、莫、深、沧诸州、乾宁军水坏民田	(元)脱脱:《宋史·五行志一上·水条上》

续表

时间	地点(今地点)	灾情	资料出处
真宗大中祥符二年(1009年)十月	兖州(山东兖州市北)	兖州霖雨害稼	(元)脱脱:《宋史·真宗二》;(元)脱脱:《宋史·五行志三·木条》
真宗大中祥符三年(1010年)六月	吉州(江西吉安)、临江军(江西清江)	吉州、临江军并江水泛滥,害民田	(元)脱脱:《宋史·五行志一上·水条上》
真宗大中祥符四年(1011年)七月	江(江西九江)、洪(江西南昌)、筠(江西高安)、袁(江西宜春)	丙申,江、洪、筠、袁江涨,没民田	(元)脱脱:《宋史·真宗三》
真宗大中祥符四年(1011年)八月	通利军(河南滑县北)	河决通利军,合御河,坏州城及伤田庐,遣使发粟振之	(元)脱脱:《宋史·真宗三》
真宗大中祥符四年(1011年)十一月	楚(江苏淮安)、泰州(江苏泰州)	楚、泰州潮水害田,人多溺者	(元)脱脱:《宋史·五行志一上·水条上》
真宗大中祥符四年(1011年)	吉州(江西吉安)、临江军(江西清江)	吉州、临江军江水溢,害民田舍	(元)脱脱:《宋史·真宗三》
真宗大中祥符五年(1012年)九月	建安军(广西全州西南)	建安军大霖雨,害农事	(元)脱脱:《宋史·五行志三·木条》
真宗大中祥符七年(1012年)六月	泗州(江苏盱眙北)	泗州水害民田	(元)脱脱:《宋史·五行志一上·水条上》
真宗乾兴元年(1022年)二月	苏(江苏苏州)、湖(浙江吴兴)、秀州(浙江嘉兴)	苏、湖、秀州雨,坏民田	(元)脱脱:《宋史·五行志三·木条》
仁宗天圣三年(1025年)十一月	襄州(湖北襄樊市)	辛卯,襄州汉水坏民田	(元)脱脱:《宋史·五行志一上·水条上》

时间	地点(今地点)	灾情	资料出处
仁宗明道元年(1032年)四月	大名府冠氏等八县(山东冠县)	壬子,大名府冠氏等八县水浸民田	(元)脱脱:《宋史·五行志一上·水条上》
仁宗嘉祐二年(1057年)六月	开封府界(河南开封)及京东西(河南、山东)、河北(河北)	开封府界及京东西、河北水潦害民田	(元)脱脱:《宋史·五行志一上·水条上》
仁宗嘉祐三年(1058年)八月	不详	霖雨害稼	(元)脱脱:《宋史·五行志三·木条》
神宗熙宁元年(1068年)秋	霸州(河北霸县)	霸州山水涨溢,保定军大水,害稼,坏官私庐舍、城壁,漂溺居民	(元)脱脱:《宋史·五行志一上·水条上》
神宗熙宁二年(1069年)八月	泉州(福建泉州)	泉州大风雨,水与潮相冲泛溢,损田稼,漂官私庐舍	(元)脱脱:《宋史·五行志一上·水条上》
神宗熙宁十年(1077年)七月	沧(河北沧州)、卫(河南卫辉市)	沧、卫霖雨不止,河涨暴涨,败庐舍,损田苗	(元)脱脱:《宋史·五行志一上·水条上》
神宗元丰元年(1078)	舒州(安徽省西南部)	舒州山水暴涨,浸官私庐舍,损田稼,溺居民	(元)脱脱:《宋史·五行志一上·水条上》
神宗元丰七年(1084年)六月	青田县(浙江青田县)	青田县大水,损田稼	(元)脱脱:《宋史·五行志一上·水条上》
神宗元丰七年(1084年)夏秋	临漳县(河北临漳县南)	临漳县斛律口决,坏官私庐舍,伤田稼,损居民	(元)脱脱:《宋史·五行志一上·水条上》
神宗元丰七年(1084年)	怀州(河南沁阳)	怀州黄、沁河泛滥,大雨水,损稼,坏庐舍、城壁	(元)脱脱:《宋史·五行志一上·水条上》

续表

时间	地点(今地点)	灾情	资料出处
哲宗绍圣元年(1094年)七月	京畿(河南开封)、曹(山东菏泽)、濮(山东鄄城北)、陈(河南淮阳)、蔡(河南汝南县)	京畿久雨,曹、濮、陈、蔡诸州水,害稼	(元)脱脱:《宋史·五行志一上·水条上》
钦宗靖康元年(1026年)五月至六月	京师(河南开封)	又自五月甲申至六月,暴雨伤麦,夏行秋令	(元)脱脱:《宋史·五行志三·木条》

根据上表可以得知,水灾多发生于夏秋季节,以秋季最多,其次为夏季,春季和冬季较少发生水灾。造成水灾的根本原因是久雨或暴雨,直接原因或为河湖决溢、泛滥,或为山洪暴发,或为潮水侵害。

三、蝗灾

自古以来水灾、旱灾和虫灾就是中国农业的三大自然灾害。在各种虫灾中,又以蝗灾破坏庄稼最为严重。我国境内蝗虫可成灾者,主要是东亚飞蝗物种。[1] 明代徐光启曾指出,蝗灾对于庄稼的危害性十分巨大,蝗虫过后,草木都会被吃光。《农政全书·荒政》记载:"凶饥之因有三:曰水,曰旱、曰蝗。地有高卑,雨泽有偏被。水旱为灾,尚多幸免之处;惟旱极而蝗,数千里间草木皆尽,或牛马毛幡帜皆尽,其害尤惨,过于水旱也。"[2]可以看出蝗灾最具有破坏性,它的恐怖程度远比水灾和旱灾更为严重,因为水灾和旱灾尚有幸免之处,然而一旦发生蝗灾便是毁灭性的,对于农业生产影响巨大,所以史书多有记载。

旱灾有时能诱发蝗灾。《中国蝗灾史》对中国历史上蝗灾与旱灾之间的关系,进行了如下统计:在822个蝗灾发生年中,史籍明确记载与旱灾相关联的有223个(年),占总数的27.13%;与水灾相关联的有27个(年),占总数的3.28%;与水、旱复合灾发生联系的有5个(年),占总数的0.6%;没有明确记载的有5.67个(年),占总数的68.98%。也就是在蝗灾与水、旱灾和水旱复合灾发生联系中,旱灾占有绝对的负面影响力。[3] 这种重叠的自然灾害频繁发生,说明自然环境自身净化功能遭到破坏,短时间内难以自我修复。

---

① 马世俊:《中国东亚飞蝗蝗区的研究》,科学出版社1965年版,第5~10页。

② (明)徐光启著,石声汉校注:《农政全书校注·荒政》,上海古籍出版社1979年版,第1299页。

③ 章义和:《中国蝗灾史》,安徽人民出版社2008年版,第98页。

　　根据邱云飞先生研究，北宋时期共发生蝗灾 105 次，平均每 1.6 年发生一次，发生概率为 62.5%。北宋蝗灾频发，甚至蝗灾连年发生，其中 960 年—965 年连续 6 年发生蝗灾，1072 年—1076 年、1101 年—1105 年皆连续 5 年发生蝗灾，989 年—992 年、1004 年—1007 年皆连续 4 年发生蝗灾。① 可以想象蝗灾对于北宋农业的打击十分严重，对于普通庶民来说更是巨大灾难。明代徐光启对我国蝗灾发生的范围曾作过具体的论述，《农政全书·荒政》"备荒考"条载："蝗之所生，必于大泽之涯，然而洞庭彭蠡具区之旁，终古无蝗也。必也骤盈骤涸之处，如幽涿以南，长淮以北，青兖以西，梁宋以东，诸郡之地，湖漵广衍，暵溢无常，谓之涸泽，蝗则生之。"②北宋蝗灾发生的空间大体在这个范围，其中尤以现今的河南、山东、河北、江苏最为严重。北宋蝗灾多发生在夏秋之际，尤以农历的五、六、七、八月最多，③ 这与当今很多学者的研究基本相同。④ 当时人们对蝗灾的起因，蝗虫的天敌，蝗灾与气象、季节等关系皆有认识，对蝗灾的迷信程度较之前代大为降低，并能采取积极有效的措施予以扑救。但北宋时期发生蝗灾，有时仍然行禳蝗灾之术。《宋史·太祖一》记载："（太祖建隆三年，963 年）六月己亥，澶、濮、曹、绛蝗，命以牢祭。"⑤可见几个州都发生蝗灾，对于农业生产影响非常大，采用祭祀方法祈求神灵护佑，应该是迫不得已的手段。《宋史·太宗二》："（太宗淳化二年，991 年）三月己巳，以岁蝗旱祷雨弗应，手诏宰相吕蒙正等：'朕将自焚，以答天谴。'"⑥实际上这是皇帝通过向上天祈祷的方式表达他的政治诉求，这种天人合一思想，也间接证明北宋王朝的正统性和合法性。当然皇帝的目的在于祈祷神灵驱赶走旱灾和蝗灾，并不会真的自焚谢罪。

　　北宋时期人们已经意识到旱灾能够诱发蝗灾，关于这个问题已经在上文举例说明过，因此不再赘述。关于如何消灭蝗虫，北宋时期曾有过相关描述。《宋史·五行志五·土》记载："（太宗淳化元年，990 年）七月，单州蝗虫生，遇雨死。"⑦这说明遇到降雨时，蝗虫会死亡。《宋史·太宗二》记载："（太宗淳化二年，991 年）三月，翌日而雨，蝗尽死。"⑧太宗淳化三年（992 年）六月，"甲申，飞蝗自东北来，蔽天，经西南而去。是夕，大雨，蝗尽死"⑨。这些文献都表明北宋时期能够观察到大雨可以部分程度

---

　　① 邱云飞：《中国灾害通史》（宋代卷），郑州大学出版社 2008 年版，第 145 页。

　　② （明）徐光启著，石声汉校注：《农政全书校注·水利》，上海古籍出版社 1979 年版，第 1300 页。

　　③ 邱云飞：《中国灾害通史》（宋代卷），郑州大学出版社 2008 年版，第 146、147 页。

　　④ 郑云飞：《中国历史上的蝗灾分析》，载《中国农史》1990 年第 4 期，第 38～50 页；陆人骥：《中国历代蝗灾的初步研究》，载《农业考古》1986 年第 1 期，第 311～316 页；章义和：《中国蝗灾史》，安徽人民出版社 2008 年版，第 118 页。

　　⑤ （元）脱脱：《宋史·太祖一》，中华书局 1985 年版，第 14 页。

　　⑥ （元）脱脱：《宋史·太宗二》，中华书局 1985 年版，第 87 页。

　　⑦ （元）脱脱：《宋史·五行志五·土》，中华书局 1985 年版，第 1475 页。

　　⑧ （元）脱脱：《宋史·太宗二》，中华书局 1985 年版，第 87 页。

　　⑨ （元）脱脱：《宋史·太宗二》，中华书局 1985 年版，第 89 页。

消灭蝗虫，这种自然现象也是庶民们在生产生活中积累的客观经验。郑云飞先生经过研究也认为："降雨与暴雨可迫使蝗群降落，或者停止迁徙飞行，甚至导致蝗虫成群死亡。"①当温度下降，蝗虫就会死亡。这是"气温"与"蝗灾"之间的阴阳相克关系。《宋史·五行志一下·水下》记载："（真宗大中祥符九年，1016 年）七月辛亥，（蝗虫）过京师，群飞翳空，延至江、淮南，趣河东，及霜寒始毙。"②但蝗虫产卵过冬来年还会复生，《宋史·五行志一下·水下》记载："（真宗天禧元年，1017 年）二月，开封府、京东西、河北、河东、陕西、两浙、荆湖百三十州军，蝗蝻复生，多去岁蛰者。和州蝗生卵，如稻粒而细。"③在研究蝗虫的天敌方面，史书也有相关描述。《宋史·太宗一》记载："（太宗太平兴国七年，982 年）三月北阳蝗，飞鸟数万食之尽。"④同年四月还发生过飞鸟食蝗虫的事件，《宋史·五行志一下·水下》记载："北阳县蝻虫生，有飞鸟食之尽。"⑤北宋时期还有八哥捕食蝗虫的事件。《宋史·五行志一下·水下》记载："（神宗熙宁七年，1074 年）七月，咸平县鸲鹆食蝗。"⑥"鸲鹆"俗称八哥，集群活动以昆虫、果实等为食。"鸟类"喜食昆虫，因此利用"鸟类"与"蝗虫"之间的天敌关系，也是缓解蝗灾的一种方式。此外，真宗天禧元年（1017 年）六月发生了大风驱散蝗虫的事件。《宋史·五行志一下·水下》记载："江、淮大风，多吹蝗入江海，或抱草木僵死。"⑦这说明大风会对蝗虫产生破坏性作用。

北宋政府在举行禳蝗灾时，还不断鼓励官民捕蝗，加强地方官员对捕蝗的管理和监督，奖励民众挖掘蝗卵。《宋史·真宗三》记载："（真宗大中祥符九年，1016 年）九月，督诸路捕蝗。"⑧这说明该年督导过很多地方捕蝗虫，可以想象当时蝗灾极为严重，甚至通过最高行政手段，指导地方抵抗蝗灾。由于发生蝗灾时正逢"九月"，也是一年的秋收季节，所以加强捕蝗主要为了减少农作物损失。在宋真宗治世期间，也曾经在春天发生过蝗灾，甚至派出各路官员去地方安抚。《宋史·真宗三》记载："（真宗天禧元年，1017 年）五月，诸路蝗食苗，诏遣内臣分捕，仍命使安抚。"⑨这说明当时的蝗灾极为严重，春苗完全被蝗虫啃食，不得不派遣官员到地方安抚百姓，共同抵抗蝗灾以免对粮食造成巨大破坏。《宋史·仁宗三》记载："（仁宗景祐元年，1034 年）正月甲戌，诏募民掘蝗种，给菽米。"⑩降至宋仁宗时期，由于蝗灾非常严重，或许民间捕蝗灭蝗出现消极情绪，于是采取奖励"菽米"的方法，鼓励庶民在春天播种育苗之前，提前防止蝗虫成

---

① 郑云飞：《中国历史上的蝗灾分析》，载《中国农史》1990 年第 4 期，第 38~50 页。
② （元）脱脱：《宋史·五行志一下·水下》，中华书局 1985 年版，第 1356 页。
③ （元）脱脱：《宋史·五行志一下·水下》，中华书局 1985 年版，第 1356 页。
④ （元）脱脱：《宋史·太宗一》，中华书局 1985 年版，第 67 页。
⑤ （元）脱脱：《宋史·五行志一下·水下》，中华书局 1985 年版，第 1355 页。
⑥ （元）脱脱：《宋史·五行志一下·水下》，中华书局 1985 年版，第 1357 页。
⑦ （元）脱脱：《宋史·五行志一下·水下》，中华书局 1985 年版，第 1356 页。
⑧ （元）脱脱：《宋史·真宗三》，中华书局 1985 年版，第 161 页。
⑨ （元）脱脱：《宋史·真宗三》，中华书局 1985 年版，第 162 页。
⑩ （元）脱脱：《宋史·仁宗三》，中华书局 1985 年版，第 197 页。

灾，这种抗拒自然灾害方法，既说明北宋蝗灾的严重程度，也说明在消灭蝗灾的问题上，已经出现一定程度的科学认识，因为如果很早就杀死蝗虫卵，必然很难在春秋时节发生蝗灾。此外，《宋史·神宗二》记载："（神宗熙宁七年，1074 年）秋七月癸亥，诏河北两路捕蝗。又诏开封淮南提点、提举司检覆旱蝗。"①而且同年的冬十月"癸巳，以常平米于淮南西路易饥民所掘蝗种"②。熙宁八年（1075 年）八月，宋神宗下《灭蝗蝻诏》，这是中国历史上的第一部治蝗法。熙宁八年（1075 年）八月"癸巳，募民捕蝗易粟"③。熙宁十年（1077 年）三月"壬申，诏州县捕蝗"④。神宗元丰四年（1081 年）六月"癸未，命提点开封府界诸县公事杨景略、提举开封府界常平等事王得臣督诸县捕蝗"⑤。通过上述史料能够看出，北宋时期的蝗灾非常严重，即使统治者采用各种方法应对，效果依然十分有限，蝗灾给国家和庶民造成巨大的经济损失。

四、风灾、雹灾和霜灾

（一）风灾

北宋时期大风造成很多次农业灾害，影响巨大，给庶民的生命和财产带来了巨大损失。下面结合《宋史》记载的风灾情况，归纳表 6-2 如下。

表 6-2　北宋风灾统计表⑥

时间	地点（今地点）	灾情	资料出处
太宗淳化二年（991 年）五月	通利军（河南滑县北）	通利军大风害稼	（元）脱脱：《宋史·五行志五·土条》
神宗熙宁九年（1076 年）十二月	海阳（广东海阳县）、潮（广东潮州）、阳（广东潮阳县）	海阳、潮阳二县飓风、潮，害民居田稼	（元）脱脱：《宋史·五行志五·土条》
神宗元丰四年（1081 年）七月	丹徒县（江苏镇江市境）	丹徒县大风潮，飘荡沿江庐舍，损田稼	（元）脱脱：《宋史·五行志五·土条》

---

① （元）脱脱：《宋史·神宗二》，中华书局 1985 年版，第 286 页。
② （元）脱脱：《宋史·神宗二》，中华书局 1985 年版，第 286 页。
③ （元）脱脱：《宋史·神宗二》，中华书局 1985 年版，第 288 页。
④ （元）脱脱：《宋史·神宗二》，中华书局 1985 年版，第 293 页。
⑤ （元）脱脱：《宋史·神宗三》，中华书局 1985 年版，第 304 页。
⑥ （元）脱脱：《宋史·五行志五·土条》，中华书局 1985 年版，第 1468～1470 页。

续表

时间	地点(今地点)	灾情	资料出处
哲宗元祐八年(1093年)	福建(福建)、两浙(浙江)	福建、两浙海风驾潮,害民田	(元)脱脱:《宋史·五行志五·土条》
哲宗绍圣元年(1094年)秋	苏(江苏苏州)、湖(浙江吴兴)、秀(浙江嘉兴)	苏、湖、秀等州海风害民田	(元)脱脱:《宋史·五行志五·土条》

通过上表的统计数据可以看出风灾对农作物造成了巨大损害。沿海、湖、江等地区的农田,会因大风引发潮水大涨而受到侵害。北宋统治者高度重视风灾造成的各种危害,十分关心农业受灾情况,例如《宋史·真宗二》记载:"丙寅,大风,遣中使视稼。"[1]

(二)雹灾

冰雹多发生在农作物生长的夏秋季节,往往对农业造成很大损害。下面将雹灾伤稼之事稍作统计,见表6-3。

表6-3　北宋雹灾统计表

时间	地点(今地点)	灾情	资料出处
太祖建隆元年(960年)十月	临清县(山东临清)	雨雹伤稼	(元)脱脱:《宋史·五行志一下·水条下》
太祖乾德二年(964年)四月	宁陵县(河南宁陵县西北)	宋州宁陵县风雨雹伤民田	(元)脱脱:《宋史·五行志一下·水条下》
太祖乾德二年(964年)七月	郃阳县(陕西合阳县)	同州郃阳县雨雹害稼	(元)脱脱:《宋史·五行志一下·水条下》
太祖乾德二年(964年)八月	肤施县(陕西延安市境)	肤施县风雹霜害民田	(元)脱脱:《宋史·五行志一下·水条下》

---

[1]　(元)脱脱:《宋史·真宗二》,中华书局1985年版,第131页。

时间	地点(今地点)	灾情	资料出处
太祖乾德三年(965年)四月	尉氏(河南尉氏县)、扶沟(河南扶沟县)	尉氏、扶沟二县风雹,害民田,桑枣十损七八	(元)脱脱:《宋史·五行志一下·水条下》
太祖开宝二年(969年)	京师(河南开封)	风雹害夏苗	(元)脱脱:《宋史·五行志一下·水条下》
太宗太平兴国二年(977年)七月	永定县(广西横县西)	永定县大风雹害稼	(元)脱脱:《宋史·五行志一下·水条下》
太宗太平兴国七年(982年)五月	芜湖县(安徽芜湖市)	芜湖县雨雹伤稼	(元)脱脱:《宋史·五行志一下·水条下》
太宗太平兴国八年(983年)五月	相州(河南安阳市)	相州风雹害民田	(元)脱脱:《宋史·五行志一下·水条下》
太宗端拱元年(988年)三月	霸州(河北霸县)	霸州大雨雹杀麦苗	(元)脱脱:《宋史·五行志一下·水条下》
太宗端拱元年(988年)闰五月	润州(江苏镇江市)	润州雨雹伤麦	(元)脱脱:《宋史·五行志一下·水条下》
太宗淳化元年(990年)六月	鱼台县(山东鱼台县西)	鱼台县风雹害稼	(元)脱脱:《宋史·五行志一下·水条下》
太宗至道二年(996年)十一月	代州(山西代县)	代州风雹伤田稼	(元)脱脱:《宋史·五行志一下·水条下》
真宗咸平元年(998年)	定州(河北定县)	定州雹伤稼	(元)脱脱:《宋史·真宗一》

续表

时间	地点(今地点)	灾情	资料出处
真宗天禧元年(1017年)	镇戎军(甘肃镇原)	镇戎军风雹害稼,诏发廪振之,蠲租赋,贷其种粮	(元)脱脱:《宋史·真宗三》
真宗天禧元年(1017年)九月	镇戎军(甘肃镇原)、彭城界(江苏徐州)	风雹害弓箭手田苗者八百余户	(宋)李焘:《续资治通鉴长编·真宗》"天禧元年九月己未"

可以看出北宋时期雹灾在夏、秋、冬季皆有发生,但夏季和秋冬季节发生的次数最多,有时冰雹伴随大风。依据现今气象学研究,冰雹是强对流天气所致,常伴有短时间大风。史料记载北宋时期发生的雹灾次数,远不止上述统计提供的内容,根据学者的相关统计,这时期共发生雹灾50次。① 如此之多的雹灾,必然给农作物带来负面影响,情况严重者甚至颗粒无收。此外,沿海、滨江地区的大风之灾,往往会引发潮水上涨。《宋史·五行志五·土条》记载:"(神宗熙宁九年,1076年)十二月海阳、潮阳二县飓风、潮,害民居田稼。"②飓风和潮水共同来袭,使这里的农田遭到双重打击。《宋史·五行志五·土条》记载:"(神宗元丰四年,1081年)七月,丹徒县大风潮,飘荡沿江庐舍,损田稼。"③《宋史·五行志五·土条》记载:"(哲宗元祐八年,1093年)福建、两浙海风驾潮,害民田。"④这几条史料都客观地反映出海潮对于农田具有毁坏作用,会导致地力下降,无法继续耕作。

(三)霜灾

关于北宋时期的霜灾,史书记载不多,但为数不多的霜灾皆对农业造成了巨大经济损失。本书将其简要统计,见表6-4。

表6-4 北宋霜灾统计表

时间	地点(今地点)	灾情	资料出处
太祖建隆三年(962年)春	厌次县(山东惠民县)	厌次县陨霜杀桑,民不蚕	(元)脱脱:《宋史·五行志一下·水条下》

① 邱云飞:《中国灾害通史》(宋代卷),郑州大学出版社2008年版,第199页。
② (元)脱脱:《宋史·五行志五·土条》,中华书局1985年版,第1469页。
③ (元)脱脱:《宋史·五行志五·土条》,中华书局1985年版,第1470页。
④ (元)脱脱:《宋史·五行志五·土条》,中华书局1985年版,第1470页。

时间	地点(今地点)	灾情	资料出处
太祖乾德二年(964年)八月	肤施县(陕西延安市境)	肤施县风雹霜害民田	(元)脱脱:《宋史·五行志一下·水条下》
太宗太平兴国七年(982年)三月	宣州(安徽宣城)	宣州雪霜杀桑害稼	(元)脱脱:《宋史·太宗一》
太宗淳化三年(992年)三月	商州(陕西商县)	商州霜,花皆死	(元)脱脱:《宋史·五行志一下·水条下》
真宗咸平二年(999年)春	岚州(山西岚州)	岚州春霜害稼	(元)脱脱:《宋史·真宗一》
真宗景德四年(1007年)七月	渭州瓦宁砦(宁夏隆德县东北)	渭州瓦宁砦早霜伤稼	(元)脱脱:《宋史·五行志一下·水条下》
真宗大中祥符二年(1009年)十月	兖州(山东兖州市北)	雨霜害稼	(宋)李焘:《续资治通鉴长编·真宗》"大中祥符二年十月庚子"
真宗大中祥符九年(1016年)十二月	大名(河北大名县)、澶(河南濮阳)、相州(河南安阳市)	大名、澶、相州并霜,害稼	(元)脱脱:《宋史·五行志一下·水条下》
仁宗至和二年(1055年)春	河东(山西)	河东自春陨霜杀桑	(元)脱脱:《宋史·五行志一下·水条下》

　　通过上表的统计数据能够看出,北宋时期的霜灾在春、夏、秋、冬四季都有发生,这应该与当时的气候异常有关。霜灾导致国家乃至庶民财产屡遭损失。然而这时期在预防各种自然灾害面前,并不能提出有效措施,因此每遇小灾,百姓生活极端困苦,遇到较大自然灾害便会流离失所。因此自然灾害与庶民们的生活息息相关,对于北宋政权统治也具有重要影响。

第二节　自然灾害的应对措施

　　北宋时期农业自然灾害频发,统治者为了维护社会稳定,需要重视防灾和救灾工作,从中央到地方建立了一套较为严密的防灾和救灾体系。北宋负责救灾的常设机构主要有转运司、常平司和提刑司,同时临时任命了安抚使和廉访使,地方官员配合他们开展救灾工作。北宋预防灾荒的主要措施是在全国建立仓储体系,在灾荒发生时积极采取以工代赈、荒年募兵、蠲免赋税等较为有效的救灾举措。这对维持北宋社会稳定、庶民们安居乐业具有重要作用。

一、防灾措施

因水灾、旱灾、蝗灾等自然灾荒频发，北宋政府逐步建立了较为完善的仓储体系，作为赈灾救荒的政治策略，以此稳定社会并促使国家健康发展。北宋政府所设置的仓储，以政府出资和管理为主，有常平仓、义仓、惠民仓、广惠仓等。

中国常平仓的出现历史悠久，自西汉至唐朝皆有设置。北宋时期，则于宋太宗时期开始设置常平仓。太宗淳化三年(992年)六月诏令，"分遣使于京城四门置场，增价以籴，令有司虚近仓贮之，命曰常平，以常叁官领之，岁歉减价以籴，用赈贫农，以为永制"[1]。至宋真宗时期，全国设置很多常平仓。在王安石变法之前，常平仓仅仅发挥赈籴的单一功能。其后增加了赈贷和赈给功能。关于北宋时期常平仓赈籴之法，《救荒活民书·韩琦平价济村民》记载："遇年岁不稔，物价稍高，合减元价出籴。出籴之时，令诸县取逐乡近下等第户姓名，印给关子，令收执赴仓。每户籴与三石或两石，唯是坊郭，则每日零细籴与，浮居之人，每日五升或一斗，故民受实惠，甚济饥乏，即未曾见坊郭有物业人户，乃来零籴常仓斛斗者。"[2]常平仓一般由大司农统一管理，地方各州由转运使或州县官兼任。熙宁年间由提举常平司管理。由此可见北宋时期对于防灾抗灾确实采取积极应对措施，也说明北宋时期自然灾害不断，不实行有效措施，必然会影响到皇权统治，也不利于国经济的全面发展。

北宋义仓初建于宋太祖建隆四年，《宋会要辑稿·食货五三》记载："三月，诏曰：'多事之后，义仓废寝，岁或小歉，失于备预。宜令诸州于所属县各置义仓，自今官中所收二税，每石别输一斗贮之，以备凶歉，给与民人。'"[3]其后义仓兴废无常。宋哲宗绍圣元年(1094年)"闰四月丙戌，复义仓"[4]。自此义仓存行直至北宋灭亡。《宋会要辑稿·食货五三》记载："唯充赈给，不得他用。"[5]义仓存行之意义，正如判三司户部勾院王琪所言："自第一等至第二等兼并之家，占田常广，于义仓则所入常多；自第三至第四等中下之家，占田常狭，于义仓则所入常少。及遇水旱行赈给，则兼并之家未必待此而济，中下之家实先受其赐矣。损有余补不足，实天之利也。"[6]北宋时期义仓由提举常平司管理，《宋史·职官志七·提举常平司》记载："提举常平司掌常平、义

---

① （清）徐松：《宋会要辑稿·食货五三》，中华书局1957年版，第5722页。

② （宋）董煟：《救荒活民书·韩琦平价济村民》，《四库全书》，上海古籍出版社2003年版，第276页。

③ （清）徐松：《宋会要辑稿·食货五三》，中华书局1957年版，第5729页。

④ （元）脱脱：《宋史·哲宗二》，中华书局1985年版，第340页。

⑤ （清）徐松：《宋会要辑稿·食货五三》，中华书局1957年版，第5727页。

⑥ （清）徐松：《宋会要辑稿·食货五三》，中华书局1957年版，第5729页。

仓、免役、市易、坊场、河渡、水利之法，视岁之丰歉而为之敛散，以惠农民。"①设置义仓具有抚恤百姓、安抚饥民的重要作用。毕竟政府帮助百姓发挥的力量，远比一般乡绅的力度大很多，这说明北宋政权比较务实，能够真正做到体恤民情，关心民生疾苦。

北宋惠民仓初建于宋太宗淳化年间。《宋史》记载："咸平中，库部员外郎成肃请福建增置惠民仓，因诏诸路申淳化惠民之制。"②直到宋真宗朝，才在全国广泛设置惠民仓，"太宗恭俭仁爱，谆谆劝民务农重谷，毋或妄费，是时惠民所积，不为无备，又置常平仓，乘时增籴，唯恐其不足。真宗继之，益务行养民之政，于是推广淳化之制，而常平、惠民仓殆遍天下矣"③。宋真宗咸平二年(999年)十月，"丙寅，诏令于诸路转运司管内有惠民仓处，当熟则增价以籴，歉则减价出之"④。可知北宋时期的惠民仓，一般归诸路转运司管理。

广惠仓是北宋一种慈善赈济机构。"嘉祐二年，诏天下置广惠仓。初，天下没入户绝田，官自鬻之。枢密使韩琦请留勿鬻，募人耕，收其租别为仓贮之，以给州县郭内之老幼贫疾不能自存者，领以提点刑狱，岁终具出内之数上之三司，户不满万，留田租千石，万户倍之，户二万留三千石，三万留四千石，四万留五千石，五万留六千石，七万留八千石，十万留万石，田有余，则鬻如旧。四年，诏改隶司农寺，州选官二人主出纳，岁十月遣官验视，应受米者书名于籍。自十一月始，三日一给，人米一升，幼者半之，次年二月止。有余乃及诸县，量大小均给之。其大略如此。"⑤由此可知全国正式普遍建立广惠仓是在宋仁宗嘉祐二年(1057年)。广惠仓与北宋其他仓以备荒为主的功能不同，主要目的是扶危济困，所谓"置广惠仓，使老幼贫疾者皆有所养"⑥。广惠仓最初由诸路提点刑狱司专管，仁宗嘉祐四年"改隶司农寺"，熙宁年间归提举常平司管理。这是广惠仓管理方面的演变过程，也是北宋防灾措施中的历史沿革，对于我们当代社会的防灾救灾有很重要的历史借鉴意义。

二、救灾措施

北宋时期的救灾措施可以分为直接救灾措施和间接救灾措施两种，其中直接救灾措施主要有以工代赈、荒年募兵、赈济和蠲免，间接救灾主要有免役和宽刑等，这样使民众在自然灾害面前减少了经济负担，也说明北宋统治者在思考自然灾害的问题上，有非常细致的理性研究。

其一，以工代赈。以工代赈指政府投资建设基础设施工程，受灾民众参加工程建设

---

① (元)脱脱：《宋史·职官志七·提举常平司》，中华书局1985年版，第3968页。
② (元)脱脱：《宋史·食货志上四·常平》，中华书局1985年版，第4276页。
③ (元)脱脱：《宋史·食货志上六·振恤》，中华书局1985年版，第4337页。
④ (宋)王应麟：《玉海·食货·淳化惠民仓》，广陵书社2007年版，第3379页。
⑤ (元)脱脱：《宋史·食货志上四·常平》，中华书局1985年版，第4279页。
⑥ (元)脱脱：《宋史·食货志上六·振恤》，中华书局1985年版，第4337页。

获得劳务报酬的一种赈济方式。早在春秋时期的齐国就曾经采用以工代赈的方式。《晏子春秋·内篇》记载："景公之时饥。晏子请为民发粟，公不许，当为路寝之台，晏子令吏重其赁，远其兆，徐其日而不趋。三年台成而民振，故上说乎游，民足乎食。"①以工代赈具有诸多优势，既能解决饥民的燃眉之急，又能对社会安定起到积极作用，且利于经济的长远发展。北宋时期该做法即被时人赞赏，《梦溪笔谈·官政一》记载："皇祐二年（1050年），吴中大饥，殍殣枕路，是时范文正领浙西，发粟及募民存饷，为术甚备。吴人喜竞渡，好为佛事，希文乃纵民竞渡，太守日出宴于湖上，自春至夏，居民空巷出游。又召诸佛寺主首谕之曰：'饥岁工价至贱，可以大兴土木之役。'于是诸寺工作鼎兴。又新敖仓吏舍，日役千夫。监司奏劾杭州不恤荒政，嬉游不节，及公私兴造，伤耗民力。文正乃自条叙所以宴游及兴造，皆欲以发有余之财，以惠贫者。贸易饮食工技服力之人，仰食于公私者，日无虑数万人。荒政之施，莫此为大。是岁两浙唯杭州晏然，民不流徙，皆文正之惠也。岁饥发司农之粟，募民兴利，近岁遂著为令。既已恤饥，因之以成就民利，此先王之美泽也。"②这段话说明以工代赈的救灾措施获得了一举两得的政治效果，对于救治灾民和恢复农业生产极为重要。

鉴于以工代赈救的诸多优势，其在救灾中被广泛利用。宋仁宗嘉祐六年（1061年），北宋政府以工代赈的方式，重修当时最大的圩田万春圩。政府出粟3万斛、钱4万缗，十日之内募得、宁国、南陵、当涂、芜湖、繁昌、广德、建平（今郎溪）八县贫民14000人，经40天将万春圩修复完毕。③《宋史·赵抃传》记载："吴越大饥疫，死者过半。抃尽救荒之术……下令修城，使得食其力。"④《宋史》对赵抃"救荒之术"语焉不详。《钦定康济录》云："岁大饥，公（赵抃）多方赈救之外，又催小民修城四千一百丈，为工共三万八千，乃计其工而厚给之，民赖以济。"⑤由此可见赵抃的"救荒之术"便是以工代赈。汪纲"知兰溪，岁苦旱，劝富民濬治塘堰，大兴水利，饥者得食其力，民赖以苏"⑥。欧阳修担任知州时，也遇到发生饥饿需要赈灾的情况。《钦定康济录·十四兴工作以食饿夫》记载："岁大饥，公奏免黄河夫役，得全者万余家。又给民工食，大修诸陂，以溉民田，尽赖其利。"⑦这些事例都反映出以工代赈的实际效果。在以工代赈的

①　殷义祥译注：《晏子春秋译注·内篇》，吉林文史出版社1996年版，第241页。

②　（宋）沈括著，胡道静校证：《梦溪笔谈校证·官政一》，上海古籍出版社1987年版，第320页。

③　（宋）沈括著，胡道静校证：《梦溪笔谈校证·辩证一》，上海古籍出版社1987年版，第62～68页。

④　（元）脱脱：《宋史·赵抃传》，中华书局1985年版，第10324页。

⑤　（清）陆曾禹：《钦定康济录·十四兴工作以食饿夫》，《四库全书》，上海古籍出版社2003年版，第341页。

⑥　（清）陆曾禹：《钦定康济录·十四兴工作以食饿夫》，《四库全书》，上海古籍出版社2003年版，第341页。

⑦　（清）陆曾禹：《钦定康济录·十四兴工作以食饿夫》，《四库全书》，上海古籍出版社2003年版，第341页。

实践中，北宋政府逐步摸索出了一些管理方法。《宋会要辑稿·食货五七》记载："灾伤路分募人工多不预先将合用人数告示，以致饥民聚集，却无合兴工役。"①中书门下省建议"诸路有合兴工役并依所计工数晓示，逐旋入役，免使饥民过有聚集，以致失所"②。宋神宗熙宁六年（1073 年）下诏，"自今灾伤用司农常法赈救不足者，并预具当修农田水利工役募夫数及其直上闻，乃发常平钱斛募饥民兴修。不如法赈救者，委司农劾之"③。因此以工代赈更符合灾难时期的客观需求，对于灾民和统治者都非常有利，这样既可以帮助灾民，又可以降低费用支出。从而能够更有利于缓解灾情给社会造成的负面影响。

其二，荒年募兵。北宋施行募兵制，灾荒时候往往采用招募灾民为兵的方法，这等同于间接实施赈济。灾荒之年招募流民、饥民为兵，是北宋王朝一项传统的国策。对于荒年募兵的战略意义，宋太祖曾有过精辟的阐述："可以利百代者，惟养兵也。方凶年饥岁，有叛民而无叛兵，不幸乐岁而变生，则有叛兵而无叛民。"④这里清楚地说明灾年募兵的真正目的还是保障国家的和平稳定。此外，《宋史·富弼传》记载："（仁宗庆历八年，1048 年）河朔大水，民流就食……募为兵者万计。"⑤《宋史·兵志七·召募之制条》记载："（哲宗元祐八年，1093 年）今新招兵士多是饥民，未谙教阅，乞自今住营州军差官训练，候半年发遣赴军前。"⑥这几条文献都说明荒年招兵的重要政治意义，对于庶民来说，也是一种在荒年存活的方式。宋神宗执政时期，虽受"冗兵""冗费"困扰，乃至有王安石变法，但他坚持采用荒年募兵的政治策略，在这些政治措施的背后，既有统治者的深谋远略，也有面对自然灾害的诸多无奈。例如《宋史·兵志七·召募之制条》记载："（宋神宗熙宁元年，1068 年）诏诸州募饥民补厢军。"⑦《宋史·兵志七·召募之制条》记载："（宋神宗元丰二年，1079 年）以兖、郓、齐、济、滨、棣、德、博民饥，募为兵，以补开封府界、京东西将兵之阙。"⑧而且宋神宗元丰三年（1080 年）又下诏募兵。《宋史·兵志七·召募之制条》记载："河北水灾，阙食民甚众，宜寄招补军。"⑨这些史料都能够说明荒年招募士兵的政治目的。

其三，赈济方法。北宋时期赈济主要采用赈给、赈贷和赈粜等三种方式。统治者直接将物品无偿送给灾民，帮助他们渡过生活难关。北宋时期主要采用赈给灾民粮食的方式，有时也给予钱财。比如《文献通考·国用四·振恤》记载："（太祖建隆三年）三月，

---

① （清）徐松：《宋会要辑稿·食货五七》，中华书局 1957 年版，第 5814 页。
② （清）徐松：《宋会要辑稿·食货五七》，中华书局 1957 年版，第 5814 页。
③ （元）马端临：《文献通考·国用四·振恤》，浙江古籍出版社 2000 年版，第 254 页。
④ （宋）晁以道：《景迂生集·元符三年应诏封事》，《四库全书》，上海古籍出版社 2003 年版，第 16 页。
⑤ （元）脱脱：《宋史·富弼传》，中华书局 1985 年版，第 10253、10254 页。
⑥ （元）脱脱：《宋史·兵志七·召募之制条》，中华书局 1985 年版，第 4804 页。
⑦ （元）脱脱：《宋史·兵志七·召募之制条》，中华书局 1985 年版，第 4801 页。
⑧ （元）脱脱：《宋史·兵志七·召募之制条》，中华书局 1985 年版，第 4802 页。
⑨ （元）脱脱：《宋史·兵志七·召募之制条》，中华书局 1985 年版，第 4802 页。

诏赐予沂州饥民种食物。"①"沂州"隶属于今天的山东省，其中赐予的"食物"包括粮食和物品。而且北宋时期给灾民发放的粮食数额非常大。比如《宋史·太祖三》记载："(太祖开宝六年，973 年)二月丙申，曹州饥，漕太仓米二万石振之。"②根据北宋沈括《梦溪笔谈·辩证一》，"凡石者，以九十二斤半为法，乃汉秤三百四十一斤也"③。如果按照这样的计算方法，赈灾粮食有 1850000 斤，可见赈灾发放的粮食数量非常庞大，这一方面体现出灾情的严重程度，另一方面也说明北宋统治者对于灾民和灾情极为重视。再如《宋史·太祖三》记载："(太祖开宝七年)六月丙申，河中府饥，发粟三万石振之。"④如果依据上文《梦溪笔谈》提供的今古重量兑换数据，相当于 2775000 斤。《宋史·真宗三》记载："(宋真宗大中祥符七年，1014 年)三月辛丑，发粟振仪州饥。"⑤这是在春播即将来临时发生的灾荒，为了使庶民们躲过此次危机，采用发放小米的方式。《宋史·仁宗一》记载："(宋仁宗天圣三年，1025 年)十一月，晋、绛、陕、解州饥，发粟振之。"⑥这次饥荒也是采用发放小米的方式赈灾，而且受灾地区牵涉到山西和陕西。另据《续资治通鉴长编·仁宗》"嘉祐元年秋七月丙戌"条载："(宋仁宗嘉祐元年，1056 年)秋七月丙戌，赐河北路诸州军因水灾而徙他处者米人五斗。"⑦这是为了躲避洪涝灾害采取的应急措施，给每个人五斗小米。又有《宋史·徽宗二》记载："(宋徽宗大观三年)是岁，江、淮、荆、浙、福建旱。秦、凤、阶、成饥，发粟振之，蠲其赋。"⑧上述几条史料都说明在灾荒之年，北宋统治者为百姓发放粮食，试图帮助其躲过灾荒年份。此外，还有很多史料记录赈给钱财，比如《宋史·太宗二》记载："(宋太宗淳化四年)九月，河水溢，坏澶州。江溢，陷涪州。诏：溺死者给敛具，澶人千钱，涪人铁钱三千，仍发廪以振。"⑨《宋史·真宗三》记载："(宋真宗天禧元年)九月甲寅，诏能拯救汴渠覆溺者给赏，或溺者贫者以官钱给之。"⑩《宋史·仁宗一》记载："(宋仁宗天圣六年)是岁，河北水。遣使决囚，振贫，瘗溺死者，给其家缗钱，察官吏贪暴不恤民者。"⑪北宋政府将粮食、种子等物品借贷给受灾民众，帮助他们解决生产生活中遇到的困难。

① （元）马端临：《文献通考·国用四·振恤》，浙江古籍出版社 2000 年版，第 252 页。
② （元）脱脱：《宋史·太祖三》，中华书局 1985 年版，第 39 页。
③ （宋）沈括著，胡道静校证：《梦溪笔谈校证·辩证一》，上海古籍出版社 1987 年版，第 107 页。
④ （元）脱脱：《宋史·太祖三》，中华书局 1985 年版，第 41 页。
⑤ （元）脱脱：《宋史·真宗三》，中华书局 1985 年版，第 155 页。
⑥ （元）脱脱：《宋史·仁宗一》，中华书局 1985 年版，第 181 页。
⑦ （宋）李焘：《续资治通鉴长编·仁宗》"嘉祐元年秋七月丙戌"，中华书局 1983 年版，第 4424 页。
⑧ （元）脱脱：《宋史·徽宗二》，中华书局 1985 年版，第 383 页。
⑨ （元）脱脱：《宋史·太宗二》，中华书局 1985 年版，第 92 页。
⑩ （元）脱脱：《宋史·真宗三》，中华书局 1985 年版，第 163 页。
⑪ （元）脱脱：《宋史·仁宗一》，中华书局 1985 年版，第 187 页。

宋太祖建隆三年(962)年及乾德元年(963年)，京畿一带连续两年春旱和夏旱，北宋政府为灾民发放了很多粮食。《宋史·太祖一》记载："(乾德元年夏四月)辛亥，贷澶州民种食。"[1]所谓"种食"，应该指种子和粮食两种，这样既能够确保农民们从事农业生产，又能够保障每日的正常生活。所以贷给农民种食，也是期待他们早日恢复生产生活。《宋史·五行志四·金条》记载："(宋太宗端拱二年)是岁，河南、莱、登、深、冀旱甚，民多饥死，诏发仓粟贷之。"[2]太宗端拱二年，河南、山东和河北等地区发生严重的旱灾，有很多饥民饿死，于是宋太宗下诏发放粟贷给饥民，这是期待灾情尽快过去，灾民们早日恢复农业生产。《宋史·太宗二》记载："(宋太宗至道元年)二月，振亳州、房州、光化军饥，遣使贷之。"[3]赈粜为有偿赈济，是将赈灾之粮以低于市场价售卖给灾民的一种赈济方式。如宋真宗大中祥符二年(1009年)二月，"陕西旱，令发廪赈粜"[4]。北宋赈济采取照顾社会弱势群体的原则。依据占有田地及拥有财富的多寡，将民户分为主户和客户两类。北宋赈济优先照顾客户、下户，其次才是中户、上户，正是非常客观的赈灾方法，避免原本就有足够粮食的民户获得政府补充。北宋赈济通常有一定标准，赈给的数额一般是成人日给二升，小儿减半。[5] 赈粜的数额通常是每人每日二升，赈贷是每户三斗。[6] 可以看出北宋统治者对于赈灾救灾，有很细致的管理方式，这样可以避免富裕者多占灾粮。

其四，蠲免。蠲免是指北宋统治者免除灾民应缴纳的赋税或积欠政府的钱物等，这也是赈灾救荒的经常实施的措施之一，史书对此多有具体的描述。《宋史·太祖一》记载："(宋太祖乾德二年)十二月，丁巳，蠲归、峡秋税。"[7]这是北宋建国第二年出现的蠲免，这给北宋其后的历代统治者开启了一个值得效仿的模范样本。《宋史·太祖二》记载："(宋太祖乾德四年)七月，华州旱，免今年租。"[8]宋太祖乾德四年华州发生旱灾时，同样免除了当年的年租。这种宽仁的蠲免赋税措施，给百姓渡过旱灾难关提供便利条件，也使庶民们在战胜旱灾的问题上获得缓解的时间。《宋史·太宗一》记载："(宋太宗雍熙元年，984年)三月丁巳，滑州河决既塞，帝作《平河歌》赐近臣，蠲水所及州县今年租。"[9]宋太宗即位以后，依然采用蠲免的政策。滑州河段决堤以后，蠲免发生灾害的州县年租，并撰写《平河歌》赐予身边大臣，以此表达宋太宗期待灾害早日结束的迫切心愿，也展现一位统治者的宽厚仁慈的胸怀。《宋史·真宗二》记载："(宋真宗大

---

① (元)脱脱:《宋史·太祖一》，中华书局1985年版，第14页。

② (元)脱脱:《宋史·五行志四·金》，中华书局1985年版，第1439页。

③ (元)脱脱:《宋史·太宗二》，中华书局1985年版，第97页。

④ (宋)李焘:《续资治通鉴长编·真宗》"大中祥符二年二月庚寅"，中华书局1983年版，第1593年。

⑤ (宋)司马光:《司马光奏议·赈济札子》，山西人民出版社1986年版，第404页。

⑥ (清)徐松:《宋会要辑稿·食货五七》，中华书局1957年版，第5812页。

⑦ (元)脱脱:《宋史·太祖一》，中华书局1985年版，第18页。

⑧ (元)脱脱:《宋史·太祖二》，中华书局1985年版，第24页。

⑨ (元)脱脱:《宋史·太宗一》，中华书局1985年版，第71页。

中祥符二年)七月，乙亥，蠲京东徐、济七州水灾田租。"①宋真宗即位以后，也遵从太祖以来的蠲免政策。《宋史·仁宗一》记载："(宋仁宗天圣三年)八月，辛未，蠲陕西州军旱灾租赋。"②《宋史·英宗》记载："(宋英宗治平元年)是岁，畿内、宋、亳、陈、许、汝、蔡、唐、颍、曹、濮、济、单、濠、泗、庐、寿、楚、杭、宣、洪、鄂、施、渝州、光化、高邮军大水，遣使行视，疏治振恤，蠲其赋租。"③《续资治通鉴长编·神宗》"熙宁四年十一月甲申"条载："诸路旱。……(下诏)蠲天下见欠贷粮总计米一百六十六万八千五百石又奇，钱十一万七千四百缗有奇。"④当地灾民原本拖欠很多粮食，鉴于很多地方持续发生旱灾，便把这些欠贷粮免除。实际上这是北宋各级政府比较务实的政治策略，因为灾民的生活已经是雪上加霜，免除欠粮帮助他们恢复生产，才能使他们在大灾之后逐渐恢复正常生活，如果各种压力过大，势必产生很多负面影响。马端临在论及宋代蠲免政策时，曾有过重要的见解。《文献通考·国用五·蠲贷》记载："宋以仁立国，蠲租已责之事，视前代为过之，而中兴后尤多。州郡所上水旱、盗贼、逃移，倚阁钱谷，则以诏旨径直蠲除，无岁无之，殆不胜书。"⑤可以看出马端临对此评价比较客观，也说明北宋在税收与灾情之间，思考得比较人性化。

其五，几种间接救灾措施。北宋政府采用了免役、罢官籴、倚阁、劝分、宽刑等措施。免役即免除灾民徭役，例如宋仁宗至和年间，《宋史·食货志下一·会计》记载："岁无麦，朝廷为放税免役及发仓廪拯贷，存恤之恩不为不至。"⑥这几种救灾措施，极大地缓解了灾民面临的困难，对于灾后发展农业生产极为有利。《钦定康济录·十四兴工作以食饿夫》记载，欧阳修担任颍州知州期间，"岁大饥，公奏免黄河夫役，得全者万余家"⑦。罢官籴是在灾荒年月政府暂停粮食收购，从而避免因政府收购给上涨的粮价"火上浇油"。又如《续资治通鉴长编·真宗》"景德二年十二月丁酉"条载："十二月，除海州朐山，东海等县民所逋去年赈贷及倚阁东苗盐米。"⑧这是暂缓发生灾荒地区民众的税租。宋仁宗治世期间，"除灾伤倚阁税及欠折官物非侵盗者"⑨。这是免除受灾民众拖欠的税款和物品。《宋史·仁宗四》记载："嘉祐元年春正月……甲子，赦天下，蠲

①　(元)脱脱：《宋史·真宗二》，中华书局 1985 年版，第 141 页。

②　(元)脱脱：《宋史·仁宗一》，中华书局 1985 年版，第 181 页。

③　(元)脱脱：《宋史·英宗》，中华书局 1985 年版，第 256 页。

④　(宋)李焘：《续资治通鉴长编·神宗》"熙宁四年十一月甲申"，中华书局 1983 年版，第 5541 页。

⑤　(元)马端临：《文献通考·国用五·蠲贷》，浙江古籍出版社 2000 年版，第 258 页。

⑥　(元)马端临：《文献通考·国用五·蠲贷》，浙江古籍出版社 2000 年版，第 258 页。

⑦　(清)陆曾禹：《钦定康济录·十四兴工作以食饿夫》，《四库全书》，上海古籍出版社 2003 年版，第 341 页。

⑧　(宋)李焘：《续资治通鉴长编·真宗》"景德二年十二月丁酉"，中华书局 1983 年版，第 1379 页。

⑨　(宋)李焘：《续资治通鉴长编·真宗》"景德二年十二月丁酉"，中华书局 1983 年版，第 1379 页。

被灾田租及倚阁税。"①这些赈灾方法对庶民抗灾救灾极为有效。北宋时期政府曾在灾荒年间多次劝谕、鼓励富户无偿赈济或低于市场价出售余粮给灾民。例如《燕翼诒谋录》卷二记载："(宋真宗天禧元年)四月,登州年平县学究郑巽,出粟五千六百石赈饥,乞补弟巽,不从。晁迥、李维上言,乞特从之,以劝来者,丰稔即止。诏补三班借职。自后援巽例以请者。皆从之。"②《宋会要辑稿·食货五七》记载："(宋真宗天禧四年)六月,太常少卿直史官陈靖言:'朝廷每遇水旱不稔之岁,望遣使安抚,设法招携富民纳粟以助赈贷。'之。"③这说明北宋统治者非常关心地方灾情,而且救灾方式非常客观。这就减少了民众生活负担,社会秩序也能加快恢复。

宽刑是在灾害年份减轻犯人刑罚,以此维护社会的安定局面。获刑者早日回乡,也能够帮助恢复农业生产。《宋史·太祖一》记载："(宋太祖乾德元年,963年)夏四月,旱,甲申,遍祷京城祠庙,夕雨,减荆南、朗州、潭州内死罪一等。"④王尧臣赴任光州期间,"岁大饥,群盗发民仓廪,吏以法当死。公曰:'此饥民求食尔,荒政之所恤也。'乃请以减死论。其后,遂以著令,至今用之"⑤。这说明北宋时期对饥民偷盗粮食的行为并没有治以重罪,而是采用宽宥的处理方法。而且当遇到重大灾情时,北宋统治者还采用从宽量刑的方法,减少囚犯的服刑期限,这种积极措施对于庶民们来说无疑具有很大的正面作用,特别是面对自然灾害时,更加能呈现积极向上的努力心理。比如《宋史·神宗一》记载："(宋神宗熙宁元年)春正月……丁丑,以旱,减天下囚罪一等,杖以下释之。"⑥减刑是政府对于获罪者的宽大政策,也是抚恤灾民的政策之一,可提升民众对统治阶级的好感度,使其努力恢复农业生产。《宋史·哲宗二》记载："(宋哲宗元符二年)夏四月……丁亥,以旱,减四京囚罪一等,杖以下释之。"⑦这些措施都显示出北宋统治者以仁德治理国家的理念,也博得后世对于这些政策的高度赞许。

小　结

北宋时期自然灾害频发,给国家和百姓造成了巨大的经济损失。在面对风灾、雹灾、旱灾、蝗灾等诸多自然灾害的问题上,北宋统治者采取积极应对措施,这在某种程度上帮助受灾地区减少了经济损失,对于庶民生活也起到一定程度的保障作用。由于北宋初年大量植被遭到破坏,特别是在面对北部边境的战争中,需要砍伐森林建筑防御工

① (元)脱脱:《宋史·仁宗四》,中华书局1985年版,第239页。
② (宋)王栐:《燕翼诒谋录》,中华书局,1997年,第12页。
③ (清)徐松:《宋会要辑稿·食货五七》,中华书局1957年版,第5813页。
④ (元)脱脱:《宋史·太祖一》,中华书局1985年版,第13页。
⑤ (宋)杜大珪:《名臣碑传琬琰之集·王文安公尧臣墓志铭》,《四库全书》,上海古籍出版社2003年版,第276页。
⑥ (元)脱脱:《宋史·神宗一》,中华书局1985年版,第268页。
⑦ (元)脱脱:《宋史·哲宗二》,中华书局1985年版,第352页。

事等，造成大面积的水土流失。① 此外，北宋人口大幅度增加，开垦荒地成为增加粮食的唯一途径，甚至诸如福建的山地、丘陵地区都成为粮食重要产区，这就导致树木陆续遭到砍伐，原本很难发生洪涝灾害的地区，也逐渐增加自然灾害爆发的可能性。面对如此频发的自然灾害，北宋统治者表现出比较开明的政治思想，特别是在救灾方法上，不论是发放粮食还是救灾物资，甚至借给庶民们钱币以及蠲免赋税等，都体现出北宋统治者以德治国的政治理念，这也是北宋时期社会繁荣、经济发展、文化发达，乃至教育能够领先世界的主要原因之一。② 但是不可否认，北宋时期依然没能解决土地与农民之间的矛盾，在人口日益膨胀的情况下，尽管北宋政权出台很多开明政策，自然灾害对于庶民的影响依然十分巨大，尤其是进入中晚期，北宋统治者面对内忧外患，特别是面对金兵压境的局面，已经无法顾及这些灾害问题了，北宋走向覆亡成为了历史的必然趋势。

---

① 熊燕军：《试论北宋林木破坏的历史转折》，载《农业考古》2003 年第 1 期，第 167~170 页。
② 李文海、夏明方：《中国荒政全书》（第一辑），北京古籍出版社 2002 年版，第 146 页。

第七章　北宋农业的制约因素

在中国古代的社会里，农业生产状况与国家命运息息相关，粮食能否丰收不仅关系到政权稳定，还涉及庶民们的基本生活保障。因此不论哪个王朝都非常重视农业生产。但是，从事农业生产并不能一帆风顺，它会受到很多自然因素和人为因素干扰。这就需要思考自然灾害与次生灾害，乃至人为因素对于农业生产的影响。傅筑夫先生认为："是人祸，不是天灾，是自然生态平衡被破坏的结果。即森林被砍伐、荆棘榛莽被铲除、荒漠原野被开垦，造成植被覆盖率迅速减少，大地裸露日益严重，水土日益流失和日益沙漠化，于是旱则赤地千里，黄沙滚滚；涝则洪水横流，浊浪滔天。这才是灾害频仍、饥馑荐臻的根本原因。"①北宋时期自然灾害多发，自然灾害种类繁多，气候变化存在一定程度的波动状态，这些都会影响到农业生产和粮食收获。制定出有效的农业政策，成为统治阶级必须高度关注的根本问题。满志敏先生认为，北宋时期的气候总体上偏暖，只有在末期才逐渐转冷。②而且自然界发生较大温差变化，也不利于农作物的生长。这是因为不论是极寒天气或者是高温天气，都会对农作物造成潜移默化的影响，甚至会出现很多难以预知的农业病虫害问题。古代科技不发达的年代里，无法应对自然灾害的侵袭，甚至地质灾害引发的次生灾害，同样会影响农业生产。此外，北宋在应对北部边患的问题上，与辽国和西夏经常发生战争，即使在短时间内的和平时期，也会出现小规模的边境摩擦，这些都会对农业耕作产生消极影响。因此北宋如何应对这些自然因素和人为因素，又是怎样寻找解决的基本途径或者方法，是我们研究北宋农业制约因素时需要考虑的重要问题。

本章主要从自然因素和战争因素两方面，考察影响北宋农业发展的各种问题，期待能够从客观角度揭示北宋农业状况的一般特点，从而为中国现代农业经济发展寻找科学依据和历史经验。

第一节　自然因素的影响

由于中国古代社会生产力不发达，农业生产技术依然非常落后，因此气候变迁、植被破坏、水土流失等，都是影响农业收获的重要因素。农业生产是依赖大自然的生产劳

---

① 傅筑夫：《中国经济史论丛》（续集），人民出版社1988年版，第80~81页。
② 满志敏：《中国历史时期气候变化研究》，山东教育出版社2009年版，第209~210页。

动形式，与自然环境关系最为密切。"自然环境是人类生存、繁衍的物质基础，其关系包含两个方面，一方面人类的所有活动需要不断地从周围环境中获取物质和能量，以求得自身的生存和发展，同时，又要将废弃物排放到环境之中。另一方面，人类为了维护自身生存和发展，还必须保护自然环境和改善自然环境，人类与他们周围的环境每时每刻都发生着密切的关系。也就是说，人类和环境之间存在着既对立又统一的辩证关系。"[1]诸如气候变迁、区域地理地貌具备成灾条件、各种自然灾害的交互作用等，都是造成农业生产受损的重要原因。那么北宋时期出现了怎样的自然状况，当时又是怎样应对这些困难呢？

一、气候因素

气候变迁与农业自然灾害发生密切相关，北宋时期的气候变迁，是农业自然灾害频发的重要原因。竺可桢先生在《中国五千年来气候变迁的初步研究》中指出，中国历史时期的气候并非一成不变，近5000年来大致经历了"四暖四寒"的交替变化。从隋朝开始，经唐朝、五代直至北宋初年，中国气候处于一个温暖期，即中国历史时期的第三个温暖期，其时间大致为600年到1000年之间。十一世纪初期气温下降，进入中国历史时期的第三个寒冷期，其时间大致在1000年到1200年之间，即从北宋中后期到南宋中期以前。[2] 北宋初期为中国历史时期第三个温暖期的末期，也是第三个温暖期向第三个寒冷期过渡的阶段，这期间气温波动较大，极易出现异常天气。比如《宋史·太祖一》记载："（太祖建隆三年，962年）夏四月乙未，延州大雨雪，赵、卫二州旱。丙申，宁州大雨雪，沟洫冰。……壬寅，丹州雪二尺。"[3]夏天出现大雪天气，说明气候极端反常。又如太祖乾德二年至开宝二年（964—969年），连续六年出现"冬无雪"的暖冬现象。[4] 太宗淳化三年（992年），则出现"九月，京兆府大雪杀苗稼"的自然现象。[5]

北宋时期的气候变化问题一直是学界较为关注的历史学课题。但是由于此前一直缺乏科学技术，只能停留在一般的文献考证。北宋统治的167年间的气候变化对于农业生产的影响程度，尚无法通过科学数据进行研究。进入20世纪80年代，以竺可桢先生为代表的气候学家针对1万年以来挪威雪线高度与中国5000年的气温变化比较，发现北宋前期气候寒冷，中后期气温总体呈现下降趋势。美国学者加雷斯·詹金斯在《气候的循环和成吉思汗崛起》中，认为"公元1100年，在中国北方和内蒙古年平均气温突然开

[1] 杨持主编：《生态学》，高等教育出版社2014年版，第29页。
[2] 竺可桢：《中国近五千年来气象变迁的初步研究》，载《考古学报》1972年第1期，第15～38页。
[3] （元）脱脱：《宋史·太祖一》，中华书局1985年版，第11页。
[4] （元）脱脱：《宋史·五行二上》，中华书局1985年版，第1384页。
[5] （元）脱脱：《宋史·五行一下》，中华书局1985年版，第1341页。

始下降。到公元 1200 年，有记录的数据表明年平均气温掉到一个前所未有的新地点"①。公元 1100 年是宋徽宗统治的中期，也是北宋晚期，这说明气候变迁确实导致政权走向衰弱。通过竺可桢先生的 5000 年气候变化示意图，能够看到这时期气温有大幅度下降趋势。

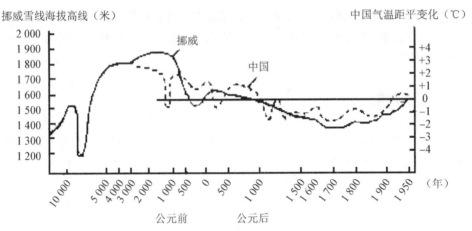

图 7-1 1 万年以来挪威雪线高度与中国 5000 年温度变化②

但是，另一方面，进入 21 世纪，很多学者提出了新观点。满志敏先生依据北宋开封一带水稻生产情况，认为齐穗日期比现今略微推迟，暖冬自然现象非常多见，特别是依据冬小麦收获时间与现代基本相同等科学数据，推论出北宋时期气候总体上呈现偏暖趋势，平均气温值比 1880—1979 年偏高 0.4℃。③ 葛全胜先生认为北宋气候总体偏暖，与欧洲中世纪温暖期基本相同，冬季平均气温比目前(1951—1980 年)大约高出 0.2℃，与欧洲等北半球许多地区相比，温暖程度大体相同，其中 960—1100 年则比现今高出 0.3℃。④ 实际上北宋时期的气候绝非毫无变化，前期和中期(960—1100 年)气候温暖，后期(1101—1127 年)逐渐走向寒冷。⑤ 葛全胜先生还认为北宋时期我国气候总体呈现偏干趋势。⑥ 张全明先生认为自北宋建立(960 年)至哲宗元符三年(1100 年)的 140 年间，开封等地接连出现了暖冬现象。当时开封地区竹子和梅花等植物曾经有一定的种植规模，这些植物在今天的江淮以南温暖湿润气候条件下才能生长，这既表现出北宋时期

---

① ［美］加雷斯·詹金斯：《气候的循环和成吉思汗崛起》，［美］狄·约翰、王笑然编：《气候改变历史》，金城出版社 2014 年版，第 172 页。

② 竺可桢：《中国五千年来气候变迁的初步研究》，载《考古学报》1972 年第 1 期，第 36 页。

③ 满志敏：《中国历史时期气候变化研究》，山东教育出版社 2009 年版，第 225 页。

④ 葛全胜：《中国历朝气候变化》，科学出版社 2011 年版，第 384 页。

⑤ 满志敏：《中国历史时期气候变化研究》，山东教育出版社 2009 年版，第 231 页。

⑥ 葛全胜：《中国历朝气候变化》，科学出版社 2011 年版，第 396 页。

拥有较高水平的林木栽培技术，也是当时开封地区气候温暖湿润的重要表现。但是，自建中靖国元年(1101年)至靖康二年(1127年)的27年间，史料多处记载出现多次寒冬天气，还伴随大雪和冰冻等自然现象。[①] 此外，张全明先生《两宋生态环境变迁史》中，从三个方面进行了阐述："一是自建隆元年(960年)至元符三年(1100年)共计140年的北宋前中期，以开封地区为代表的北宋时期的气候状况是以温暖为主，时间长度占39%；寒冷年份的时间长度约占29%。从时间段来看，在公元1060年至1100年的40年中，涉及冬暖年份的记录相对较北宋前期的40年还多1/3。从暖、冷年份所占的比例来看，这一时期的气候划分在延续唐代以来的中国历史上的'第三个温暖期'更符合当时气候变化的事实；二是当时气候暖、冷的交替并不是延续其变化的趋势一成不变的，而是气候变化在其间有明显的、小幅的反复变化；三是在这一时期气候暖、冷交替的变化与小幅波动中，有时还夹杂有个别的绝对极寒或极暖的年份。直到宋徽宗即位的12世纪初年，由于当时以开封地区为代表的北宋时期气候突然加剧转寒，在相关史书中，这一时期未见有任何暖冬的记载，故北宋历史上开封地区的暖、冷交替气候不是竺氏提出的100年前的公元1000年，而是至公元1100年才明显地进入了中国古代气候变迁史上新的寒冷期，即竺氏所说的中国历史上气候变迁的第三个寒冷期。"[②] 虽然张全明先生并不明显赞同竺可桢先生的观点，但二人对于气候变迁的历史分期，大体上趋向一致。竺可桢先生的研究成果，从宏观角度(5000年气候变化)认为，北宋时期的气温整体上呈现下降趋势，满志敏、葛全胜和张全明等几位先生则从年度气温变化角度，以年度农业耕作和收获时间，推论出北宋气候呈现偏暖趋势。可以说这时期的气候波动较为频繁，两方面的科学数据并不矛盾，都客观地反映出北宋气候的变化情况，由此能够窥见这时期的农业生产的大体轮廓。特别是从历史文献及5000年气候变化图表，乃至美国学者对于成吉思汗崛起与温度变化的讨论，都能够确定北宋晚期气温呈现下降趋势。

从太祖赵匡胤960年建国起始，中国北方的气温已经呈现缓慢的下降趋势，但是北宋前期和中期受气温影响程度相对较小，降至宋徽宗时期，气温已经下降到中国5000年气温的最低点，即使某些季节出现一些气温上升，但总体趋势毕竟呈现下降趋势。此外，如果从瘟疫疾病勃发情况分析，北宋时期因自然灾害引发的疫病就有38次，[③] 气温下降，对于北宋农业生产造成极大影响，也对北宋政权统治产生了消极影响。

二、地理环境与黄河泛滥及海潮

黄河中上游地区长期以来水土流失严重，导致下游淤积大量泥沙，黄河河床逐步抬升。北宋时期下游的黄河已成为悬河，极易发生大堤决溢，这不仅给两岸农田造成巨大

---

①　张全明：《论北宋开封地区的气候变迁及其特点》，载《史学月刊》2007年第1期，第98~108页。

②　张全明：《两宋生态环境变迁史》，中华书局2015年版，第105页。

③　韩毅：《宋代瘟疫流行与防治》，商务印书馆2015年版，第108页。

的破坏，洪水泛滥还会影响到庶民安全。根据邱云飞先生研究成果，北宋 168 年间黄河决溢 89 次。① 这些河患绝大多数发生在黄河下游地区，尤以当时的澶州（河南濮阳）最为严重（见表 7-1）。黄河中下游地区洪水泛滥严重阻碍了当地的农业生产，乃至国家的经济发展和社会稳定。

表 7-1　北宋时期澶州河决情况

次数	时间	灾情	资料出处
1	太祖乾德三年（965 年）九月	辛巳，河决澶州	（元）脱脱：《宋史·太祖二》
2	太祖开宝四年（971 年）十一月	河决澶州，通判姚恕坐不即上闻弃市	（元）脱脱：《宋史·太祖二》
3	太祖开宝五年（972 年）五月	辛未，河决濮阳，命颖州团练使曹翰往塞之	（元）脱脱：《宋史·太祖三》
4	太祖开宝八年（975 年）六月	辛亥，河决澶州顿丘	（元）脱脱：《宋史·太祖三》
5	太宗太平兴国二年（977 年）七月	癸未，……河决荥泽、顿丘、白马、温县	（元）脱脱：《宋史·太宗一》
6	太宗太平兴国八年（983 年）五月	河决滑州，过澶、濮、曹、济，东南入于淮	（元）脱脱：《宋史·太宗一》
7	太宗淳化四年（993 年）九月、十月	河水溢，坏澶州……河决澶州，西北流入御河	（元）脱脱：《宋史·太宗二》
8	真宗景德元年（1004 年）九月	乙巳……河决澶州，遣使具舟济民，给以粮饷	（元）脱脱：《宋史·真宗二》
9	真宗景德四年（1007 年）七月	河溢澶州，坏王八埽	（元）脱脱：《宋史·五行志一上·水条上》
10	真宗大中祥符七年（1014）八月	甲戌，河决澶州	（元）脱脱：《宋史·真宗三》

---

①　邱云飞：《中国灾害通史》（宋代卷），郑州大学出版社 2008 年版，第 87~92 页。

续表

次数	时间	灾情	资料出处
11	仁宗天圣六年（1028 年）八月	乙亥，河决澶州王楚埽	（元）脱脱：《宋史·仁宗一》
12	仁宗景祐元年（1034 年）七月	甲寅，河决澶州横陇埽	（元）脱脱：《宋史·仁宗二》
13	仁宗庆历八年（1048 年）六月	丙子，河决澶州商胡埽	（元）脱脱：《宋史·仁宗三》
14	神宗熙宁十年（1077 年）七月	丙子，河决澶州曹村埽	（元）脱脱：《宋史·神宗二》
15	神宗元丰三年（1080 年）七月	秋七月庚午，河决澶州	（元）脱脱：《宋史·神宗三》
16	神宗元丰四年（1081 年）四月	乙酉，河决澶州小吴埽	（元）脱脱：《宋史·神宗三》
17	哲宗元符元年（1098 年）	是岁，澶州河溢，振恤河北、京东被水者	（元）脱脱：《宋史·哲宗二》

　　根据上表统计数据，北宋时期在澶州，黄河共计发生了 17 次决溢，占总次数的 19.1%。北宋时期黄河不仅在澶州频繁决溢，而且还在澶州发生过两次改道：一次为景祐元年（1034 年）七月，《宋史·仁宗二》记载："秋七月……甲寅，河决澶州横陇埽。"①遂成为横陇河。第二次为庆历八年（1048 年）六月，《宋史·仁宗三》记载"六月……丙子，河决澶州商胡埽。"②黄河经河北平原中部，夺御河（今南运河）、界河（今海河）入渤海。北宋时期澶州河患频发，这是因为它毗邻有"悬河"之称的黄河，且地势比周边低洼。刘明光先生经过研究认为，目前的河南省濮阳市，地貌系中国第三级阶梯的中后部，地势较为平坦，自西南向东北略有倾斜，海拔一般在 48~58 米之间，平地约占全市面积的 70%，洼地约占 20%。③ 每当雨季黄河溢水以后，就会沿着地势低洼地带，形成巨大的洪涝灾害，给当地的农业生产带来致命打击，甚至大面积良田和房屋都被冲毁，百姓往往无家可归、流离失所。

　　沿海地区因受潮水侵袭，庄稼耕作比较困难。河北东路的沧州东临渤海，真宗乾兴元年（1022 年），"沧州海潮溢"④。淮南东路的泰州（今江苏泰州）东临黄海，曾多次受

①　（元）脱脱：《宋史·仁宗二》，中华书局 1985 年版，第 198 页。
②　（元）脱脱：《宋史·仁宗三》，中华书局 1985 年版，第 225 页。
③　刘明光主编：《中国自然地理图集》，中国地图出版社 2010 年版，第 67~68 页。
④　（元）脱脱：《宋史·仁宗一》，中华书局 1985 年版，第 177 页。

潮水侵害。《宋史·五行志一上·水上》记载，太祖乾德三年(965年)七月"泰州潮水损盐城县民田"①。海潮高涨冲毁农田，但退潮以后这里形成盐碱地，要想改造成良田非常困难。所以海潮的影响比内陆河洪水泛滥更具有破坏性。《宋史·五行志一上·水上》记载，开宝元年(968年)七月"泰州潮水害稼"②。《宋史·五行志一上·水上》记载，真宗大中祥符四年(1011年)十一月"泰州潮水害田，人多溺者"③。这次潮水袭击农田不仅破坏力大，还有很多人溺亡。福建路泉州因滨临海峡，易受潮水侵袭。《宋史·五行志一上·水条上》记载，神宗熙宁二年(1069年)八月"泉州大风雨，水与潮相冲泛溢，损田稼，漂官私庐舍"④。广南东路的海阳(潮州)、潮阳濒临南海，神宗熙宁九年(1076年)十月，"海阳、潮阳二县海潮溢，坏庐舍，溺居民"⑤。能够看出北宋时期海潮对于农业生产有很大程度的负面影响，甚至民众的房屋都遭到了严重破坏。

北宋时期，无论是黄河改道还是海潮冲击沿岸，都会给当地的农业生产造成巨大的破坏作用。李华瑞先生认为："黄河等河流对沿岸地区水土、植被的严重破坏之外，其对黄河中下游地区众多湖泊、河流的不断淤积，也严重削弱了其防洪、蓄洪功能，使其调节水文的功能大大受损。如真宗初年，黄河决溢并与济水合为一流，后来黄河虽恢复故道，但济水河原本正常的流径却因黄河泥沙的淤积而受阻，以致济水河长期被滞留在郓州、济州等地，'民良田百万顷水宅焉。三十年民不得一垅耕、一穗收'。直至天圣十年(1032)新济水河修成后，这一状况才得以改观。"⑥即使住在新河道附近，也需要时常维护两岸大堤，预防秋季洪水泛滥。毕竟在古代生产力不发达的年代里，河道改变关系到两岸民生。北宋政权需要委派官员整修河道，加固堤坝防止洪水暴涨冲毁两岸民田。而且海潮对于农田的破坏力更为严重，由于海水盐分浓度高，旱地农作物遇到海水就会枯萎而死，一旦遭受海潮侵袭，短时间内土壤成分很难改变，如果改种水田尚能有所收获，如果无法改种水稻，农民只能放弃农田背井离乡，这对当地的百姓无疑是毁灭性的打击。

三、森林状况

关于北宋时期的植被覆盖情况。根据樊宝敏和董源两位先生的研究成果，北宋时期的森林覆盖率不足30%，比隋唐时期至少下降了5个百分点。⑦ 它说明北宋是我国历史上破坏森林非常严重的朝代之一。特别是从宋真宗时期开始，因人口增加，河防、垦

---

① (元)脱脱：《宋史·五行志一上·水上》，中华书局1985年版，第1319页。
② (元)脱脱：《宋史·五行志一上·水上》，中华书局1985年版，第1319页。
③ (元)脱脱：《宋史·五行志一上·水上》，中华书局1985年版，第1325页。
④ (元)脱脱：《宋史·五行志一上·水上》，中华书局1985年版，第1327页。
⑤ (元)脱脱：《宋史·五行志一上·水上》，中华书局1985年版，第1327页。
⑥ 李华瑞：《宋代救荒史稿》，天津古籍出版社2014年版，第250页。
⑦ 樊宝敏、董源：《中国历代森林覆盖率的探讨》，载《北京林业大学学报》2001年第7期，第60~65页。

荒、战争等对木材需求大幅攀升，导致林木破坏十分严重。①围绕这时期的森林毁坏情况，北宋沈括曾经发出感叹："今齐鲁间松林尽矣，渐至太行、京山、江南、松山大半皆童矣。"②我们通过地理环境逐一分析这几个地区，齐鲁是主要的粮食生产区域，也是平原开阔地带，适合于粮食生产。但是多年生长的松木林一旦遭到破坏，便很难在短时间内恢复。这就必然导致这一地区的水土流失严重，对于农田来说更是致命打击。沈括生卒年为1031年至1095年，正是北宋哲宗统治时期，与宋徽宗建中靖国元年的1101年前后衔接。北宋晚期的森林毁坏程度，对于这时期的气候波动必然会造成一定程度的影响。此外，太行、京山、江南、松山等中国主要的产粮区的森林，已经"大半皆童矣"。由于树木的生长周期漫长，小树苗无法应对气候变化，更不可能起到调节温差的作用，这就必然影响到这一区域的农业生产。又如，政府经常派遣大批士卒入"西山"伐木，《括异志·高舜臣》记载："其从兄祥符中为衙校，董卒数百人，伐木于西山。"③宋代范纯仁对于陕、府、虢、解等州与绛州等地砍伐木材的情况也有明确记录，《条列陕西利害》记载："每年差夫共约二万人，至西京等处采黄河稍木，令人夫于山中寻逐采斫。"④可以看出当时砍伐森林情况非常严重，植被面积大幅度缩小，这就必然导致水土流失，影响农业生产。

由于北宋时期江南地区人口急剧增加，大片丘陵、山地被开辟为农田，虽然发展了农业生产，但植被遭到大量破坏，原本就比较脆弱的林地，在丧失储水功能以后，开辟出的农田很容易引发洪水泛滥和水土流失，这不仅没有为当地增加粮食产量，次生灾害造成的不良后果也使很多农户无家可归。比如北宋时期汉江流域引发的洪水，就对农田产生巨大的破坏作用。⑤

北宋以前西北地区林木资源丰富，原始状态保持良好。降至北宋时期，因与西夏战事不断，西北林木开始遭到大规模开采。《宋史·高防传》记载："建隆二年（961年），出知秦州，州与夏人杂处，罔知教养，防齐之以刑，旧俗稍革。州西北夕阳镇，连山谷多大木，夏人利之。防议建采造务，辟地数百里，筑堡要地。自渭而北，夏人有之；自渭而南，秦州有之。募卒三百，岁获木万章。"⑥秦州是北宋与西夏相邻的地区，当地出产很多高大林木，其后北宋为了筹建当地防务，砍伐了很多树木。《续资治通鉴长编·真宗》"大中祥符七年六月己巳"条载："陕西转运使请于陇州西山、胡田、浇水等处置

---

①　熊燕军：《试论北宋林木破坏的历史转折》，载《农业考古》2003年第1期，第167~170页。

②　（宋）沈括著，胡道静校证：《梦溪笔谈校证·杂志一》，上海古籍出版社1987年版，第745页。

③　（宋）张师正：《括异志·高舜臣》，中华书局1996年版，第86页。

④　（宋）范纯仁：《条列陕西利害》，《全宋文》，上海辞书出版社2006年，第171页。

⑤　刘嘉慧、查小春：《北宋时期汉江上游洪涝灾害及其对农业经济发展影响研究》，载《江西农业学报》2016年第1期，第68~73页。

⑥　（元）脱脱：《宋史·高防传》，中华书局1985年版，第9261页。

采木务以备边用，从之。"①宋仁宗(1028年)天圣六年三月也载有大量砍伐树木的事例，《续资治通鉴长编·仁宗》载："(杨峤语)澶州浮桥用船四十九只，自温州历梁、堰二十余重，凡三二岁方达澶州。请自今于秦、陇、同州伐木，磁、相州取铁及石炭，就本州岛造船。"②即使"庆历议和"之后，北宋与西夏恢复和平并开设榷场，然而采伐林木规模不仅没有缩小，反而进一步增大。《续资治通鉴长编·神宗》"熙宁七年九月乙卯"条载："买民居，增广地步。所用材木，令熙河采伐输运。"③至北宋末年，西北森林大面积萎缩，只有深山交通阻塞、人烟稀少地区的林木得以幸存。由于连续开发丘陵和山地，严重破坏了当地的植被，引起山洪暴发和水土流失，至此自然环境无法再度恢复原貌。

我们进入现代社会已经非常清楚，森林具有多种功能，首先它可以控制温度，缩小当地温差，还可以起到防护风沙作用，甚至能够吸收地表多余水分，由于根系发达还兼具储水功能，减少洪涝灾害和次生灾害。由于北宋的陶瓷业迅猛发展，木炭需求量连年增加，这就导致森林不断被砍伐。安国楼先生认为："宋代统治者首先想到的是解决人口问题，以缓解当时劳动力缺乏的状况。其中最有成效的办法就是移民。由于北汉的国境山西与中原毗邻，北宋在灭亡北汉的前后，曾多次迁山西之民进入中原地区。"④伴随着人口增多，需要不断开垦田地用于发展农业生产，这导致森林面积逐渐缩小，一旦发生水土流失等次生灾害，就会给农业生产带来毁灭性打击。

第二节　人为因素的影响

战争造成的农业生产经济损失最为巨大，北宋与辽国的多年战争使双方都陷入困境。为了应对战争，需要花费大量的人力、物力和财力，造成的各种损失无法估量。那么北宋时期的对辽战争，是怎样影响了农业生产？北宋与西夏的多年战争中，农业经济又受到哪些重大损失呢？下文将对此进行分析讨论。

一、宋辽战争因素

辽国在北宋建立之前，已经占据了燕云十六州，辽扶持当时的北汉政权作为附庸以屏蔽此地。北宋初年宋太祖主要采取先南后北的统一策略，虽有意取燕云十六州，也曾

---

① (宋)李焘：《续资治通鉴长编·真宗》"大中祥符七年六月己巳"，中华书局1983年版，第1881页。

② (宋)李焘：《续资治通鉴长编·仁宗》"天圣六年三月己酉"，中华书局1983年版，第2467页。

③ (宋)李焘：《续资治通鉴长编·神宗》"熙宁七年九月乙卯"，中华书局1983年版，第6261页。

④ 安国楼：《河洛文化与客家文化》，河南人民出版社2014年版，第77页。

经与南方作战的同时分兵攻打北汉，试图扫除攻取燕云十六州的屏障，但每次均因北汉有辽国出兵相助而未能如愿。安介生先生认为："燕云十六州的割让所造成的最大危险在于：契丹人在正式占据这些地区之后，进一步以这些地区为南侵的根据地，从而对中原政权构成了更大的威胁。这一点在河北平原表现得最为突出。在燕云十六州被割让之后，有关契丹骑兵屡屡深入，横河北的记载，史不绝书。"①在宋太祖和宋太宗的心目中，夺取燕云之地是完成统一大业的重要部分。宋太祖为取得燕云十六州采取了两个方案：其一，采用和平方式，储备巨款从辽国赎买；其二，采用战争方式，即赎买不成就以此巨款为军费攻取燕云十六州。但巨款还未凑到预定数额，太祖赵匡胤就驾崩了。宋太宗继承太祖遗志，在南方基本统一以后，于太平兴国四年（979年）亲率大军进攻北汉，当年五月攻占北汉首府太原，北汉随即为北宋所灭。攻灭北汉成功以后，为北宋进取燕云创造了条件。从此北宋与辽国为争夺燕云十六州，从北宋太平兴国四年（979年）至景德元年（1004年），双方进行了历时25年的战争，互有胜负，经济损失巨大。宋既统一中国谋复燕云，遂与辽构兵，然宋帝二次亲征皆失败，后乃媾和，宋岁输银绢与辽。②战争结果是北宋不仅没有吞并燕云十六州，反而对自身的农业生产和经济发展带来了很大的负面影响，为了此次战争耗费巨额钱粮，对于国家和百姓都是沉重负担。

宋辽战争直接导致河北地区农业生产陷入凋敝，庶民死伤惨重苦不堪言。北宋河北地区属于传统的熟耕区，农业生产具有非常成熟的模式。黄冕堂先生经过研究认为："自战国以后直到唐末，它始终是中国封建社会内的一个地方经济最发达和物产最丰富的地区……它是战略所必争，国家盛衰所维系的重要区域。"③宋辽战事发生以后，河北地区屡遭辽军侵袭，宋辽两军在此长期形成拉锯战，河北一带的农民为了躲避战乱大量逃亡，加上政府更多关注国防，没有把当地农业生产放在突出位置，致使河北地区农业耕作逐渐凋敝。《欧阳修全集·河北奉使奏草下》之"论河北财产上时相书"条载："河北之地，四方不及千里，而缘边广信、安肃、顺安、雄霸之间尽为塘水，民不得耕者十八九。澶、卫、德、博、滨、沧、通利、大名之界东与南，岁岁河灾，民不得耕者十五六。……又泊淀、不毛、监马棚牧与夫贫乏之逃而荒弃者，不可胜计。"④河北地区虽然作为北方重要的产粮区之一，但是他的可耕面积并不广泛，特别是广信、安肃、顺安、雄霸等地区有众多塘水，当地农民的耕地面积十分有限。其他地区又连年发生水灾，实际耕地面积仅有一半左右。特别是当地连年战争，河北北部边境时常遭辽军侵扰，使得很多民众纷纷逃离河北。欧阳修所言表明河北因战乱陷入了经济凋敝的衰败境况，农业耕作更是遭到重创。在长期对辽战争中，北宋军队伤亡巨大。例如宋雍熙三年（辽统和四年，986年）的君子馆之战，"（刘）廷让全军皆没，死者数万人"⑤。在这场战争中，

① 安介生：《历史民族地理》，山东教育出版社2007年版，第475页。
② 林惠祥：《中国民族史》，上海书店出版社2012年版，第114页。
③ 黄冕堂：《论唐代河北道的经济地位》，载《山东大学学报》1957年第1期，第59~90页。
④ （宋）欧阳修：《欧阳修全集·河北奉使奏草下》，中华书局2001年版，第1827页。
⑤ （清）毕沅：《续资治通鉴·宋纪》，中华书局1957年版，第322页。

北宋军队死亡者达到数万之多，可以想象其惨烈程度，其给当地的农业生产造成破坏程度更难以在短时间内得到恢复。在中国传统的农业社会中，人口是最重要的生产力，某区域人口数量的增减是衡量该地区农业发展与否的重要指标，通常情况下人口的密度与区域农业经济的发达程度成正比。[1] 为了抵御随时都会入侵的外敌，北宋设置庞大的常备军。宋太宗开宝968—975年，有常备军37.83万，宋太宗至道995—997年增至66.6万，宋真宗咸平998—1003年则高达100万，直至北宋末年，常备军规模基本稳定在百万左右。[2] 供养如此庞大的常备军，军费开支无疑是惊人数字。虽然文献没有确切记载宋辽战争期间北宋军费具体数额，但从宋廷大臣对北宋"冗兵"的批评中，透露了北宋防御辽军所耗军费的情况。宋仁宗时期的重臣富弼曾直言不讳地指出："自来天下财货所入，十中八九赡军。军可谓多，财可谓耗矣。"[3]如此庞大的军事消耗，只能依靠高额的赋税补充，这便加重了北宋农民的沉重负担。当澶渊之盟结束以后，北宋河北一带的农业生产才在一个长期和平的环境中获得了一定程度的恢复和发展。但是，因战争给农业生产造成的经济损失无法弥补。

二、宋夏战争因素

公元九世纪末期，中国西北地区出现过一个夏州地方政权，并于公元1038年(宋仁宗宝元元年)公开称帝，发展为割据性的西夏王国。在190年的长时期内，西夏王国与辽、金先后成为与宋代鼎峙的政权。[4] 宋仁宗统治时期，原为北宋藩属的党项人首领李元昊脱宋自立，改元"天授礼法延祚"，以兴庆府(今宁夏银川)为都城建国号大夏，历史上称之为"西夏"，元昊为世祖皇帝。宋仁宗宝元二年(1039年)正月，李元昊即遣使上表宋朝。按照《宋史·外国传一·夏国传上》记载："伏望皇帝陛下，睿哲成人，宽慈及物，许以西郊之地，册为南面之君。"[5]宋仁宗见到表章后于当年六月，下诏"削夺官爵、互市，揭榜于边，募人能擒元昊若斩首献者，即为定难军节度使"[6]。李元昊拥兵自重，最终脱离北宋独立建国，必然遭到北宋政权的强烈反击，从此宋夏战争拉开序幕。

北宋与西夏长期对峙，对于整个社会产生了巨大的负面影响，尤其对西北的农业生产造成了消极后果。中国西北地区生态环境原本就比较脆弱，北宋与西夏在此长期征

①　吴松弟：《中国人口史·辽宋金元时期》，复旦大学出版社2000年版，第627页。

②　朱峋：《兵制对北宋国防开支及军事实力的影响》，载《西北师大学报》2013年第3期，第34~38页。

③　(宋)赵汝愚：《宋朝诸臣奏议》，上海古籍出版社1999年版，第1449页。

④　吴天墀：《西夏史稿》，广西师范大学出版社2006年版，第1页。

⑤　(元)脱脱：《宋史·外国传一·夏国传上》，中华书局1985年版，第13996页。

⑥　(元)脱脱：《宋史·外国传一·夏国传上》，中华书局1985年版，第13996页。

战，使得该地区森林、草场逐渐退化，水土流失严重，水旱灾害频发，生态环境恶化加剧。① 农业生产对于生态环境的依赖性极大，西北生态环境遭到如此破坏，给当地的农业经济造成极大的负面影响。西夏的长期"侵耕"严重破坏了北宋西北地区的农业生产环境。如《宋史·食货志下》记载："嘉祐初，西人侵耕屈野河地。"②这里的"西人"便指西夏人，他们入侵这个地区，必然给当地的农业生产造成巨大的破坏，甚至当地北宋军队如果防御不当，必然促使百姓逃离，这无疑会为农业生产带去致命打击。《续资治通鉴长编·仁宗》"嘉祐五年十一月辛丑"条载："沿边德靖等十堡寨，频有贼马入界，开垦生地，并剽略畜产。虽以戍兵扞守，比稍习山川道路，又复代去。请就十堡寨招土兵两指挥，教以骑射之法，每处留屯百人。"③在北宋和西夏的接壤地区，经常有马贼出入于农耕地区，他们偷盗家畜，虽然有军兵守护，但是他们沿着山川来去，因此只能采取分兵把守的方式，每个地方需要有百余名士兵驻扎。此外，西夏军队常破坏北宋沿边耕地，干扰正常的农业耕作。《乐全集·论事》记载："贼连岁入泾源，渐引而深，杀掠老幼，驱拥畜产，焚荡舍屋，民不得耕获树艺，缘边篱落索然一空。"④西夏人连年进入泾源地区，而且逐渐向内路纵深窥探，屠杀很多老年人和幼儿，掠夺很多家畜和财产，还焚烧了很多民众房屋。当地民众无法从事农业生产，纷纷逃离。哲宗绍圣四年（1097年），西夏人"常于夜间直至大理河东葭芦境上侵耕旷地，昼则去归本界"⑤。武装抢收往往发生在农作物的收获季节，西夏方面在军队的掩护下，对北宋耕地上的农作物进行抢收、盗割等。如《宋史·俞充传》记载："环州田与夏境犬牙交错，每获必遭掠。"⑥可以看出西夏侵扰北宋西北边境非常严重，对于农业耕作产生极大的负面影响，如此频繁的农业破坏，导致短时间内无法恢复农业生产。

宋夏征战时期北宋大量士兵伤亡，当地农民屡遭掳掠，流亡现象严重。由于宋夏之战北宋胜少败多，战争直接导致北宋大量士兵死亡。如庆历元年（1041年）北宋与西夏发生过一场反入侵的战争。《涑水记闻》卷十二记载："庆历元年（1041年）二月十二日，赵（李）元昊寇渭州，先遣游兵数千骑入塞，侵掠怀远寨、静边寨、笼竿城。西路都同巡检常鼎、刘肃及诸寨与战，斩获颇众。于是环庆路部署任福及钤辖朱观，泾原路都监王珪、桑怿，渭州都监赵律，镇戎军都监李简、监押李禹亨等合兵三万余人追击之。将作监承耿傅掌督刍粮，亦在军中。贼阴引兵数万自武延川入据姚家、温家、好水三川口。诸将及士卒贪虏获，分道争进。十四日晨，至三川口。是时官军追贼已三日，士卒饥疲，猝与贼遇，怿力战先死，福等兵大败，福、英、珪、律、简、禹、亨、肃、傅皆

---

① 连菊霞：《北宋经制西北民族对生态环境造成的影响》，载《敦煌学辑刊》1999年第2期，第92~100页。
② （元）脱脱：《宋史·食货志下》，中华书局1985年版，第4563页。
③ （宋）李焘：《续资治通鉴长编·仁宗》"嘉祐五年十一月辛丑"，中华书局1983年版，第4652页。
④ （宋）张方平：《乐全集·论事》，《四库全书》，上海古籍出版社2003年版，第194页。
⑤ （清）吴广成：《西夏书事校证》，甘肃文化出版社1995年版，第342页。
⑥ （元）脱脱：《宋史·俞充传》，中华书局1985年版，第10702页。

死于贼。指挥使、忠佐死者十五人，军员二百七十一人，士卒六千七百余人，亡马一千三百匹。杀虏民五千九百余口，熟户一千四百余口，焚二千二百六帐。斩贼首五百一十级，获马一百五十四匹。"①宋仁宗庆历元年，西夏李元昊派遣数千骑兵侵犯边境，怀远寨、静边寨和笼竿城等，皆遭到西夏军队的侵扰，虽然北宋官兵暂时击退敌军，但是其后遭遇西夏军埋伏，由于士兵饥饿丧失战斗力，最终北宋有六七千人战死，很多物资遭到劫掠，甚至边关各级守将二百七十多人阵亡，边民财产遭到重大损失。又如元丰五年（1082 年）八月的宋夏永乐城之战，"永乐城陷，蕃汉官二百三十人，兵万二千三百余人皆没。"②再如《宋史·夏国传下》记载："宋自熙宁用兵以来，凡得芦、吴堡、义合、米脂、浮图、塞门六堡，而灵州、永乐之役，官军、熟羌、义保死者六十万人。"③西夏对宋境内人口进行了大肆戮掠，比如定川砦之战宋军惨败，夏军攻入泾原路，抢夺大量的边民和家畜以及财产。《宋史·高琼传》记载："长驱抵渭州，幅员六七百里，焚荡庐舍，屠掠民畜而去。"④如此大规模的侵夺北宋边民财产，造成的经济损失无法估量，更给农业生产带来沉重打击，这些边民所剩无几，只能陆续内迁，边防更加空虚，对于北宋政权守边尤为不利。宋仁宗时期，元昊每次进攻，都对人员、牲畜和财产造成严重的破坏。《宋史·王尧臣传》记载："既入汉地，分行钞略，驱虏人畜，劫掠财货。"⑤边境地区人口屡遭西夏掠夺，每年都有大批的汉人流亡。宋夏长期征战直接导致北宋西北边疆地区劳动力减少，严重影响到当地的农业生产和经济发展。特别是进入北宋中后期，国家常备军一直未下百万，导致军费开支数额巨大，百姓负担越来越沉重。在宋英宗（1063—1067 年）统治期间，全国的赋税收入为四千四百万缗，⑥当时全国供养军队 118 万人，根据蔡襄估计，仅军费这一项开支就需要约四千八百万缗。⑦可见当时全国赋税的总收入尚不足以应付庞大的军费开支。北宋为了摆脱财政危机，只能增加赋税，致使农民负担沉重。

战争对于自然资源的破坏无法估量。宋辽之战和宋夏之战，北宋境内的自然资源损失极为严重。欧阳修对此曾有过重要建言，《文忠集·论乞止绝河北伐民桑柘札子》记载："臣风闻河北、京东诸州军，见修防城器具，民间配率甚多。澶州、濮州地少林木，即今澶州之民，为无木植送纳，尽伐桑柘纳官。臣谓农桑是生民衣食之源，租调系国家用度之急。不惟绝其根本，使民无以为生，至于供出赋租，将来何以取足？臣伏思兵兴以来，天下公私匮乏者，殆非夷狄为患，全由官吏坏之。其诛剥疲民，为国敛怨，盖由郡县之吏不得其人。故臣前后累乞澄汰天下官吏者，盖备见其弊如此也。今澶州之民骤罹此苦，岂非长吏非才、处事乖缪所致？兼闻澶州民桑已伐及三四十万株，窃虑他

---

① （宋）司马光：《涑水记闻》，中华书局 1989 年版，第 225 页。

② （清）吴广成：《西夏纪事本末·永乐失事》，甘肃文化出版社 1995 年版，第 168 页。

③ （元）脱脱：《宋史·夏国传下》，中华书局 1985 年版，第 14012 页。

④ （元）脱脱：《宋史·高琼传》，中华书局 1985 年版，第 9703 页。

⑤ （元）脱脱：《宋史·王尧臣传》，中华书局 1985 年版，第 9773 页。

⑥ （元）脱脱：《宋史·虞策传》，中华书局 1985 年版，第 11194 页。

⑦ （宋）赵汝愚：《宋朝诸臣奏议·上英宗论兵九事》，上海古籍出版社 1999 年版，第 1326 页。

郡尽皆效此。伏乞早赐旨挥禁绝。"①北宋战时需要大量木材，因河北天然林木缺乏，当地官吏强迫砍伐桑树以解燃眉之急。宋夏开战以后，北宋政府在西北沿边大规模修建堡寨，因修筑堡寨需要大量木材，就派士卒到宋夏交界的横山一带采伐，因过度砍伐，延州、保安军等地绝少林木，水土流失严重。②《范文正集·上枢密尚书书》记载："暴雨之期，湍走大石。"③曹玮在秦州曾经筑壕栅达到"三百八十里"④，修建如此规模的壕栅所费木材数量十分巨大。

北宋军屯对自然环境的破坏也不容小觑。庆历五年（1046 年），宋仁宗采纳欧阳修的建议——守边重于农业耕作，《续资治通鉴长编·仁宗》"庆历五年二月甲寅"条载："（下诏曰）并、代经略司听民请佃岢岚、火山军闲田，在边壕十里外者，然所耕极寡，无益边备岁籴如故。"⑤神宗熙宁八年（1075 年）围绕粮食问题下诏，《宋会要辑稿·兵四》记载："（诏曰）西陲等寨，未开官地堪种者渐次招置弓箭手垦种。"⑥北宋政府曾在吴堡、葭芦之间的木瓜原募兵 1.8 万人垦荒。⑦ 宋神宗熙宁年间（1068—1077 年），"（高永能语）治绥德城，辟地四千顷，增户千三百"⑧。宋徽宗崇宁二年（1103 年）十一月，"（安师文奏）据权通判德顺军事卢逢原申，括打量出四将地分管下五砦、新占旧边壕外地共四万八千七百三十一顷有奇，乞特赐优赏"⑨。北宋沿边军屯多在黄土高原的丘陵沟壑之处，在这些地区开荒对生态环境破坏严重。军屯仅为满足一时之需，加之北宋防止武将专权，军队时常换防，屯田之地往往被粗放或掠夺式耕种。屯田必然会毁坏植被，黄土高原生态环境原本就脆弱，植被一经破坏，短时间内难以恢复，从而导致当地风沙、水旱之灾加剧。

三、各种经济生产因素

农业自然灾害的频繁发生，除了客观因素以外，还有很多人为因素。可以说人为破坏自然界的生态平衡今古相同，只不过古代社会没有现代如此之大的破坏力度，所以对

①　（宋）欧阳修：《文忠集·论乞止绝河北伐民桑柘札子》，《四库全书》，上海古籍出版社 2003 年，第 72~73 页。

②　连菊霞：《北宋经制西北民族对生态环境造成的影响》，载《敦煌学辑刊》1999 年第 2 期，第 92~100 页。

③　（宋）范仲淹：《范文正集·上枢密尚书书》，《四库全书》，上海古籍出版社 2003 年版，第 658 页。

④　（元）脱脱：《宋史·曹玮传》，中华书局 1985 年版，第 8986 页。

⑤　（宋）李焘：《续资治通鉴长编·仁宗》"庆历五年二月甲寅"，中华书局 1983 年版，第 3749 页。

⑥　（清）徐松：《宋会要辑稿·兵四》，中华书局 1957 年版，第 6823 页。

⑦　（清）徐松：《宋会要辑稿·食货六三》，中华书局 1957 年版，第 6010 页。

⑧　（元）脱脱：《宋史·高永能传》，中华书局 1985 年版，第 10725 页。

⑨　（元）脱脱：《宋史·兵志四·乡兵一》，中华书局 1985 年版，第 4717 页。

大自然的资源掠夺，尚未达到当今社会的严重程度。然而大面积砍伐森林依然会导致水土流失，甚至成为导致山洪暴发的主要因素。由于森林和土地都有吸水和储存能力，一旦这种功能被人为破坏以后，就会引发山洪暴发等自然灾害及次生灾害。

其一，不合理的耕地开发。北宋时期人口以年均11%的增长率，徽宗大观四年（1110年），全国有2088万户，若以户均5口人计算，这时期全国人口大约超过1亿人。[①] 为了养活如此庞大的人口，也为了增加赋税收入，北宋统治者鼓励民众垦荒。例如宋太祖乾德四年(966年)润八月下诏："庶幾畎畝之间，各务耕耘之业，宜令所在，明加告谕，有能广植桑枣、开垦荒田者，并只纳旧租，永不通检。令佐能招复逋逃、劝课栽植，岁减一选者，加一阶。"[②]这说明新开垦的土地，种植桑树或者枣树等之后，并不会马上被征税，依然只收取原有土地赋税。宋真宗咸平二年(999年)二月下诏："前许民户请佃荒田，未定税赋，如闻抛弃本业，一向请射荒田。宜令两京、诸路榜壁晓示，应从来无田税者，方许请射系官荒土及远年落业荒田，俟及五年，宫中依前依前敕于十分内定税二分，永远为额。如见在庄田土窄，愿于侧近请射，及旧有庄产，后来逃移，已被别人请佃，碍敕无路归业者，亦许请射。……其宫中放收要用土地及帐逃户庄园、有主荒田，不得误有给付。"[③]这里同样鼓励庶民开垦荒地，对于请求需要开垦者，只需征收二分的税额。宋英宗治平四年(1067年)下诏："诸路逃田三十年者除其税十四，四十年以上十五，五十年以上六分，百年以上七分。佃及十年输五分，二十年输七分，著为令。"[④]这几道诏书皆讨论农业耕作问题，甚至在细节上都有详细描述。实际上迫切需要开荒种田的内在原因，就是人口规模与耕地面积不成正比。人口增多意味着粮食不足，粮食不足就要开垦荒地，开垦荒地就会破坏自然界的生态平衡。一旦森林丧失吸水、储水能力，每当雨季来临就会引发洪涝灾害乃至次生灾害。洪灾之后雨水无法被土地吸收，只能自然蒸发或者进入河流造成水土流失，这就必然引起大规模的旱灾，旱灾之后很容易出现蝗灾。于是洪灾、旱灾和蝗灾，多灾多难成为恶性循环，这一系列的自然灾害的连锁反应，实际上是因为自然界的生态环境遭到破坏，短时间内生物链已经丧失自我修复功能了。古代社会科学技术并不发达，粮食亩产量毕竟有限，这就使得人口与土地之间的矛盾越加突出，如何在人均耕地与人口膨胀系数之间寻找平衡，无疑成为北宋政权急待解决的最大困局。

北宋时期为了应对人口膨胀，全国土地开垦面积不断增加。《宋史·食货志上一·农田》条载："开宝末，垦田二百九十五万二千三百二十顷六十亩。至道二年，三百一十二万五千二百五十一顷二十五亩。天禧五年，五百二十四万七千五百八十四顷三十二亩。"[⑤]从宋太宗开宝九年（976年）到宋真宗天禧五年（1021年），共计垦田数增加了

---

① 漆侠：《宋代经济史》，中华书局2009年版，第45、46页。

② (宋)司义祖：《宋大诏令集·劝栽植开垦诏》，中华书局1962年版，第4810页。

③ (清)徐松：《宋会要辑稿·食货一》，中华书局1957年版，第4810页。

④ (元)脱脱：《宋史·食货志上一·农田条》，中华书局1985年版，第4166页。

⑤ (元)脱脱：《宋史·食货志上一·农田条》，中华书局1985年版，第4166页。

78%。漆侠先生认为宋徽宗时期，全国垦田数大约为 7.2 亿亩，即使是其后的元明两代也没有超过这个数额。[1] 北宋的疆域面积不及汉唐，更无法与元明两朝相比。这时期如此巨大的垦田规模，说明北宋土地开发力度强大，这势必对自然环境造成严重破坏。因此北宋时期的自然环境越来越走向恶化与土地开垦有直接关系。

北宋时期邻近水源的平原地区因土地肥沃、灌溉便利多被垦殖，这些区域的植被较早地遭到破坏，此种情形显而易见，故不赘述。这时期丘陵山地被大面积开发为农田，甚至有些地区的悬崖边都被开垦出田地。《小畜集·畲田词》记载："虽然悬崖绝岭，数目尽仆。"[2] 这显示开垦土地已经达到极限。再如《宋会要辑稿·瑞异二》记载："闽地瘠狭，层山之巅，苟可置人力，未有寻丈之地不丘而未田，泉溜接续，自上而下，耕垦灌溉，虽不得雨，岁亦倍收。"[3] 福建是以山地丘陵为主的地理环境，发展农业虽然受到自然条件限制，但是由于人口不断增加，北方迁徙到福建地区的人口量也逐渐增加，这就不得不迫使当地人把能够开垦的农田完全开发出来，以此增加粮食产量。北宋蜀中巴东县的山地，多以刀耕火种的原始耕作方式被开发利用，时任该县县令的寇准曾赋诗云："谁家几点畲田火，疑是残星挂远峰。"[4] 山地丘陵无论被开发为梯田，还是以刀耕火种这种落后方式的畲田开发，都是以对山地丘陵的植被大面积破坏为代价的，必然加重水土流失，无疑会增加水灾、旱灾的发生频率和强度。

此外，北宋还进行了大规模的围湖造田。例如两浙路越州（今浙江绍兴）境内的鉴湖，原本具有较强的灌溉能力，自宋真宗朝就有人盗湖围田，到宋徽宗宣和二年（1120年），围湖造田达 2200 余顷，"湖废尽矣"[5]。又如两浙路明州（今浙江宁波）鄞县共 14 乡，其境内的东钱湖与广德湖各分灌东西 7 乡田地。楼异献言宋徽宗，废广德湖为田，租岁收入供高丽入贡往来之用，徽宗采纳了他的建议。楼异废广德湖为田，得田 720 顷，募民佃种，岁入谷 3 万余石，《宋史·楼异传》记载："自是苦旱，乡人怨之。"[6] 南方大规模的围湖造田，使这些湖泊的水量急剧下降，成为这些地区旱灾频发的一个重要原因。

其二，手工业发展对森林的破坏。北宋时期经济较为发达，诸如建筑、烧炭、造船、制陶等非常兴盛，这些行业对于木材的需求量巨大，商品经济的大量需求，使伐木业成为一个独立行业。[7] 从事伐木业的既有官府也有私人。官府伐木作业规模较大，宋太祖建隆二年（961 年），高防出秦州（今甘肃天水）时，就有这方面的文献描述。《宋

---

①　漆侠：《宋代经济史》，中华书局 2009 年版，第 60 页。

②　（宋）王禹偁：《王黄州小畜集·畲田词》，《宋集珍本丛刊》，四川大学古籍研究所 2004 年版，第 576 页。

③　（清）徐松：《宋会要辑稿·瑞异二》，中华书局 1957 年版，第 2096 页。

④　（宋）寇准：《春初夜书》，《全宋诗》，北京大学出版社 1998 年版，第 1014 页。

⑤　（宋）庄卓：《鸡肋篇·曾巩鉴湖图序》，中华书局 1983 年版，第 56、57 页。

⑥　（元）脱脱：《宋史·楼异传》，中华书局 1985 年版，第 11163 页。

⑦　漆侠：《宋代经济史》，中华书局 2009 年版，第 674 页。

史·高防传》记载："建采造务，辟地数百里，筑堡要地，……募卒三百，岁获木万章。"①宋真宗大中祥符七年(1014年)，为建造边境防御工事，大量砍伐当地木材。《续资治通鉴长编·真宗》"大中祥符七年六月己巳"条载："陕西转运使请于陇州西山、胡田、浇水等处置采木务，以备边用，从之。"②建造大型防御工事必然会消耗无数木材，而过度砍伐木材给生态环境带来了致命打击。肆意破坏森林就会直接导致水土流失，并引发洪水泛滥，对于农业生产乃至庶民安全都有巨大的负面影响。宋仁宗天圣六年(1028年)，京西转运使杨峤上言，要求砍伐木材建造舟船。《续资治通鉴长编·仁宗》"天圣六年三月己酉"条载："请自今于秦、陇、同州伐木……就本州造船。从之。"③范纯仁在神宗熙宁二年(1069年)的上书中曾透露，陕、府、虢、解等州与绛州，"每年差夫共二万人，至西京等处采黄河稍木，令人夫于山中寻逐采斫"④。"庆历议和"之后，北宋与西夏开设榷场，林木采伐规模进一步加大，这就必然会增加洪涝灾害的发生概率。

北宋时期土木建筑所耗木材数量巨大。比如宋仁宗庆历年间(1041—1048年)，仅京师一地就有极大耗费，《续资治通鉴长编·仁宗》"庆历三年春正月丙子"条载："营缮岁用材木凡三十万。"⑤宋仁宗至和二年(1055年)，仅修缮开先殿就使用了大量木材，《文忠集·论罢修奉先寺等状》记载："所用材植物料一万七千五百有零。"⑥尽管宋仁宗受到历史上一些学者的褒奖，诸多史料都能够证明他是一位有作为的皇帝，但是他在位期间大兴土木，肆意砍伐森林是不可争议的事实。宋徽宗政和三年(1113年)修建延福宫，该宫略小于当时的皇宫，"有穆青、成平、会宁、睿谟、凝和、昆玉、群玉七殿。东边有蕙馥、报琼、蟠桃、春锦、迭琼、芬芳、丽玉、寒香、拂云、偃盖、翠葆、铅英、云锦、兰薰、摘金十五阁。西边有繁英、雪香、披芳、铅华、琼华、文绮、绛萼、秾华、绿漪、瑶碧、清音、秋香、丛玉、扶玉、绛雪十五阁。又迭石为山，建明春阁，其高十一丈，宴春阁广十二丈。凿圆池为海，横四百尺，纵二百六十七尺，鹤庄、鹿砦、孔翠诸栅，蹄尾以数千计"⑦。建筑延福宫如此庞大的建筑群，所用木材必然数量巨大，试想当大规模森林破坏以后，取而代之的，必将是洪水滔滔及旱灾和蝗灾。所以尽管砍伐森林仅仅是破坏一个狭小的生态环境，但是修复这个生态环境系统，需要经过

①　(元)脱脱：《宋史·高防传》，中华书局1985年版，第9261页。

②　(宋)李焘：《续资治通鉴长编·真宗》"大中祥符七年六月己巳"，中华书局1983年版，第1881页。

③　(宋)李焘：《续资治通鉴长编·仁宗》"天圣六年三月己酉"，中华书局1983年版，第2467页。

④　(宋)范纯仁：《条列陕西利害》，《全宋文》，上海辞书出版社2006年版，第171页。

⑤　(宋)李焘：《续资治通鉴长编·仁宗》"庆历三年春正月丙子"，中华书局1983年版，第3337页。

⑥　(宋)欧阳修：《文忠集·论罢修奉先寺等状》，《四库全书》，上海古籍出版社2003年版，第112页。

⑦　(宋)孟元老：《东京梦华录·内诸司·延福宫》，中华书局2004年版，第46页。

几十年或者几百年。即使当下我们人类依然面临相同的环境问题，但是往往灾难过后，人类会再度忘却自然灾害带来的巨大恐慌。如果人类要想与大自然共同和谐发展下去，需要我们改变肆意妄为的破坏自然心理。其实我们与自然环境之间原本就是不可分割的统一整体，我们依附于自然界才能生存。正如《左传·僖公十四年》记载："皮之不存，毛将安傅？"①这种相互依存关系，也是我们的生活乃至生命的基础。

根据徐海亮先生研究结果，历史上河南经历了三次大规模的森林砍伐高潮。第一次为战国至秦汉时期，森林消耗为 4.3～6.3 万亩/年；第二次为唐宋时期，森林减少面积为 4.5～8.1 万亩/年；第三次为 18～19 世纪，为 4.5～8.1 万亩/年。② 因此唐宋时期河南天然林木消减速度很快，并且由城市边缘逐渐向深山发展。这是北宋时期市场非常繁荣，工程营建、陶瓷烧造等商品对于木材的需求量大幅度提高的缘故，也是导致森林面积缩小的直接原因之一。不可否认，人类进入文明社会以后。在科学技术、社会繁荣和文化发展方面，确实有很多地方值得称赞。但是，另一方面，人类发展的脚步并不会就此停留，未来还会有很多伟大的事业在等待开创。因此我们需要与自然界和谐共存，这样才能使人类社会生机勃勃，也能够在这颗星球上把生命延续。

小　结

北宋是中国古代文化繁荣发达的历史时期之一，但是由于各种自然因素以及宋辽和宋夏的多次战争，导致这时期的农业耕作存在诸多困难。特别是北宋时期气候温差波动较大，大量树木被砍伐，水土流失极为严重。这时期黄河又多次决堤，严重影响到下游水系，由此导致农业生产严重受阻。而且这时期海潮倒灌和内湖水位升高等灾害多发，每遇洪水泛滥，百姓流离失所者不胜枚举，国家更是遭受无法估量的巨大损失，所以尽管北宋经济远比唐代取得更大发展，但是在农业发展的过程中，遭受的自然灾害却尤为严重。影响北宋农业发展的根本问题，正是自然灾害多发和连年战争消耗。北宋政权为了缓解战争压力发展农业生产，曾经提出过很多方针政策，部分大臣也积极推广粮食新品种，并教授农民们育种、播种乃至耕作等，以此才能确保社会和谐国家安定。

---

① （清）阮元：《十三经注疏·春秋左传正义·僖公十四年》，中华书局 1980 年版，第 1803 页。
② 徐海亮：《历代中州森林变迁》，载《中国农史》1988 年第 4 期，第 98～110 页。

结　语

伴随北宋政权逐渐走向稳定，经济和文化获得了快速发展，整个社会呈现繁荣富足景象。由此也使人口大幅度增加，从而引发粮食不足问题。如何有效地使用土地增加粮食产量，成为北宋统治者高度关注的农业问题。本书通过考察北宋农业发展模式、北宋土地开发与利用、北宋农田水利建设、北宋农业种植结构与技术发展、北宋农业基本政策、北宋农业自然灾害及应对措施、北宋农业发展制约因素七个方面，从而获得以下研究结果。

当北宋太祖赵匡胤建国以后，稳定社会秩序发展农业生产成为解决土地日益紧张的迫切政治问题。在粮食种植结构方面，原本北方以黍和小麦为主的农业生产模式发生了变化，经过统治者的大力推广，一些官员到地方教授种植方式，以及农民种植技术的不断提高，北方开始增加种植产量高的小麦和水稻。南方在种植水稻的基础上，又开始扩大耕地面积，增加小麦种植规模，这样使因人口增加出现的粮食危机得到一定程度的缓解。在土地经营和管理方面，由于土地兼并程度严重，因此出现契约租佃制和定租制以及赋役制度。北宋时期有民田和官田两种形式，民田具有民间土地私有性质，官田主要用于行政管理、国防开支和防灾救灾等。土地与农民属于相互依存的关系，因此农业生产效率和土地开发利用率都较高。进入北宋中期以后，社会矛盾日益尖锐，特别是北方边境战争耗费了巨大钱粮，尽管百姓赋税已经非常沉重，但官府依然采用各种方式增加农民负担。一些农民不堪重负逃离故乡，这就导致农民与土地相互依存关系开始产生松动，并间接引发社会不安定因素。北宋中期由王安石主持的"熙丰变法"就涉及农业问题，为了防止农民在夏秋收获以前的青黄不接时向地主豪绅借高利贷维持生活，便采用青苗法保护农民利益，尽管这次变法最终失败，但是它反映出北宋中期以后农业问题日益突出的客观事实。

北宋时期人口大量增加，要想维持如此之多的人员粮食问题，必须在原有土地面积的基础上，更加扩大耕地规模，这样才能保证粮食充足。为了确保粮食产量，北宋统治者提出开垦荒地的政治措施，并倡导轮作复种以此增加粮食产量。其中开垦土地较有成效的地区，主要包括黄淮海平原、长江中下游平原、关中平原、两湖平原和四川盆地等。土地的开发奠定北宋经济快速发展势头，北宋成为中国封建社会文化最发达的历史时期。北宋时期森林破坏严重，这很容易引发洪涝灾害或其他次生灾害。因此增加水利设施建设、修建防洪堤坝。成为这时期统治阶级尤为关注的问题。比如，针对河北淀泊的开发利用、古渠旧堰治理和引浊放淤这三项措施，其效果尤为显著。而且兴修这些水利工程，对于水稻种植起到一定程度的积极作用，很多原本无法耕作的盐碱地变成水田以后，可以种植稻米，及大地补充了北方的粮食不足，使荒地和盐碱地变成良田。对于丘陵地带的灌溉设施、圩田和东南沿海地区的堤坝等，北宋政府也都投入了很多人力物力进行修缮，这些都对增加粮食产量起到积极作用。

在农业技术发展方面，这时期出现了重要的秧马和粪耧等农业生产工具。所谓秧马，即种植水稻、拔秧的一种新式工具，对于农民耕作水稻发挥重要的辅助作用。粪耧则是北宋发明的给庄稼施肥的重要农业工具，对于粮食增产起到很大作用。而且传统的翻车和筒车等灌溉工具也被有效利用，灌溉农田使庄稼能够健康生长。这也是北宋确保粮食增产的前提条件之一。此时期铁制农业生产工具也得到广泛利用。北宋沈括的《梦溪笔谈》就详细描述过这时期使用铁器的情况，特别是对于铁器的坚硬度和柔韧性都有清晰记载。由此可以得知，北宋的犁铧和犁壁等坚硬耐磨，与当时高超的生产工艺，以及匠人的精工细作精神密切相关，使用结实耐用的钢刃熟铁农具不仅会降低农民的劳动强度，还可以提高农业生产效率。

但是还有很多自然因素和人为因素，严重制约着北宋的农业经济发展。首先在自然因素方面，北宋时期正处在中国古代气候波动较大的历史阶段，在160多年的时间里，整体气温呈现下降趋势，这就会给农业生产带来严重影响。尽管有些年份会出现暖冬或草木提前迎春现象，然而通过地球五千年气候变化趋势，从宏观视域能够发现这些气候波动并不会改变北宋农业生产的消极因素。还有这时期森林砍伐严重，从而导致洪涝灾害频发。海潮高涨引起的田地盐碱化，毁坏很多旱田庄稼，并导致地力下降。这些自然灾害成为制约北宋农业发展的重要原因，很多地区粮食连年歉收。而且这时期北宋与辽国和西夏的连年战争，严重制约整个国家的经济发展，对于北方农业生产更是致命打击。为了缓解连年战争带来的各种困难，为了更好地发展农业生产，北宋统治者提出了很多有利于农业发展的方针政策，特别是在推广粮食新品种以及农业技术方面，这使北宋农业获得快速发展，并填补了因战争造成的经济损失以及粮食不足问题。

北宋时期发生过很多种自然灾害，其中影响最大的有风灾、雹灾、旱灾和蝗灾等。每当出现自然灾害时，就会使国家和庶民的经济财产遭到巨大损失，甚至很多百姓不得不离开家乡四处漂泊。北宋统治者面对自然灾害，能够提出很多比较开明的方针政策，并帮助灾民降低受灾影响程度，当灾害过去以后也能够帮助灾民恢复生产生活。比如发放很多钱粮物质，甚至免除苛捐杂税等，这些政治举措得到广大庶民拥护，也为各种灾后重建提供前提条件。因此北宋统治者在应对各种自然灾害方面，采取比较仁德务实的态度，对于稳定社会秩序起到积极作用。虽然北宋时期自然灾害发生频率很高，而且对外战争导致北部边疆的农业生产受到很大影响，但是庶民们的基本生活依然能够得到保障，整个社会经济朝向良性的轨道发展，出现了封建社会的大繁荣的历史时期。

参 考 文 献

一、古籍

[1] (战国)韩非子著, (清)王先慎集解:《韩非子》,中华书局 1998 年版。

[2] (汉)司马迁:《史记》,中华书局 1959 年版。

[3] (汉)班固:《汉书》,中华书局 1962 年版。

[4] (汉)王符著, (清)汪继培笺:《潜夫论笺校正》,中华书局 1985 年版。

[5] (晋)陈寿:《三国志》,中华书局 1959 年版。

[6] (北魏)贾思勰著,石声汉校释:《齐民要术》,中华书局 2009 年版。

[7] (南朝)范晔:《后汉书》,中华书局 1965 年版。

[8] (南朝)萧子显:《南齐书》,中华书局 1972 年版。

[9] (唐)吴兢:《贞观政要》,中华书局 2009 年版。

[10] (唐)戴叔伦:《女耕田行》,《唐诗鉴赏辞典》,商务印书馆 2012 年版。

[11] (唐)欧阳询:《艺文类聚》,上海古籍出版社, 1999 年版。

[12] (宋)赵佶:《艮岳记》,王云五:《丛书集成初编》,商务印书馆 1935 年版。

[13] (宋)郑寰:《水利书》,王云五:《丛书集成初编》,商务印书馆 1935 年版。

[14] (宋)谢深甫:《庆元条法事类》,燕京大学图书馆(木刻本)1948 年版。

[15] (宋)李心传:《建炎以来系年要录》,中华书局 1956 年版。

[16] (宋)司马光:《资治通鉴》,中华书局 1956 年版。

[17] (宋)王安石:《临川先生文集》,中华书局 1959 年版。

[18] (宋)叶适:《水心文集》,中华书局 1961 年版。

[19] (宋)叶适:《水心先生别集》,中华书局 1961 年版。

[20] (宋)司义祖:《宋大诏令集》,中华书局 1962 年版。

[21] (宋)胡仔:《渔隐丛话前集》,人民文学出版社 1962 年版。

[22] (宋)王明清:《挥麈录》,中华书局 1964 年版。

[23] (宋)陈旉著、万国鼎校注:《陈旉农书校注》,农业出版社 1965 年版。

[24] (宋)王安石:《王文公文集》,上海人民出版社 1974 年版。

[25] (宋)欧阳修、宋祁等:《新唐书》,中华书局 1975 年版。

[26] (宋)洪迈:《容斋随笔》,上海古籍出版社 1978 年版。

[27] (宋)王溥:《五代会要》,上海古籍出版社 1978 年版。

［28］（宋）文莹：《玉壶清话》，选自《唐宋史料笔记丛刊》，中华书局1979年版。

［29］（宋）吴处厚：《青箱杂记》，《唐宋史料笔记丛刊》，中华书局1979年版。

［30］（宋）陆游：《老学庵笔记》，中华书局1979年版。

［31］（宋）王令：《王令集》，上海古籍出版社1980年版。

［32］（宋）王辟之：《渑水燕谈录》，中华书局1981年版。

［33］（宋）江少虞：《宋朝事实类苑》，上海古籍出版社1981年版。

［34］（宋）孟元老：《东京梦华录》，中华书局1982年版。

［35］（宋）庄卓：《鸡肋篇》，中华书局1983年版。

［36］（宋）李焘：《续资治通鉴长编》，中华书局1983年版。

［37］（宋）魏泰：《东轩笔录》，中华书局1983年版。

［38］（宋）厉鹗：《宋诗纪事》，上海古籍出版社1983年版。

［39］（宋）王珪：《华阳集》，中华书局1985年版。

［40］（宋）范仲淹：《范文正公文集》，中华书局1985年版。

［41］（宋）石介：《石徂徕集》，中华书局1985年版。

［42］（宋）韩元吉：《南涧甲乙稿》，中华书局1985年版。

［43］（宋）刘敞：《公是集》，中华书局1985年版。

［44］（宋）龚明之：《中吴纪闻》，上海古籍出版社1986年版。

［45］（元）马端临：《文献通考》，浙江古籍出版社2000年版。

［46］（宋）沈括著，胡道静校证：《梦溪笔谈校证》，上海古籍出版社1987年版。

［47］（宋）陈振孙：《直斋书录解题》，上海古籍出版社1987年版。

［48］（宋）苏辙：《栾城集》，上海古籍出版社1987年版。

［49］（宋）苏辙：《栾城后集》，上海古籍出版社1987年版。

［50］（宋）苏颂：《苏魏公文集》，中华书局1988年版。

［51］（宋）苏颂：《图经本草》，福建科学技术出版社1988年版。

［52］（宋）司马光：《涑水记闻》，中华书局1989年版。

［53］（宋）苏辙著，陈宏天、高秀芳编：《苏辙集》，中华书局1990年版。

［54］（宋）张耒：《张耒集》，中华书局1990年版。

［55］（宋）施宿撰：《嘉泰会稽志》，选自《宋元方志丛刊》，中华书局1990年版。

［56］（宋）王安石：《临川文集》，《四库全书》，上海古籍出版社1991年版。

［57］（宋）郑侠：《西塘集》，《四库全书》，上海古籍出版社1991年版。

［58］（宋）范成大：《石湖居士诗集》，《四库全书》，上海古籍出版社1991年版。

［59］（宋）陆游：《渭南文集》，《四库全书》，上海古籍出版社1991年版。

［60］（宋）高斯得：《耻唐存稿》，《四库全书》，上海古籍出版社1991年版。

［61］（宋）李处奴：《崧庵集》，《四库全书》，上海古籍出版社1991年版。

［62］（宋）陈淳：《北溪大全集》，《四库全书》，上海古籍出版社2003年版。

［63］（宋）魏了翁：《鹤山集》，《四库全书》，上海古籍出版社2003年版。

[64]（宋）陆九渊：《象山先生全集》，中国书店 1992 年版。

[65]（宋）张方平：《乐全集》，中州古籍出版社 1992 年版。

[66]（宋）王象之：《舆地纪胜》，中华书局 1992 年版。

[67]（宋）苏洵撰，曾枣庄笺注：《嘉祐集笺注》，上海古籍出版社 1993 年版。

[68]（宋）辛弃疾著、邓广铭笺注：《稼轩词编年笺注》，上海古籍出版社 1993 年版。

[69]（宋）张师正：《括异志》，中华书局 1996 年版。

[70]（宋）梅尧臣：《卫州通判赵中舍》，《全宋诗》，北京大学出版社 1996 年版。

[71]（宋）寇准：《忆樊川》，《全宋诗》，北京大学出版社 1996 年版。

[72]（宋）寇准：《春初夜书》，《全宋诗》，北京大学出版社 1998 年版。

[73]（宋）陈襄：《古灵先生文集》，书目文献出版社 1998 年版。

[74]（宋）赵汝愚：《宋朝诸臣奏议》，上海古籍出版社 1999 年版。

[75]（宋）包拯：杨国宜校注：《包拯集校注》，黄山书社 1999 年版。

[76]（宋）梁克家：《淳熙三山志》，海风出版社 2000 年版。

[77]（宋）李心传：《建炎以来朝野杂记》，中华书局 2000 年版。

[78]（宋）欧阳修：《欧阳修全集》，中华书局 2001 年版。

[79]（宋）张邦基：《墨庄漫录》，中华书局 2002 年版。

[80]（宋）朱弁：《曲洧旧闻》，中华书局 2002 年版。

[81]（宋）杜大珪：《名臣碑传琬琰之集》，《四库全书》，上海古籍出版社 2003 年版。

[82]（宋）董煟：《救荒活民书》，《四库全书》，上海古籍出版社 2003 年版。

[83]（宋）范仲淹：《范文正集》，《四库全书》，上海古籍出版社 2003 年版。

[84]（宋）蔡襄：《端明集》，《四库全书》，上海古籍出版社 2003 年版。

[85]（宋）欧阳修：《文忠集》，《四库全书》，上海古籍出版社 2003 年版。

[86]（宋）张方平：《乐全集》，《四库全书》，上海古籍出版社 2003 年版。

[87]（宋）晁以道：《景迂生集》，《四库全书》，上海古籍出版社 2003 年版。

[88]（宋）胡宏：《五峰集》，《四库全书》，上海古籍出版社 2003 年版。

[89]（宋）郑侠：《西塘先生文集》，线装书局 2004 年版。

[90]（宋）孟元老：《东京梦华录》，中华书局 2004 年版。

[91]（宋）曾巩：《曾巩集》，中华书局 1984 年版。

[92]（宋）王禹偁：《王黄州小畜集》，《宋集珍本丛刊》，四川大学古籍研究所 2004 年版。

[93]（宋）文彦博：《文潞公文集》，《宋集珍本丛刊》，四川大学古籍研究所 2004 年版。

[94]（宋）陈舜俞：《都官集》，《宋集珍本丛刊》，线装书局 2004 年版。

[95]（宋）范纯仁：《条列陕西利害》，《全宋文》，上海辞书出版社 2006 年版。

[96]（宋）梅尧臣著，朱东润校注：《梅尧臣集编年校注》，上海古籍出版社 2006 年版。

[97]（宋）范仲淹著，李勇先点校：《范仲淹全集》，四川大学出版社 2007 年版。

[98]（宋）乐史：《太平寰宇记》，中华书局 2007 年版。

[99](宋)刘克庄:《后村先生大全集》,四川大学出版社 2008 年版。

[100](宋)苏轼:《苏轼全集》,北京燕山出版社 2009 年版。

[101](宋)佚名:《宋史全文》,中华书局 2016 年版。

[102](宋)沈与求:《龟溪集》,浙江古籍出版社 2014 年版。

[103](宋)程大昌:《演繁录》,山东人民出版社 2018 年版。

[104](宋)沈括著,胡道静校证:《梦溪笔谈校证》,上海人民出版社 2016 年版。

[105](元)马端临:《文献通考》,浙江古籍出版社 2000 年版。

[106](元)王祯著,王毓瑚校:《王祯农书》,农业出版社 1981 年版。

[107](明)黄淮、杨士奇:《历代名臣奏议》,学生书局 1965 年版。

[108](明)徐光启著,石声汉校注:《农政全书》,上海古籍出版社 1979 年版。

[109](清)毕沅:《续资治通鉴》,中华书局 1957 年版。

[110](清)徐松:《宋会要辑稿》,中华书局 1957 年版。

[111](清)曹寅、彭定求、沈立曾、杨中讷等编:《全唐诗》,中华书局 1960 年版。

[112](清)王文诰辑注:《苏轼诗集》,中华书局 1982 年版。

[113](清)吴广成:《西夏书事校证》,甘肃文化出版社 1995 年版。

[114](清)张鉴:《西夏纪事本末》,甘肃文化出版社 1998 年版。

[115](清)武树善:《陕西金石志》,《历代碑志丛书》,江苏古籍出版社 1998 年版。

[116](清)陆曾禹著:《钦定康济录》,《四库全书》,上海古籍出版社 2003 年版。

[117](清)吴之振、吕留良、吴自牧:《宋诗钞》,中华书局 1986 年版。

[118](清)段玉裁:《说文解字注》,上海古籍出版社 1988 年版。

[119](清)严可均辑:《全宋文》,上海辞书出版社 2006 年版。

[120](清)王祖畬等撰:《太仓州志》,成文出版社 1919 年版。

[121]蒋礼鸿:《商君书锥指·慎法》,中华书局 1986 年版。

[122]刘文典:《淮南鸿烈集解》,中华书局 1989 年版。

[123]石声汉校注:《农桑辑要校注》,农业出版社 1982 年版。

[124]杨伯峻译注:《孟子译注》,中华书局 1986 年版。

[125]石声淮、唐玲玲选注:《苏轼文选》,上海古籍出版社 1989 年版。

[126]四川大学古籍整理研究所编:《全宋文》,巴蜀书社 1990 年版。

[127]马宗申校注:《授时通考校注》,农业出版社 1992 年版。

[128]周绍良主编:《全唐文新编》,吉林文史出版社 2000 年版。

[129]《唐宋八大家文集》(编委会编),中央民族大学出版社 2002 年版。

[130]杨天宇:《礼记译注》,上海古籍出版社 2004 年版。

[131]舒大刚整理:《苏学士集》,《宋集珍本丛刊》,四川大学古籍研究所 2004 年版。

[132]曾枣庄、刘琳主编:《全宋文》,上海辞书出版社 2006 年版。

[133]王志勇笺注:《靖康要录笺注》,四川大学出版社 2008 年版。

[134]黄仁生、罗建伦校点:《唐宋人寓湘诗文集》,岳麓书社 2013 年版。

二、今人著作

[1]张家驹：《两宋经济重心的南移》，湖北人民出版社 1957 年版。

[2]马世俊：《中国东亚飞蝗蝗区的研究》，科学出版社 1965 年版。

[3]谭其骧：《中国历史地图集》(第六册)，中国地图出版社 1982 年版。

[4]吴慧：《中国历代粮食亩产量研究》，农业出版社 1985 年版。

[5]周宝珠，陈振：《简明宋史》，人民出版社 1985 年版。

[6]中国农业科学院：《中国稻作学》，农业出版社 1986 年版。

[7]马正林：《唐宋运河论述》，唐宋运河考察队编：《运河访古》，上海人民出版社 1986 年版。

[8]漆侠：《中国经济通史》(宋代经济卷)，上海人民出版社 1987 年版。

[9]傅筑夫：《中国经济史论丛(续集)》，人民出版社 1988 年版。

[10]汪家伦、张芳：《中国农田水利史》，农业出版社 1990 年版。

[11]程民生：《宋代地域经济》，河南大学出版社 1992 年版。

[12]邓云特：《中国救荒史》，商务印书馆 1993 年版。

[13]游修龄：《宋代的水稻生产》，《稻作史论集》，中国农业出版社 1993 年版。

[14]游修龄：《历史上的中国北方稻作》，《稻作史论集》，中国农业出版社 1993 年版。

[15]韩茂莉：《宋代农业地理》，山西古籍出版社 1993 年版。

[16]李秀林、王于、李淮春主编：《辩证唯物主义和历史唯物主义原理》，中国人民大学出版社 1994 年版。

[17]陈文华：《中国农业考古图录》，江西科学技术出版社 1994 年版。

[18]汪圣铎：《两宋财政史》，中华书局 1995 年版。

[19]殷义祥：《晏子春秋译注》，吉林文史出版社 1996 年版。

[20]朱大渭，张泽咸：《中国封建社会经济史》，齐鲁书社 1996 年版。

[21]姜彬：《稻作文化与江南民俗》，上海文艺出版社 1996 年版。

[22]程民生：《宋代地域文化》，河南大学出版社 1997 年版。

[23]王毓瑚：《中国农学书录》，农业出版社 1979 年版。

[24]薛梅卿点校：《宋刑统》，法律出版社 1999 年版。

[25]吴松弟：《中国人口史》，复旦大学出版社 2000 年版。

[26]雷于新等：《中国农业博物馆馆藏中国传统农具》，中国农业出版社 2001 年版。

[27]王棣等著：《宋代经济史稿》，长春出版社 2001 年版。

[28]李文海、夏明方：《中国荒政全书》(第一辑)，北京古籍出版社 2002 年版。

[29]颜泽贤、黄世瑞：《岭南科学技术史》，广东人民出版社 2002 年版。

[30]白寿彝：《中国通史》，上海人民出版社 2004 年版。

[31]陈国灿：《江南农村城市化历史研究》，中国社会科学出版社 2004 年版。

[32]周昕：《中国农具发展史》，山东科学技术出版社 2005 年版。

[33]包伟民，吴铮强：《宋朝简史》，福建人民出版社 2006 年版。

[34]姜密：《宋代"系官田"研究》，中国社会科学出版社 2006 年版。

[35]李华瑞：《宋夏史研究》，天津古籍出版社 2006 年版。

[36]吴天墀：《西夏史稿》，广西师范大学出版社 2006 年版。

[37]柳诒徵：《中国文化史》，东方出版中心 2007 年版。

[38]吕变庭：《北宋科技思想研究纲要》，中国社会科学出版社 2007 年版。

[39]石涛：《北宋时期自然灾害与政府管理体系研究》，社会科学文献出版社 2010 年版。

[40]李金水：《王安石经济变法研究》，福建人民出版社 2007 年版。

[41]汪圣铎：《宋代社会生活研究》，人民出版社 2007 年版。

[42]安介生：《历史民族地理》，山东教育出版社 2007 年版。

[43]邱云飞：《中国灾害通史》(宋代卷)，郑州大学出版社 2008 年版。

[44]黄纯艳：《宋代经济谱录》，甘肃人民出版社 2008 年版。

[45]章义和：《中国蝗灾史》，安徽人民出版社 2008 年版。

[46]满志敏：《中国历史时期气候变化研究》，山东教育出版社 2009 年版。

[47]漆侠：《宋代经济史》，中华书局 2009 年版。

[48]盛连喜主编：《环境生态学导论》，高等教育出版社 2009 年版。

[49]王勇：《中国古代农官制度》，中国三峡出版社 2009 年版。

[50]朱绍侯、齐涛、王育济：《中国古代史》，福建人民出版社 2010 年版。

[51]刘明光主编：《中国自然地理图集》，中国地图出版社 2010 年版。

[52]葛金芳：《两宋社会经济研究》，天津古籍出版社 2010 年版。

[53]谭景玉：《宋代乡村组织研究》，山东大学出版社 2010 年版。

[54]葛全胜：《中国历朝气候变化》，科学出版社 2011 年版。

[55]包伟民：《宋代地方财政史研究》，中国人民大学出版社 2011 年版。

[56]魏天安：《宋代官营经济史》，人民出版社 2011 年版。

[57]万国鼎：《中国田制史》，商务印书馆 2011 年版。

[58]张芳、王思明：《中国农业科技史》，中国农业科学技术出版社 2011 年版。

[59]张觉：《北宋社会经济发展与散文创作研究》，河南人民出版社 2012 年版。

[60]曾雄生：《中国农学史》(修订本)，福建人民出版社 2012 年版。

[61]林惠祥：《中国民族史》，上海书店出版社 2012 年版。

[62]曾雄生：《中国农业通史》，中国农业出版社 2014 年版。

[63]安国楼：《河洛文化与客家文化》，河南人民出版社 2014 年版。

[64]李华瑞：《宋代救荒史稿》，天津古籍出版社 2014 年版。

[65]杨持主编：《生态学》，高等教育出版社 2014 年版。

[66]张全明：《两宋生态环境变迁史》，中华书局 2015 年版。

[67]韩毅：《宋代瘟疫流行与防治》，商务印书馆 2015 年版。

[68]习近平：《习近平关于全面建成小康社会论述摘编》，中央文献出版社 2016 年版。

[69]耿静波：《北宋五子心性论与佛教心性论关系研究》，中国社会科学出版社 2016 年版。

[70]陈植锷：《北宋文化史述论》，中华书局 2019 年版。

[71][英]李约瑟：《中国科学技术史》(中译本)第 4 卷，科学出版社 1975 年版。

[72][日]大泽正昭：《唐宋变革期农业社会史研究》，汲古书院 1996 年版。

[73][日]土屋太祐：《北宋禅宗思想及其渊源》，巴蜀书社 2008 年版。

[74][美]狄·约翰、王笑然编：《气候改变历史》，金城出版社 2014 年版。

三、学术论文

[1]黄冕堂：《论唐代河北道的经济地位》，载《山东大学学报》1957 年第 1 期。

[2]王家琦：《水转连磨、水排和秧马》，载《文物参考资料》1958 年第 7 期。

[3]蒋缵初：《江苏扬州附近出土的宋代铁农具》，载《文物》1959 年第 1 期。

[4]龚光炎：《豫东青砂土区的粪穰施肥》，载《土壤通报》1963 年第 4 期。

[5]竺可桢：《中国五千年来气候变迁的初步研究》，载《考古学报》1972 年第 1 期。

[6]福建省莆田县文化馆：《北宋的水利工程木兰陂》，载《文物》1978 年第 1 期。

[7]唐耕耦：《唐代水车的使用和推广》，载《文史哲》1978 年第 4 期。

[8]李文渭、徐瑜：《北宋张君房《潮说》与"月迟算潮法"》，载《山东海洋学院学报》1979 年第 2 期。

[9]杨宽：《我国历史上铁农具的改革及其作用》，载《中国农史》1980 年第 5 期。

[10]王若昭：《我国古代的插秧工具》，载《农业考古》1981 年第 2 期。

[11]王瑞明：《宋代秧马的用途》，载《社会科学战线》1981 年第 3 期。

[12]缪启愉：《太湖地区的塘埔圩田的形成和发展》，载《中国农史》1982 年第 1 期。

[13]郑学檬：《宋代两浙围湖垦田之弊》，载《中国社会经济史研究》1982 年第 3 期。

[14]徐瑜：《世界最早的潮汐表》，载《海洋湖沼通报》1982 年第 3 期。

[15]刘崇德：《关于秧马的推广及用途》，载《农业考古》1983 年第 2 期。

[16]李群：《"秧马"不是插秧的农具》，载《中国农史》1984 年第 1 期。

[17]章楷：《关于秧马》，载《农业考古》1984 年第 1 期。

[18]闵宗殿：《宋明清时期太湖地区水稻亩产量的探讨》，载《中国农史》1984 年第 3 期。

[19]陆人骥：《中国历代蝗灾的初步研究》，载《农业考古》1986 年第 1 期。

[20]穆朝庆：《北宋前期农业政策初探》，载《中州学刊》1986 年第 3 期。

[21]王瑞明：《宋代的赋税问题——读〈文献通考·田赋考〉》，载《江汉论坛》1984 年第 7 期。

[22]李锦山：《北宋利国监造铁农具考》，载《农业考古》1987 年第 2 期。

[23]文士丹、吴旭霞：《试论北宋时期江西农业经济的发展》，载《农业考古》1988 年第 1 期。

[24]徐海亮：《历代中州森林变迁》，载《中国农史》1988 年第 4 期。

[25]韩茂莉：《北宋黄河中下游地区农业生产的地域特征》，载《中国历史地理论丛》1989 年第 1 期。

[26]李裕民：《北宋前期方田均税考》，载《晋阳学刊》1989 年第 6 期。

[27]杨际平：《试论宋代官田的地租形态》，载《中国经济史研究》1990 年第 3 期。

[28]郑云飞：《中国历史上的蝗灾分析》，载《中国农史》1990 年第 4 期。

[29]杨际平：《宋代民田出租的地租形态研究》，载《中国经济史研究》1992 年第 1 期。

[30]韩榕桑：《北宋〈农田利害条约〉》，载《中国水利》1993 年第 9 期。

[31]赵冈：《从制度学派的角度看租佃制》，载《中国农史》1997 年第 3 期。

[32]连菊霞：《北宋经制西北民族对生态环境造成的影响》，载《敦煌学辑刊》1999 年第 2 期。

[33]魏天安、李晓荣：《北宋时期河南的农业开发》，载《中州学刊》2001 年第期。

[34]樊宝敏、董源：《中国历代森林覆盖率的探讨》，载《北京林业大学学报》2001 年第 7 期。

[35]熊燕军：《试论北宋林木破坏的历史转折》，载《农业考古》2003 年第 1 期。

[36]姜密：《宋代"系官田产"释义》，载《厦门大学学报》2003 年第 4 期。

[37]江国宏：《"秧马"并未失传》，载《咬文嚼字》2004 年第 2 期。

[38]杨际平：《中晚唐五代北宋地权的集中与分散》，载《中国社会经济史研究》2005 年第 3 期。

[39]曾雄生：《下粪楼种发明于宋代》，载《中国科技史杂志》2005 年第 3 期。

[40]曾雄生：《唐宋时期的畲田与畲田民族的历史走向》，载《古今农业》2005 年第 4 期。

[41]杨际平：《中晚唐五代北宋地权的集中于分散》，载《中国社会经济史》2005 年第 3 期。

[42]杨际平：《宋代"田制不立"、"不抑兼并"说驳议》，载《中国社会经济史研究》2006 年第 2 期。

[43]吴树国：《宋代桑税考论》，载《史学月刊》2006 年第 11 期。

[44]耿元丽：《宋代劝农职衔研究》，载《中国社会经济史研究》2007 年第 1 期。

[45]张全明：《论北宋开封地区的气候变迁及其特点》，载《史学月刊》2007 年第 1 期。

[46]魏天安：《论宋代的亲邻法》，载《中州学刊》2007 年第 4 期。

[47]谢敏、李春华：《论北宋岭南谪宦对岭南农业的影响》，载《农业考古》2007 年第 6 期。

[48]程龙：《北宋西北沿边屯田的空间分布与发展差异》，载《中国农史》2007 年第 3 期。

[49]万方：《中国古代日用器物图——秧马》，载《书屋》2007 年第 10 期。

[50]华红安：《北宋水利学家郏亶》，载《水利天地》2008 年第 10 期。

[51]钱克金、张海防：《宋代太湖地区农业水利的治理及其社会环境因素的制约》，载

《中国经济史研究》2009 年第 1 期。

[52] 王颋等：《桐马禾云——宋、元、明农具秧马考》，载《中国农史》2009 年第 1 期。

[53] 郭志安：《论北宋河患对农业生产的破坏与政府应对——以黄河中下游地区为例》，载《中国农史》2009 年第 1 期。

[54] 杜林渊、张小兵：《北宋时期陕北地区的农业发展》，载《中外关系史论文集——"草原丝绸之路"》2009 年 5 月第 17 辑。

[55] 郭志安、李京龙：《北宋黄河水患与河北农业生产条件的恶化》，载《保定学院学报》2009 年第 6 期。

[56] 郭志安、张春生：《略论黄河水患影响下北宋河北地区的人口迁移》，载《赤峰学院学报》2010 年第 2 期。

[57] 汪天顺：《关于宋仁宗时期弓箭手田的几个问题》，载《中国边疆史地研究》2010 年第 3 期。

[58] 李根蟠：《水车起源和发展丛谈》（上辑），《中国农史》2011 年 2 期。

[59] 李根蟠：《水车起源和发展丛谈》（中辑），《中国农史》2011 年 4 期。

[60] 何凡能、李士成、张学珍：《北宋中期耕地面积及其空间分布格局重建》，载《地理学报》2011 年第 11 期。

[61] 陈伟庆：《宋代秧马用途再探》，载《中国农史》2012 年第 4 期。

[62] 伍晴晴：《秧马》，载《农业技术与装备》2012 年第 9 期。

[63] 张俊飞：《北宋官员的奖惩与治水的关系》，载《中国水利》2012 年第 13 期。

[64] 孙金玲：《北宋山西地区的农业发展状况》，载《山西档案》2013 年第 1 期。

[65] 罗庆芳：《关于"秧马"的探析》，载《农业考古》2013 年第 1 期。

[66] 朱舸：《兵制对北宋国防开支及军事实力的影响》，载《西北师大学报》2013 年第 3 期。

[67] 姬超、颜玮：《北宋熙宁改革对国民经济的影响》，载《中原文化研究》2013 年第 5 期。

[68] 孙振誉：《古诗今译：苏轼"秧马歌"》，载《基层农技推广》2013 年第 9 期。

[69] 曾雄生：《水稻插秧器具莳梧考——兼论秧马》，载《中国农史》2014 年第 2 期。

[70] 谷跃东：《试论宋代占城稻在我国的推广与影响》，载《怀化学院学报》2015 年第 4 期。

[71] 汪泽宇：《传家宝——秧马》，载《中华家教》2015 年第 6 期。

[72] 陈建裕：《苏轼诗文所载"秧马"用途说略》，载《平顶山学院学报》2015 年第 6 期。

[73] 刘嘉慧、查小春：《北宋时期汉江上游洪涝灾害及其对农业经济发展影响研究》，载《江西农业学报》2016 年第 1 期。

[74] 朱正西：《试论北宋〈农田利害条约〉的内容及影响》，载《山西农业大学学报》2016 年第 5 期。

[75] 廖艳彬、田野：《泰和县槎滩陂水利文化遗产价值及其保护开发》，载《南昌工程学院学报》2016 年第 5 期。

［76］吴远鹏：《占城稻的传入及其对晋江的影响略考》，载《农业考古》2017 年第 3 期。

［77］赵瞳：《谶纬与陈桥兵变》，载《中州学刊》2017 年第 2 期。

［78］赵瞳：《唐祁惠墓志铭考》，载《中原文物》2017 年第 3 期。

［79］赵映椿：《宋代社会保障救济制度述略》，载《文史杂志》2018 年第 2 期。

［80］张京凯：《宋代户绝田流转及其对财税法制的影响》，载《中国政法大学学报》2018 年第 6 期。

［81］王亚莉：《北宋时期宋夏缘边弓箭手招置问题探析》，载《西夏学》2019 年第 2 期。

［82］祁红伟：《论北宋郏亶的治水思想》，载《农业考古》2020 年第 1 期。

［83］郭隽杰：《苏轼与秧马》，载《光明日报》1983 年 2 月 26 日。